H. Liebenow • K. Liebenow

Giftpflanzen

GIFTPFLANZEN

Dr. rer. nat. habil. Horst Liebenow
Zentraler Toxikologischer Auskunftsdienst im
Institut für Arzneimittelwesen der DDR
Berlin

Karin Liebenow
Berlin

Dritte, überarbeitete Auflage

Mit 82 Zeichnungen, 28 Farbtafeln und 2 Tabellen

VEB Gustav Fischer Verlag Jena · 1988

1. Auflage 1973
2. Auflage 1981

Liebenow, Horst:
Giftpflanzen / Horst Liebenow ; Karin Liebenow. –
3., überarb. Aufl. – Jena : Gustav Fischer Verl.,
1988. – 288 S. : zahlr. Ill. (z. T. farb.), 2 Tab.

ISBN 3-334-00209-8

3. Auflage
Alle Rechte vorbehalten
© VEB Gustav Fischer Verlag Jena, 1988
Lizenznummer 261 700 / 137 / 88
LSV 1354 / 2064
Lektor Dr. Dr. Roland Itterheim
Hersteller: Erika Winkler
Printed in the German Democratic Republic
Gesamtherstellung: IV / 10 / 5 Druckhaus Freiheit Halle
Bestellnummer 534 593 4
03360

Inhaltsverzeichnis

Vorwort zur dritten Auflage

Das Taschenbuch ist als Begleiter für Apotheker, Ärzte, Lehrer und Erzieher sowie Tierärzte und Landwirte gedacht, aber auch bei allen Naturfreunden sollte das Buch nicht fehlen.

Allein das Erkennen der Giftpflanzen und damit das Wissen um ihre Wirkung schützt Erwachsene und Kinder gleichermaßen vor schwerwiegenden Erkrankungen bzw. ermöglicht eine gezielte Behandlung. Auch für landwirtschaftliche Nutztiere müssen die Voraussetzungen zur Vermeidung pflanzlicher Vergiftungen geschaffen werden.

Aufbauend auf den langjährigen Erfahrungen im Zentralen Toxikologischen Auskunftsdienst im Institut für Arzneimittelwesen der DDR mit Vergiftungen durch Giftpflanzen und Giftpilze, wurde die 3. Auflage völlig neu bearbeitet. Dabei ergaben sich geringfügige Veränderungen in der Auswahl der Pflanzenarten. Die pharmakologischen, medizinischen und veterinärmedizinischen Aspekte wurden aktualisiert oder erweitert. Besondere Berücksichtigung fanden Vergiftungen im Kindesalter. Der Aufenthalt unserer Kinder in der Natur, in Spielanlagen, Parks oder Gärten verführt sie immer wieder, zu den besonders auffälligen, aber oft giftigen Beeren oder anderen Pflanzenteilen zu greifen. Erwachsene sind eher durch Verwechslung eßbarer Wildfrüchte, Gewürz- oder Arzneipflanzen mit giftigen Pflanzen oder durch Hautkontakt bei entsprechenden Arbeiten gefährdet.

Möge das Buch auch weiterhin Kenntnisse vermitteln, die zur Vermeidung von Vergiftungen beitragen. Es soll vor bestehenden Gefahren warnen und bei eingetretenen Vergiftungen auf schnelle Erste Hilfe und ärztliche Therapie verweisen. Nicht zuletzt soll es aber auch die Freude am Erkennen zahlreicher aparter Giftpflanzen wecken.

Es bleibt uns die angenehme Pflicht, den Mitarbeitern des Lektorats und der Herstellung des VEB Gustav Fischer Verlag Jena unseren Dank auszusprechen für die Unterstützung und das stete Interesse an den „Giftpflanzen".

Berlin, im Herbst 1987   Die Verfasser

Einleitung

Von den etwa 6 000 Vergiftungsfällen, die jährlich vorwiegend von Ärzten aus ambulanten und klinischen Einrichtungen zur Beratung an die Mitarbeiter des Zentralen Toxikologischen Auskunftsdienstes (ZTA) herangetragen werden, entfallen etwa 6 bis 10 % auf „Giftpflanzen" und rund 2 % auf „Giftpilze". Zugenommen haben bei Kindern Vergiftungen durch Beeren, wobei rote, aber auch schwarze und glänzende, eine besondere Anziehungskraft besitzen. Pilzvergiftungen dominieren in Abhängigkeit von den Witterungsverhältnissen.

Zur schnellen Identifizierung der Giftpflanzen sollen die Farbtafeln und Zeichnungen beitragen, denn breiten Kreisen der Bevölkerung sind die meisten Giftpflanzen unbekannt. Es verleben jedoch viele Menschen ihren Urlaub, die Wochenenden oder die Ferien in der Natur, wo ihnen immer wieder giftige Pflanzen begegnen. Auch in öffentlichen Parks, in Anlagen der Wohngebiete, Schulen und Kindergärten sind zahlreiche giftige Pflanzen, vorwiegend Gehölze, zu finden [340, 341]. Infolge Verdrängung der Nutzpflanzen aus den Gärten durch zum Teil giftige Zierpflanzen besteht eine Vergiftungsgefahr für Mensch und Tier. Gedacht sei aber auch an pflanzliche Reisesouvenirs wie Schmuckketten und Trockensträuße, die des öfteren giftige Pflanzenteile enthalten.

Liegt dem Arzt eine bestimmte Giftpflanze vor, kann die Gefährdung für den Patienten und damit die einzuleitende Therapie eingeschätzt werden; denn wie Tabelle 1 zeigt, werden auch Anfragen zu vermeintlichen Giftpflanzen wie Traubenkirsche und Goldjohannisbeere gestellt.

Auch unsere landwirtschaftlichen Nutztiere sind durch die Aufnahme giftiger Pflanzen gefährdet. Auf Wiesen und Weiden verhindert meist das Wahlvermögen der Tiere die Giftpflanzenaufnahme. Enthalten jedoch Grünfutter, Heu, Silage oder Pellets Giftpflanzen, können sie schwere Erkrankungen bedingen.

In der 3. Auflage des Taschenbuchs wurde die **Auswahl der Giftpflanzen** gegenüber den anderen Auflagen etwas verändert. Ungefähr

Tabelle 1. Anfragen an den Zentralen Toxikologischen Auskunftsdienst zu „Giftpflanzen" und „Giftpilzen"

Pflanzenart	Anzahl der Anfragen / Jahr
Dieffenbachie *(Dieffenbachia picta)*	110
Goldregen *(Laburnum anagyroides)*	40
Heckenkirschen-Arten *(Lonicera* spec.)	38
Mahonie *(Mahonia aquifolia)*	34
„Wicken", Platterbsen *(Lathyrus* spec.)	32
Seidelbast *(Daphne mezereum)*	30
Eibe *(Taxus baccata)*	29
Liguster *(Ligustrum vulgare)*	28
Robinie *(Robinia pseudoacacia)*	27
Holunder *(Sambucus nigra)*	25
Erbsenstrauch *(Caragana arborescens)*	23
Maiglöckchen *(Convallaria majalis)*	18
Fensterblatt *(Monstera deliciosa)*	16
Schneebeere *(Symphoricarpus rivularis)*	13
Traubenkirsche *(Prunus padus)*[1]	13
Goldjohannisbeere *(Ribes aureum)*[1]	13
Zwergmispel *(Cotoneaster* spec.)	12
Tollkirsche *(Atropa bella-donna)*	11
Rizinus *(Ricinus communis)*	10

Pilzart	
Kahler Krempling *(Paxillus involutus)*	14
Knollenblätterpilz *(Amanita phalloides)*	13
Ziegelroter Faserkopf *(Inocybe patouillardi)*	13
Fliegenpilz *(Amanita muscaria)*	7
Faltentintling *(Coprinus atramentarius)*	4

[1] ungiftige Pflanze

20 Pflanzenarten, die immer wieder Anlaß zu Anfragen an den ZTA geben, wie Bärenklau, Mahonie, Dieffenbachie oder Monstera, wurden neu aufgenommen. In Wegfall kommen toxikologisch unbedeutende einheimische Pflanzen, wie z. B. Wiesen-Lein oder Mauerpfeffer. Fremdländische Pflanzen, deren Inhaltsstoffe lediglich in Arzneimitteln Verwendung finden, werden nicht mehr näher beschrieben.

Vielen Lesern mag es abwegig erscheinen, unter den Giftpflanzen so bekannte Gemüsepflanzen wie Spinat oder Bohnen zu finden, ebenso

Futterpflanzen wie Lupine oder Comfrey. Dabei handelt es sich jedoch um Pflanzen, die durch unsachgemäße Pflege (Düngung) oder andere Einflüsse (ungünstige Witterung, Pilzbefall) einen quantitativ und qualitativ veränderten Gehalt an giftigen Inhaltsstoffen aufweisen. Unter solchen Umständen können diese Pflanzen schwere gesundheitliche Schäden bei Mensch und Tier verursachen.

Die **Reihenfolge der Pflanzen** wurde nach systematischen Gruppen gewählt (Algen, Pilze, Gefäß-Sporenpflanzen und Samenpflanzen). Innerhalb dieser Gruppen werden sowohl die Familien als auch die Gattungen und Arten alphabetisch nach ihren wissenschaftlichen Namen geordnet.

Die **Kreuze vor den Pflanzen** kennzeichnen ihre Toxizität. Dabei findet der Schweregrad der Schädigung des Organismus Berücksichtigung (s. „Abkürzungen"). Auf Vergiftungen im Ausnahmefall, z.B. bei Spinat, erfolgt ein Hinweis. Zur besseren Übersicht wird die Giftwirkung für Mensch und Tier nur einmal mit + + +, + +, + oder (+), ausschließlich für Tiere mit T+ + + bis T+ angegeben.

Neben den wissenschaftlichen und gebräuchlichen deutschen **Pflanzennamen** sind bei einigen Pflanzen noch volkstümliche Bezeichnungen angeführt. Die Abkürzungen hinter den wissenschaftlichen Pflanzennamen bezeichnen den oder die Autoren, welche die Pflanze zuerst beschrieben haben. Ist die Gattung noch mit weiteren Arten vertreten, deren Inhaltsstoffe sich ähneln, wie z.B. bei Nieswurz, Seidelbast, Waldrebe oder Fingerhut, erfolgt ein Hinweis. Die Beschreibung der Pflanze bezieht sich jedoch auf die halbfett gedruckte Art.

Vermerkt sind auch die unter **Naturschutz** stehenden wildwachsenden Pflanzen. Geschützte Pflanzen, auch Teile davon, dürfen nicht gesammelt oder beschädigt werden.

Die **Erkennungsmerkmale**, die Farbtafeln und die Zeichnungen ermöglichen eine Identifizierung der Pflanze.

Die Angaben über die **Verbreitung** der Pflanzen beziehen sich auf Biotope in Mitteleuropa. Für die DDR und die BRD werden die Gebiete mit dem Vorkommen der wildwachsenden Arten genauer angegeben [nach 89]. Vermerkt ist auch die Nutzung als Zierpflanze in Gärten und Anlagen oder als Zimmerpflanze. Bei den nicht einheimischen Giftpflanzen ist die Heimat (natürliche Verbreitung) verzeichnet.

Der Komplex **Giftstoffe** ist am umfangreichsten gestaltet. Unter **Bezeichnung** werden die giftigsten Substanzen aufgezählt, die mehr oder weniger komplizierte chemische Verbindungen darstellen. Diese können nach Einwirkung auf den Organismus zur Erkrankung oder in schweren Fällen zum Tode führen. Im Vordergrund steht die Giftaufnahme über die Verdauungsorgane. Auch eine äußerliche Giftaufnahme über die Haut ist beachtenswert.

Folgende Stoffgruppen werden erwähnt:

1. Alkaloide Diese organischen Verbindungen enthalten Stickstoff, sind lipophil, überwiegend farblos und bei Normaltemperatur fest. Bekannte Alkaloide sind das Coffein des Kaffees und das Nicotin des Tabaks. Eine allgemeine pharmakologische Wirkung dieser chemisch komplizierten Substanzen ist wegen ihrer unterschiedlichen Strukturen nicht zu erwarten.

Zunächst 2 Gruppen von Alkaloiden, deren Grundkörper aus „aktiviertem Isopren" aufgebaut sind: Im Buch finden wir in der *Terpen-Gruppe* Pflanzen mit Monoterpen- und Diterpen-Alkaloiden (z. B. im Eisenhut). Die *Steroid-Gruppe* umfaßt die Cholestan- (z. B. in der Gattung Germer) und die Pregnan-Reihe (z. B. im Buchsbaum).

Die 4 folgenden Alkaloidgruppen leiten sich von **aliphatischen Aminosäuren** ab. *Pyridin-* und *Piperidin-Gruppe*: Das Coniin im Fleck-Schierling besitzt ein Piperidingerüst. In der *Pyrrolizidin-Gruppe* haben wir als Vertreter z. B. die Alkaloide des Jakobs-Kreuzkrauts. Die *Chinolizidin-Gruppe* wird unterteilt in den Norlupinan- (Lupinen-Alkaloide), den Cytisan- (Goldregen-Alkaloide) und den Spartein-Typ (Besenginster-Alkaloide). Zur 4., der *Tropan-Gruppe*, zählt u. a. der Tropin-Typ mit den Tropan-Alkaloiden in der Tollkirsche und anderen Arten. Biosynthese und Metabolismus: [244].

Als Abkömmlinge des **Tryptophans** erwähnen wir nur die *Indol-Gruppe*. Zum Ergolin-Typ zählen die Mutterkorn-Alkaloide, zum Typ der monoterpenoiden Indol-Alkaloide z. B. die Strychnin- und Vinca-Alkaloide.

Die 4 folgenden Gruppen sind als Abkömmlinge des **Phenylalanins** und **Tyrosins** aufzufassen. Der Benzylamin- (Paprika-Alkaloide) und Aminophenylpropan-Typ (Ephedrin) sind Vertreter der *Phenylalkylamin-Gruppe*. In der *Isochinolin-Gruppe* begegnen uns der Benzylisochinolin- (Papaverin im Schlaf-Mohn), Protoberberin- (Berberitzen-Alkaloide), Morphinan- (Schlaf-Mohn-Alkaloide wie Morphin, Codein u. a.),Phthalidisochinolin- (Narcein des Schlaf-Mohns) und Benzophenanthridin-Typ (Chelidonin des Schöllkrauts). Die Alkaloide der Herbst-Zeitlose werden zur *Colchicin-Gruppe*, die der Amaryllisgewächse zur *Gruppe der Amaryllidaceen-Alkaloide* (z. B. Galanthamin im Schneeglöckchen) zusammengefaßt.

2. Glycoside. Es handelt sich um Verbindungen aus Zucker − oft Glucose, aber auch Fructose und Rhamnose − und einer spezifischen, nicht zuckerartigen Komponente, die als Aglycon oder Genin bezeichnet wird. Als Aglyca fungieren viele der aufgeführten Stoffgruppen, wie Alkaloide, Cardenolide, Cumarine, Senföle, Saponine, Steroide u. a., die in Verbindung mit den Zuckern dann auch als Alkaloid-, Cumarin-, Steroidglycosid usw. bezeichnet werden. Blausäurehaltige Glycoside enthalten als Aglycon Blausäure, die unter bestimmten Bedingungen abgespalten wird (z. B. in Leinsamen). Systematische Bedeutung dieser Verbindungen: [202].

3. Saponine. Sie enthalten als Aglyca, die in diesem Falle Sapogenine heißen, Steroide, Steroid-Alkaloide oder Triterpene (s. auch unter 4. oder 5.).

In wäßriger Lösung schäumen die Saponine stark. Sie wirken pharmakologisch recht einheitlich: hämolysierend (Zellgift, Zerstörung der roten Blutkörperchen), expektorierend (Zunahme und Verflüssigung von Schleim) und löslichkeitssteigend (günstige Wirkung der Fingerhut-Saponine bei Aufnahme der Fingerhut-Glycoside).

4. Steroide. Die Verbindungen enthalten Isoprenreste (s. auch 5.).
Steroide bauen sich aus Cholesterol auf. Dieses entsteht aus der Muttersubstanz der Triterpene — dem Squalen — mit 30 C-Atomen infolge komplizierter sekundärer Verbindungen. Aus der Gruppe der Steroide wurden die Steroid-Alkaloide (s. 1.) und die Steroidsaponine (s. 3.) bereits erwähnt. Anschließend werden aus dieser Gruppe die herzwirksamen Glycoside besprochen.
4.1. Cardenolide. Sie enthalten als Aglyca Steroide, die — wie auch die Steroide der Steroidalkaloide — aus dem Cholesterol (Cholesterin) entstehen (s. auch 4.). Die Aglyca weisen 23 C-Atome und einen einfach ungesättigten 5gliedrigen Lactonring am C-17-Atom auf (Cardenolide: z. B. im Fingerhut und Maiglöckchen).
4.2. Bufadienolide. Sie enthalten ebenfalls als Aglyca Steroide. Diese Aglyca besitzen 24 C-Atome und einen zweifach ungesättigten, 6gliedrigen Lactonring am C-17-Atom (z. B. Meerzwiebel).

5. Terpene. Auch diese Naturstoffe sind aus Isoprenresten (1 Rest = 5 C-Atome) aufgebaut (s. auch 4.). Monoterpene bestehen aus 2, Sesquiterpene aus 3 Isoprenresten. Zu den Monoterpenen zählen auch die Iridoide (Grundkörper u. a. zwischen 8 und 10 C-Atome). Zu den Diterpenen (4 Isoprenreste) zählt z. B. das Andromedotoxin der Gränke und das Mezerein des Seidelbastes. Triterpene (5 Isoprenreste) wurden als Aglyca von Saponinen bereits erwähnt.

6. Phenylpropankörper. Hierzu zählen u. a. die glycosidisch gebundenen Cumarine, die in Schmetterlingsblütengewächsen verbreitet und in ihrer pharmakologischen Wirkung uneinheitlich sind [73].
Diese Verbindungen spalten als Aglycon das Cumarin (= Lacton der o-Hydroxyzimtsäure) ab. Der Duftstoff im Waldmeister ist Cumarin. Furanocumarine (Furocumarine), z. B. in Bärenklau-Arten, sind maßgeblich an der Entstehung der Lichtdermatosen beteiligt.

7. Anthracenderivate. Sie enthalten ein trizyklisches Ringsystem. Frische Faulbaumrinde enthält zunächst vorwiegend Anthronglycoside (Hauptaglycon = Emodin); nach Lagerung bilden sich dann u. a. Anthrachinone.

8. Gerbstoffe (z. B. in der Eiche). Sie wirken erst in sehr hohen Dosen toxisch, indem die nicht umkehrbare Eiweißfällung zum Zelltod führt. Ansonsten werden die Gerbstoffe wegen adstringierender Wirkung therapeutisch genutzt. Indem nur die Eiweiße der obersten Schleimhautschichten gefällt werden, entsteht eine zusammenhängende Membran, die u. a. entzündungshemmend wirkt. Chemisch ist zwischen hydrolysierbaren Gerbstoffen (Ester von Zuckern, vorwiegend mit Gallussäure) und nicht hydrolysierbaren, kondensierten Gerbstoffen (Catechingerbstoffe) zu unterscheiden.

9. Bitterstoffe. Sie sind in chemischer und pharmakologischer Hinsicht recht uneinheitlich. Sehr häufig bestehen die Bitterstoffe aus Terpenen, Steroiden

oder deren Umwandlungsprodukten. Enthalten sind Bitterstoffe z. B. im Bene-
diktenkraut und in Zaunrüben-Arten.

10. Ätherische Öle. Chemisch besteht die Mehrzahl aus Terpenen (Mono- und
Sesquiterpene) oder Phenylpropankörpern, eine geringe Anzahl aus unter-
schiedlichsten Verbindungen. In pharmakologischer Hinsicht besitzen sie
einen uneinheitlichen Wirkungscharakter. Im Vordergrund steht jedoch nicht
die Gift-, sondern die Heilwirkung. Das bei Normaltemperatur dickflüssige
Terpentin (Balsam) liefert durch Wasserdampfdestillation die gering wasserlös-
lichen ätherischen Öle (Terpentinöle) nebst Colophonium (Harz). Auch finden
viele Pflanzen als aromatische Gewürze (Majoran, Thymian, Petersilie, Dill
usw.) oder als Heilpflanzen (Kamille, Schafgarbe) Verwendung. Erst größere
Mengen ätherischer Öle, wobei die qualitative Zusammensetzung entscheidend
ist, führen bei äußerer Einwirkung zu Reizwirkungen und Allergien, nach innerer Aufnahme zu Übelkeit, blutigen Durchfällen, zentralen Erregungs- und
Lähmungserscheinungen sowie in Extremfällen zum Tode infolge Atemlähmung.

11. Glucosinolate (Senföl-Glycoside). Sie sind z. B. in Raps und Senf enthalten und können als Aglyca Senföle freisetzen.

12. Polyine. Polyine, auch Polyacetylene genannt, sind flüchtige Substanzen.
Bei höheren Pflanzen sind sie oft in fetten oder ätherischen Ölen gelöst. Zu
diesen Verbindungen rechnet u. a. das Cicutoxin des Wasserschierlings.

13. Polyketide. Es sind strukturell sehr unterschiedliche Verbindungen. Entweder Einbau z. B. von Essigsäure oder Propionsäure (einfache Polyketide) oder
zusätzlich z. B. von Fettsäuren (gemischte Polyketide) in die wachsende Polyke-
tosäure, die einer anschließenden Zyklisierung unterliegt.

14. Sonstige Gift- und Wirkstoffe. Zu dieser Gruppe zählen u. a. giftige Ei-
weißverbindungen aus der Robinie und dem Rizinus.

15. Mycotoxine (Pilztoxine). Chemisch und pharmakologisch sind sie recht
uneinheitliche Substanzen.

Da die Giftstoffe in den einzelnen Pflanzenteilen wie Blättern, Früchten oder Wurzeln unterschiedlich verteilt sein können, wird dies unter
Vorkommen vermerkt. Soweit möglich, erfolgen quantitative Angaben. Hingewiesen wird auf eine mögliche Beeinflussung des Giftge-
halts durch die Temperatur oder die Höhenlage sowie auf Veränderungen des Gehalts in Abhängigkeit von der geographischen Verbreitung.

Die **Wirkung** der Giftstoffe wird zunächst beim Menschen erläutert,
nach dem Gedankenstrich beim Tier. Ist bei Mensch und Tier eine
etwa gleiche Symptomatik (z. B. Magen / Darm oder Herz / Kreislauf)
zu erwarten, wird sie beim Tier nicht zusätzlich aufgeführt. Bei diesem
werden nur spezifische Krankheitsverläufe berücksichtigt.

Für die Wirkung im Organismus ist die aufgenommene Giftmenge,
die Dosis entscheidend; ferner, ob dieselbe Giftmenge auf einmal oder

über einen längeren Zeitraum verteilt in Mensch oder Tier gelangt. Besonders anfällig können – unter Berücksichtigung des allgemeinen Gesundheitszustandes – Kinder und ältere Menschen sein.

Vermerkt wird auch, wenn durch Trocknung (z.B. Heu) die ursprüngliche Giftwirkung der frischen Pflanze nachläßt oder völlig verlorengeht.

Zu den *Symptomen*: Bei den meisten Giftpflanzen tritt zunächst eine Magen-Darm-Symptomatik mit Übelkeit, Erbrechen und Durchfall auf. Weitere Möglichkeiten sind eine Herz-Kreislauf- und eine zentrale Symptomatik, wie Lähmungserscheinungen, beschleunigte oder verlangsamte Atmung und Bewußtlosigkeit (Koma). Eine Pupillenerweiterung erfolgt nach Tropan-Alkaloiden.

Individuelle Unterschiede bestehen hinsichtlich der Ausbildung von Allergien und Hautekzemen nach der Einwirkung von Pilzsporen, Blütenstaub, Pflanzensäften oder dergleichen.

In den wenigsten Fällen liegt für ein bestimmtes Pflanzengift eine spezifische Symptomatik vor, so daß diese zur Giftpflanzenbestimmung kaum geeignet ist.

Erwähnt wird auch die unerwünschte Wirkung von Drogen infolge Mißbrauchs. Diese „Sensationsdrogen" wurden bereits frühzeitig von den Menschen entdeckt. Zunächst spielten diese Drogen in den Händen privilegierter Zauberer, Priester und Ärzte ihre unheilvolle Rolle. Dann entwickelte sich das Wissen über diese Stoffe zum Allgemeingut und gab damit in kapitalistischen Ländern jedem einzelnen Gelegenheit zum Mißbrauch. Von den Rauschgiften spielt der Haschisch zur Zeit die größte Rolle. Über die Wirkung der getrockneten Blüten und Blätter des Hanfs wurde bereits 2000 v.u.Z. in Sanskrit berichtet. Später schrieben die Griechen, Assyrer und Perser über die betäubende Wirkung der Hanfpflanze. Verschiedene Arten des Haschischgenusses schildern im 10. Jahrhundert u.Z. einige arabisch niedergeschriebene Märchen aus 1001 Nacht. Über ganz Nordafrika wurden vom 11. bis 15. Jahrhundert die Hanfdrogen verbreitet, um dann im 16. Jahrhundert durch die Spanier nach Süd- und Mittelamerika zu gelangen. Über Mexiko und die USA haben ab Mitte der 60er Jahre unseres Jahrhunderts Haschisch und Marihuana ihren „Siegeszug" nach Westeuropa angetreten.

Die WHO gibt die Zahl der Rauschgiftsüchtigen weltweit mit 48 Millionen an. Allein vom Haschisch sind 30 Millionen abhängig. Es folgen einige Millionen vom Cocain, 1,7 Millionen vom Opium und 700 000 vom Heroin abhängiger Menschen. Besonders in Nord- und Südamerika hat der Mißbrauch des „Champagner der Drogen", wie Cocain bezeichnet wird, epidemische Ausmaße erreicht, so daß die weltweite Bekämpfung höchste Priorität verdient. Auch die diskutierte Aufnahme von 35 Suchtstoffen und psychotropen Substanzen in die Kontrollregister der Internationalen Drogenabkommen wäre ein Beitrag zur Entwicklung einer Strategie und eines Programms mit dem Ziel einer internationalen Kontrolle der Drogenszene.

Aus der Vielzahl der Literatur zur Rauschgiftproblematik: [10, 52, 58, 63, 68, 73, 85, 93, 100]. Erwähnt sei auch das Handbuch der Rauschdrogen [91]. Weitere Angaben zur Drogengefahr: [33], speziell für die Jugend [59]. Genetische Folgen: [319], Heroin und Schwangerschaft: [220]. Zu Fragen der Heroinsucht und deren Behandlung: [80]. Überblick über die Geschichte der Schmerz-, Schlaf- und Betäubungsmittel: [92].

Den Abschnitt Wirkung beschließen bekannte toxische oder letale Dosen der Pflanzengifte (s. „Abkürzungen", Einbandinnenseite).

Bei der **Behandlung der Vergiftung** beschreiben wir zunächst die Erste-Hilfe-Maßnahmen, die sofort, aber mit Überlegung zu ergreifen sind. Eine gezielte Anfangsbehandlung bis zum Eintreffen des Arztes bzw. Tierarztes kann oft lebensrettend sein.

Die Entfernung der Giftstoffe aus den Verdauungsorganen nach oraler Aufnahme kann durch Erbrechen erfolgen, entweder durch Reizung der Rachenwand mit dem Finger oder einem Löffelstiel. Dabei empfiehlt sich eine tiefere Lagerung des Kopfes als des Oberkörpers (z. B. Kinder über das Knie legen). Die Verabreichung von reichlich Flüssigkeit (z. B. Wasser oder Saft, aber kein Alkohol und keine Milch) vor dem Erbrechen ist günstig. Salzwasser − aber keinesfalls bei Kindern bis zu 7 Jahren − kann ebenfalls zum Auslösen des Erbrechens benutzt werden (1 bis 2 gehäufte Teelöffel auf ein Glas möglichst warmes Wasser). Die Aufnahme von Flüssigkeit und anschließendes Erbrechen müssen evtl. so lange wiederholt werden, bis im Erbrochenen keine Pflanzenteile mehr nachweisbar sind. Bei unklaren Vergiftungsfällen, z. B. unbekannte Pflanzen oder -teile, ist das Erbrochene aufzuheben.

Ist der Patient schläfrig oder stark erregt, ist zur Entgiftung nur in Wasser aufgeschwemmte Aktivkohle zu verwenden (bei Kindern etwa 0,2 bis 0,5 g / kg Körpermasse, bei Erwachsenen etwa 10 g = 1 gestrichen voller Eßlöffel). Diese Entgiftungsmaßnahme reicht auch bei Pflanzen mit geringer Toxizität aus. Aktivkohle ist aber stets nach dem Erbrechen zu verabreichen.

Hautreizende Pflanzengifte sind mit viel warmem Wasser und Seife abzuspülen. Sind giftige Inhaltsstoffe in die Augen gelangt, so spült man diese einige Minuten unter fließendem Wasser.

Der auf jeden Fall zu benachrichtigende Arzt bzw. Tierarzt legt die einzuleitenden Behandlungsmethoden fest. Als Maßnahmen zur weiteren primären Giftentfernung sind die Magenspülung und die Darmentleerung zu erwägen; letztere mit Glaubersalzlösung (Natriumsulfat, keinesfalls Bittersalz = Magnesiumsulfat): 2 Eßlöffel für Erwachsene, 1 Eßlöffel für Kinder und 1 Teelöffel für Säuglinge auf 0,25 bis 0,5 l lauwarmes Wasser.

Da bei Pflanzenvergiftungen in den wenigsten Fällen spezifische Gegengifte (Antidota) zur Verfügung stehen, ist die zumeist symptomatische Therapie (Behandlung der Krankheitserscheinungen) vorwiegend auf die Normalisierung der vegetativen Funktionen, die Regulierung des Wasser- und Elektrolythaushalts sowie der Temperatur orientiert. Eventuell notwendige sekundäre Entgiftungsverfahren, z. B. Hämodialyse, dürften vorwiegend nach Pilzintoxikationen erforderlich werden (s. S. 45).

Zur gezielten Therapie durch den Arzt nach Pflanzenvergiftungen sei besonders auf die ausführlichen Angaben bei Ludewig / Lohs [65] sowie Roth / Daunderer-Kormann [87] verwiesen.

Einige therapeutische Hinweise gegen wichtige Pflanzengifte:

Blausäure: Da in der Pflanze keine freie Blausäure vorkommt, kann diese nur aus den blausäurehaltigen Glycosiden (s. S. 12) freigesetzt werden. Diese Möglichkeit besteht aber auch nur im Extrem nach der Aufnahme einer ausreichenden Menge Pflanzenmaterials mit hohem Gehalt blausäurehaltiger Glycoside, wobei das Pflanzenmaterial zugleich gut zerkaut und auf einmal aufgenommen worden sein muß. Nur unter diesen Bedingungen kann eine akut lebensbedrohliche Situation entstehen, bei der die für den Menschen nach oraler Aufnahme tödliche Blausäuremenge von $1-2$ mg / kg KM vorliegt. In allen anderen Fällen führen die aus den Glycosiden entstehenden geringen Blausäuremengen allenfalls zu gastrointestinalen Symptomen [215]. Infolge der bei akuten Vergiftungen schnell verlaufenden Symptomatik, wie Blutdruckabfall, Tachykardie, Krämpfe und im Extrem Atemstillstand, ist schleunigst zu erbrechen und die gezielte Therapie mit Natriumthiosulfat und Dimethylaminophenol (4-DMAP) einzuleiten.

Alkaloide: Erbrechen, anschließend viel Tee, Aktivkohle und Laxans. Magenspülung mit burgunderfarbener Kaliumpermanganatlösung (0,1 %). Symptomatische Therapie: besonders bei Krämpfen und evtl. Atemlähmung. Nierenkontrolle.

Nitrat / Nitrit: beim Menschen z. B. i. v. Injektion von Coloxyd (beim Erwachsenen 100 bis 200 mg, beim Kind 1 bis 2 mg / kg KM und Tag), beim Tier 1%ige Methylenblaulösung (i. v.) 1 bis 2 mg / kg KM.

Selbst „tödliche" Dosen an Pflanzengiften können weitgehend ohne gesundheitliche Schäden überlebt werden, wenn schnellste Einlieferung der Patienten in die Klinik mit entsprechender Behandlung erfolgt. Daher ist die Kenntnis der nächstgelegenen Kliniken, Reanimations-, Hämodialysezentren sowie der Toxikologischen Auskunfts- und Beratungsdienste dringend erforderlich.

Zentraler Toxikologischer Auskunftsdienst (ZTA) in der DDR: s. Arzneimittelverzeichnis T. I, 1986, S. 378 [5].

Informationszentren für Vergiftungsfälle in der BRD und Berlin

(West): s. Rote Liste 1986, Blaue Leiste S.105 bzw. in anderen europäischen Ländern Blaue Leiste S.107 und 108 [17].

Im Abschnitt **Verwendung der Pflanze** sind vorwiegend Hinweise zur Anwendung der Pflanzeninhaltsstoffe oder der Pflanze selbst als Arzneimittel, in der Volkswirtschaft oder für die menschliche und tierische Ernährung gegeben. Eine Bewertung nach „giftigen" und „ungiftigen" Bestandteilen erfolgt nicht, denn noch immer gilt der Ausspruch des bekannten Arztes Paracelsus (1493 – 1541): „Alle Dinge sind Gift, und nichts ist ohne Gift; allein die Dosis macht, daß ein Ding kein Gift ist" (Dosis solum facit venenum).

Möglichkeiten der Behandlung von Krankheiten mit pflanzlichen Arzneimitteln (Phytopharmaka) sind gegeben. Durch Aberglaube abgewertete oder in Vergessenheit geratene Inhaltsstoffe aus Pflanzen sollten und werden durch die modernen medizinisch-pharmazeutischen Wissenschaften richtig beurteilt. Neben synthetischen Pharmaka werden von der pharmazeutischen Industrie Kombinationspräparate aus synthetischen und pflanzlichen Wirkstoffen sowie reine Pflanzenpräparate hergestellt.

Anschließend erfolgen **Literaturangaben** zum tieferen Verständnis einzelner Fachdisziplinen.

Zur Definition von Fachausdrücken in: Medizin [22, 81]; Veterinärmedizin [109]; Toxikologie [27, 97] und Mykologie [9].

Spezielle Literatur zur

Humanmedizin:
- Schnelle medizinische Hilfe [13, 20];
- Behandlung akuter Vergiftungen [21, 60, 65, 71, 95];
- Dialyse und Hämoperfusion [94];
- Dermatologie [15];
- Giftpflanzen mit Therapie [40, 87, 88];
- Pharmakologie und Toxikologie [37, 62, 67, 90, 110].

Veterinärmedizin:
- Pharmakologie und Toxikologie [8, 39, 44];
- Pharmakognosie [7];
- Giftpflanzen und Nutztiere [55].

Botanik:
- Lehrbuch [98];
-       Bestimmungsbücher und Systematik [6, 24, 25, 28, 30, 48, 49, 89, 106, 107, 112];
-       Giftpflanzen [43, 45, 96], speziell in Großbritannien [38], in Frankreich [23], in Nordamerika [56], in Afrika [105], in Australien [32];
- Heilpflanzen [11, 77, 101].

Chemie:
- Lehrbuch [35];
- Alkaloidchemie [53].

Pharmazie:
-       Taschenbuch (enthält auch Angaben zu pflanzlichen Drogen) [86];
-       Pharmazeutische Chemie / Biologie [4, 19, 102, 103, 104];
-       pflanzliche Systematik unter chemischen Aspeken [41, 50];
- Phytotherapie [14, 69];
- Pharmakognosie [99];
- Arzneimittelwirkungen und -nebenwirkungen [54, 74];
- Biotransformation und Pharmakokinetik [78, 79].

Sonstige Spezialliteratur:
- Steroidbiochemie [75];
- Nutzung sekundärer Naturstoffe [82];
- Pflanzeninhaltsstoffe und Arzneimittel [83];
- Toxikologie der Nahrungsmittel [64];
- Pflanzeninhaltsstoffe und Zellkulturen [3, 34].

Weiterführende Literatur zu *Blaualgen* s. S. 21, zu Pilzen s. S. 23, 45 und zu Farnpflanzen s. S. 46.

1. Blaualgen — Cyanophyta

Niedere, blütenlose Pflanzen. Echte Zellkerne fehlen, ebenso Chromatophoren. Vermehrung allgemein ungeschlechtlich durch Zellteilung. Etwa 2 000 Arten. Weiterführende Literatur: [77, 31].

+ + + **Blaugrüne Algen** — *Cyanophyceae*
Gestalt einzellig bis fadenförmig. Die meisten Vertreter sind größer als Bakterien. Unter der deutschen Bezeichnung „Blaugrüne Algen" werden folgende wichtige Arten erwähnt:

Anabaena flos-aquae,	*Microcystis aeruginosa,*
Aphanizomenon flos-aquae,	*Nodularia spumigena,*
Gloeotrichia pisum,	*Oscillatoria lacustris*

Erkennungsmerkmale
„Wasserblüte". Rote, blaue und grüne Verfärbung des Wassers durch teller- bis tischplattengroße Zellverbände.

Erscheinungszeit: vorwiegend im Spätsommer.

Verbreitung: auf der Wasseroberfläche oder bis zu 2 m Tiefe im Süß- und Meerwasser. Boddengewässer der Ostsee, Fischteiche.

Giftige Inhaltsstoffe
Bezeichnung: Alkaloid Anatoxin A und Saxitoxin (beide neurotoxisch), Microcystin (zyklisches Polypeptid, hepatotoxisch).

Eine toxische Substanz (isolierte Aminosäuren) aus *Microcystis aeruginosa* [325].

Vorkommen: in der ganzen Pflanze. Hohe Nährstoffzufuhr durch Abwässer, Düngung von Fischteichen usw. sowie warme Witterung erhöhen den Giftgehalt. Abhilfe durch anzustrebende geringere Nährstoffzufuhr (keine zunehmende Eutrophierung) in den Gewässern. Algenbekämpfungsmittel (Algizide) verlagern letztlich die Probleme nur.

Wirkung: Menschen erkranken durch Aufnahme stark blaualgenhaltigen Wassers als Trinkwasser oder beim Baden. Nach 1 bis 2 Stunden Erbrechen, Krämpfe, Atembeschwerden. Ferner Leberschäden. Marine Blaualgen können bei Schwimmern gelegentlich zu Dermatitis und Entzündung der Augenbindehaut führen. − Beim Tier, besonders bei Enten, aber auch bei Schweinen und Rindern Vergiftungen durch blaualgenhaltiges Wasser [136].

Antimikrobielle Substanzen aus der Blaualge *Nostoc punctiforme.* Weitere toxische Algen (Phycophyta) sind die zur Familie *Dinophyceae* zählenden *Gonyaulax*-Arten: Seemuscheln und Dorsche fressen schadlos diese Algen und speichern Saxitoxin (Purinderivat), Neosaxitoxin und Gonyautoxine I−V. Dieses Muschelfleisch und die Dorschleber sind für den Menschen stark neurotoxisch (paralytic shellfish poison). Zelltoxische Substanzen (Caulerpin und Caulerpicin) sind auch in der Ordnung der Caulerpales (Klasse der Grünalgen = *Chlorophyceae*) enthalten.

LD: Mensch (o.) 1 mg Saxitoxin [132]. LD_{50}: Maus 10 µg Saxitoxin und Tier 0,1 bis 0,5 mg Microcystin / kg KM.

Über weitere Algentoxine [264, 155, 189, 236], toxische Muscheln usw.: [122]. Zusammenfassende Arbeit über marine toxische Arten aus dem Tier- und Pflanzenreich mit vielen Literaturangaben: [196].

Behandlung der Vergiftung: bei Dermatitis Hautarzt konsultieren, sonst symptomatische Behandlung.

2. Pilze — Mycophyta

Aus der Vielzahl der Pilze werden nur die giftigsten Vertreter aus den Klassen der höheren Pilze angeführt. Um einen umfassenderen Einblick in die Pilzsystematik und damit ein besseres Erkennen von Gift- und Speisepilzen zu gewinnen, sei auf die ausgezeichneten Darstellungen von [70, 51, 18, 16, 12, 29] verwiesen. Daher wird auch auf eigene Abbildungen verzichtet. Pilze sind blütenlose Pflanzen, deren farblose Vegetationskörper aus Pilzfäden (Hyphen) bestehen. Die sonst für pflanzliche Zellwände typische Zellulose fehlt, dafür kommt Chitin vor. Vermehrung ungeschlechtlich und geschlechtlich.

2.1. Schlauchpilze — Ascomycetes

+ + + **Gießkannenschimmel-Arten** — *Aspergillus*-Arten
A. flavus, A. fumigatus, A. glaucus, A. niger, A. oryzae, A. parasiticus u. a.

Erkennungsmerkmale
Ausbildung gelber, blaugrüner oder schwarzer Schimmelrasen auf Nahrungsmitteln (z. B. Brot, Nüsse, Mandeln, Weizenmehl, Käse, Räucherschinken), auf Futtermitteln (Getreidefuttermittel, Heu, Maissilage, Malzkeime, Fischmehl, Erdnußkuchen besonders mit *A. flavus*) und Einstreu. Durch starken Pilz- und Bakterienbefall kommt es zum Verderb oder bis zur Fäulnis der genannten Substanzen. Die keulenförmigen Sporenträger bilden eine Vielzahl kleiner Sporen (Konidiosporen) aus.

Verbreitung: auf feuchtwarm gelagerten Nahrungs- und Futtermitteln mit einem Wassergehalt zwischen 15 und 30 % und bei einer Luftfeuchtigkeit über 50 %.

Giftige Inhaltsstoffe
Bezeichnung: Giftbildung (Mycotoxinbildung) der Pilze bzw. Giftwirkung der pilzbefallenen Nahrungs- und Futtermittel infolge Zerset-

zung, besonders von Eiweißen. Entstehung der hochtoxischen Aflatoxine B_1 und G_1 sowie der weniger toxischen B_2 und G_2 (s. Tabelle 2). Aflatoxinbildung vorwiegend durch *A. flavus, A. oryzae* und *A. parasiticus* (Toxine in *A. chevalieri* [129]); hoher Oxalsäuregehalt.

Wirkung: Aflatoxin B_1 ist besonders hepatokanzerogen, es folgt G_1. Kaum hepatokanzerogen sind B_2 und G_2 (s. Tabelle 2). Auch Allergien, Asthma und andere Erkrankungen der Atmungsorgane von Stallpersonal beim Arbeiten mit verpilzten Silagen treten auf. Über Gefahren

Tabelle 2. Wichtige Toxine von „Schimmelpilzen" *(A. = Aspergillus; P. = Penicillium)*

Toxin	Pilzart	Vorkommen
Aflatoxin B_1	*A. flavus* *A. oryzae* *A. parasiticus* u. a.	Erdnüsse, Baumwollsamenmehl, Getreide, Mais
Aflatoxin B_2		
Aflatoxin G_1		
Aflatoxin G_2		
Aflatoxin M_1	*A. flavus*	
Aflatoxin M_2		
Apertoxin	*A. nidulans* *A. versicolor*	Reis, Getreide
Byssochlaminsäure	*Paecilomyces varioti*	Obstkonserven, Fruchtsäfte
Citreoviridin	*P. citreoviride*	Reis

durch Einatmen aflatoxinhaltigen Getreidestaubs: [134, 307]. Calciummangel im Organismus durch Oxalsäure.

Über Todesfälle beim Menschen infolge akuter Leberintoxikation und Enzephalopathie durch Aflatoxine wurde aus Uganda und Thailand berichtet. Auch an der Entstehung von Neoplasmen der Leber bei der Bevölkerung Afrikas und Südostasiens sind Aflatoxine beteiligt [238]. Während die WHO in Nahrungsmitteln einen Aflatoxingehalt bis zu 0,3 ppm zuläßt, enthielten in Uganda von den untersuchten Nahrungsmitteln 15 % mehr als 1 ppm Aflatoxin. Angaben u. a.

Wirkung	LD$_{50}$ (mg / kg KM)	Tierart	Sonstiges
hepatokanzerogen,	0,3	Kaninchen	B$_1$ = stärkstes
Einfluß auf	10,2	Hamster	pflanzliches
trächtige Sauen,	9,0	Maus	Kanzerogen
reduzierte Lege-	1,7	Ratte (o.)	
leistung und	0,34	Ente (o.), 1 Tag alt	
Schlupfrate bei			
Geflügel	2,2	Affe	
	1,7	Ente (o.), 1 Tag alt	
	0,79	Ente (o.), 1 Tag alt	
	3,5	Ente (o.), 1 Tag alt	
	0,36	Ente (o.), 1 Tag alt	
	1,24	Ente (o.), 1 Tag alt	
hepatokanzerogen	0,7 µg / Ei	Ente	
Zellgift			
neurotoxisch	3,6	Ratte (s.c.)	Japan: „shoshin-kakke", „Cardiac Beri beri"

25

Toxin	Pilzart	Vorkommen
Citrinin	*A. ochraceus*	Mais, Weizen
Clavacin s. Patulin Clavatin s. Patulin Claviformin s. Patulin		
Cyclochloro- tin	*P. islandi- cum*	Reis
Cyclopiazon- säure	*P. cyclopium A. versico- lor*	Bohnen, Maismehl, Weizen, Erdnüsse
Fusarenon s. Trichothecene		
Islanditoxin	*P. islandi- cum*	Reis
Leucopin s. Patulin		
Luteoskyrin	*P. islandi- cum*	Reis
Maltoryzin	*A. oryzae*	Malzkeime
Moniliformin	*Fusarium fusarioides, F. moliniforme*	Obst

Wirkung	LD$_{50}$ (mg / kg KM)	Tierart	Sonstiges
hepatotoxisch, nephrotoxisch	70,0 43,0 95,0	Maus (i. p.) Meerschwein- chen Küken (7 Tage alt)	[228] [257]
Atmungs- und Kreislauf-erkrankungen	0,47	Maus (s.c.)	
neurotoxisch	36,0 63,0	Ratte (o.) ♂ Ratte (o.) ♀	[243]
			[238]
hepatotoxisch, kanzerogen	145,0	Maus (i.p.)	Toxic yellowed rice
neurotoxisch, hepatotoxisch	3,0 50,0	Maus (i.p.) Ratte (o.) ♂	
gastroenteri-tisch, hepato- und kardiotoxisch	29,1 20,9 4,0	Maus (o.) ♂ Maus (o.) ♀ Küken (o.), 1 Tag alt	[149, 237]

Toxin	Pilzart	Vorkommen
Ochratoxin A	*A. ochraceus* *P. viridicatum*	Erdnüsse, Mais, Weizen, Fisch, Fleisch
Patulin	*P. claviforme* *P. expansum* *P. griseofulvum* *P. leucopus* *P. clavatus* *P. giganteus* *P. terreus*	Apfelsaft, Äpfel und anderes Obst
Penicillin- säure	*P.*- und *A.*-Arten	
Penitrem A und B	*P. crustosum* *P. simplicissimum* *P. verrucosum*	Getreide
Phenolderivat	*Phomopsis leptostromiformis*	Lupinen
PR-Toxin	*P. roqueforti*	Reismehl und andere Nahrungs- mittel, Sila- gen
Roquefortin	*P. roqueforti* *P. commune*	Reismehl und andere Nahrungsmittel, Silagen

Wirkung	LD$_{50}$ (mg/kg KM)	Tierart	Sonstiges
nephrotoxisch, verursacht Nekrosen, Abort bei Kühen, reduzierte Legeleistung und Schlupfrate bei Geflügel	0,15 3,9 9,1 8,1 0,15	Entenküken (o.) Ratte (o.) Meerschweinchen ♂ Meerschweinchen ♀ Küken (o.)	[123, 124, 313, 314, 156, 199, 271]
hämorrhagisch, ödematös, kanzerogen	20,0 170,0 30,5 4,5 31,5 23,0 10,0	Maus (i.v.) Küken (o.) Ratte (o.) ♂ Ratte (i.v.) ♂ Syrischer Hamster: (o.) (s.c.) (i.p.)	in „Braunfäulejahren" Diffusion in ganze Frucht [284, 145, 254, 137, 182]
	100,0	Maus (s.c.)	[288]
neurotoxisch			[128, 282]
hepatotoxisch, Gehirnläsionen			nach [115] für die Lupinose verantwortlich
hepatotoxisch	7,0	Maus (i.p.)	als Reifungskultur für Blauschimmelkäsearten toxisch unbedenklich [303]
hepatotoxisch	18,0	Maus (i.p.)	

Toxin	Pilzart	Vorkommen
Roridin A	*Myrothecium roridin*	
Roseotoxin s. Trichothecene		
Rubratoxin A	*P. rubrum*	Getreide
Rubratoxin B	*P. rubrum*	Getreide, Mais
Sirodesmine (A, B, C, G)	*Sirodesmium-* Arten	Futtermittel, Getreide
Slaframin	*Rhizoctonia leguminicola*	Rotklee
Sporidesmine (B, C, E, F, G, H, J)	*Pithomyces chartarum*	Getreide
Stachybotryo- toxin s. Trichothecene		
Sterigmato- cystin	*A. nidulans* *A. versicolor*	Reis, Getreide
T-2-Toxin s. Trichothecene		
Tremortine s. Penitreme		
Trichotecin s. Trichothecene		

Wirkung	LD$_{50}$ (mg / kg KM)	Tierart	Sonstiges
	<10,0	Maus (i.p.)	
mutagen, teratogen, hämorrhagisch	6,6	Maus (i.p.)	
hepatotoxisch, mutagen, teratogen	3,0 0,36	Maus (i.p.) Ratte (i.p.)	[321]
gastroenteritisch			USA: Blackpatch disease
	0,6 bis 0,8	Meerschweinchen (o.)	[195]
gastroenteritisch	0,5	Schaf	verursacht Fazialekzeme bei Schafen; Zinksulfat zur Therapie [303]
hepatokanzerogen	800 65	Maus (o.) ♂ Ratte (i.p.)	Tierversuche [167]
			[113, 338, 323, 160, 268]

Toxin	Pilzart	Vorkommen
Trichothecene	*Fusarium*-Arten, *Trichothecium*-Arten, *Myrothecium*-Arten	Getreide, Hirse, Heu
Verrucarin A	*Myrothecium*-Arten	
Verticilline A, B, C	*Verticillium*-Arten	Futtermittel
Vomitoxin	*Fusarium*-Arten	Futtermittel
Zearalenon (F-2-Toxin)	*Fusarium*-Arten	Mais, Gerste

Wirkung	LD$_{50}$ (mg / kg KM)	Tierart	Sonstiges
1. Stadium: Schleimhautbrennen, 2. Stadium: Abnahme der Leukozyten, 3. Stadium: petechiale Blutung, Leukopenie (krankhafte Leukozytenverminderung) auch: hämorrhagisch, neurotoxisch	< 10,0	Maus (i. p.)	enzootisch, sehr ernste und in vielen Fällen tödliche Vergiftungen bei Mensch und Tier; Bezeichnungen: akakabibo toxicosis; alimentary toxic aleucia; Stachybotryotoxicosis; Fusariotoxicosis u. a. (mehr als 40 Trichothecene wurden identifiziert)
	1,5 0,87 0,54	Maus Ratte Kaninchen	
Gastroenteritis erzeugend			
			[324]
kanzerogen			Unfruchtbarkeit bei Kühen, reduzierte Wurfgröße und Splayleg bei Schweinen; östrogene Wirkung bei Färsen [275, 158, 142]

von Aflatoxinen auf getrockneten Bohnen [207]. Durch teilweise Umwandlung von Aflatoxin B_1 in M_1 wird letzteres auch in Milchproben nachgewiesen (bis zu 0,33 µg Aflatoxin M_1 / l). Damit im Zusammenhang stehende Probleme bei der Reifung und Lagerung von Käsesorten [284]. Für Lebensmittel ist die Überimpfung geprüfter Pilzstämme, die nachweislich keine Toxine enthalten, angezeigt [276, 277, 265]. Über weitere Umwandlungsprodukte von Aflatoxin B_1 und die Herkunft anderer Mycotoxine in Lebensmitteln: [225].

Alle im Tierversuch kanzerogenen Toxine müssen aus dem Bereich der menschlichen Ernährung ferngehalten werden. − Bei Tieren sind besonders chronische Vergiftungen durch pilzliche Stoffwechselprodukte häufig. Gegenüber Gießkannenschimmel sind Pferde besonders, Rinder und Schafe weniger empfindlich. Im Vordergrund stehen Erkrankungen des Verdauungskanals, der Nieren und des Nervensystems. Bei tragenden Tieren Abort. Eintagsküken verenden infolge Befalls der Atemwege mit Pilzen (Aspergillose).

Eine Verpilzung der Erdnußrückstände und anderer Futtermittel, besonders mit *A. flavus*, bedingt bei Puten (Truthahn-X-Krankheit), Hühnern, Enten, Rindern und Schweinen das Krankheitsbild der Aflatoxikose. Die Krankheit äußert sich in Freßunlust, dadurch geringere Massenzunahme und später starke Leberschäden, die denen nach Aufnahme von Jakobs-Kreuzkraut ähneln. Über histopathologische Veränderungen in Leber, Niere und Milz durch Mycotoxine der Gattung *Aspergillus*: [193]. Leberkarzinome bei empfindlichen Tierarten mit 0,1 bis 1,0 µg Aflatoxin B_1 / kg Futtermittel. Aflatoxikose und Immunstatus bei Schweinen: [308].

Stärker verpilztes Futter kann durch Behandlung mit Ammoniak mehr oder weniger pilzfrei gemacht werden [144]. Über den Einfluß von Propionsäure und anderer organischer Säuren auf stärker verpilztes Futter: [219], von Insektiziden: [162, 163]. Gering verpilzte Futtermittel können meist bedenkenlos verfüttert werden.
Die einzelnen Gießkannenschimmel-, Pinselschimmel-Arten u. a. (s. Tabelle 2) werden zum Begriff „Schimmelpilze" zusammengefaßt.
Meistens wachsen die giftigen und ungiftigen Arten dieser Gattungen gemeinsam auf Nahrungsstoffen für Mensch und Tier. Weit über 100 Mycotoxine der etwa 300 toxinbildenden Schimmelpilz-Arten sind bekannt. Wahrscheinlich sind Spätschäden bei Mensch und Tier häufiger als bisher angenommen. Verpilzte Lebens- und Futtermittel können daher direkt und indirekt krankheitserregend wirken.
LD: Mensch (o.) 1 bis 10 mg Aflatoxin / kg KM.

Behandlung der Vergiftung: Kontrolle der Leberwerte, weiter symptomatische Therapie.

+++ **Mutterkornpilz** – *Claviceps purpurea* (Fr.) Tul.

Erkennungsmerkmale

Der Pilz bildet Ascosporen, die die Getreidearten während der Blütezeit befallen (Primärinfektion). Es entsteht ein klebriger Saft (Honigtau), der viele Konidiosporen enthält. Der Honigtau infiziert andere blühende Ähren (Sekundärinfektion). Durch weitere Entwicklungsvorgänge wird das Getreidekorn im Verlaufe von einigen Wochen zum harten, schwarz-violetten, bananenförmigen Mutterkorn (Sklerotium) umgebildet, das die mehrfache Größe eines Roggenkorns besitzt. Aus dem überwinternden Mutterkorn entwickelt sich im Frühjahr der Pilz, dessen Sporen wieder in die Getreideblüten eindringen.

Verbreitung: vorwiegend in Roggenblüten, aber auch in anderen Getreide- und Grasblüten (über 300 Wirtspflanzen).

Giftige Inhaltsstoffe

Bezeichnung: über 30 Alkaloide der Clavinserie (Agroclavin, Penniclavin, Festuclavin u. a.), die nach chemischer Veränderung in die D-Lysergsäure-Serie übergehen: Ergometrin (einfaches Lysergsäureamid) sowie die Peptid-Alkaloide (Ergotamin, Ergocornin, Ergocristin, Ergocryptin; letztere 3 Alkaloide sind auch im Alkaloidgemisch Ergotoxin enthalten).

Mutterkorn-Alkaloide sind Ergolin-Alkaloide der Indolgruppe, die sich vom Tryptophan ableitet. Die Peptid-Alkaloide enthalten stets einen Tripeptidrest, der Aminosäuren wie L-Prolin, L-Valin, L-Leucin, L-Phenylalanin u. a. enthalten kann.

Vorkommen: Die Sklerotien europäischer Vertreter enthalten etwa 0,3 % Gesamtalkaloide; durch Auslese wurden Hochleistungsstämme mit mehr als 1 % gezüchtet. Verschiedene Standorte führen zu Unterschieden in Gehalt und Zusammensetzung der Alkaloide.

Das Mutterkorn europäischer Länder enthält vorwiegend das Ergotoxingemisch und z. T. noch geringe Mengen Ergometrin; im Mutterkorn auf Reis ist nur Ergotamin enthalten.

Wirkung: Beim Menschen tritt das Krankheitsbild des Ergotismus (Antoniusfeuer, Höllenfeuer, Brandseuche) auf.

Vor einer durchgreifenden Saatgutreinigung gab es in Deutschland ausgedehnte Massenvergiftungen bei Mensch und Tier. Letzte Massenvergiftung mit ca. 500 Opfern um 1880. Letzter schwerer Ausbruch von Ergotismus in Frankreich 1951. Ergotismus in Äthiopien: [227]. Neuerdings wird auf eine Beeinflussung der Gesundheit des Menschen nach Aufnahme von selbstgeschrotetem Getreide hingewiesen, das mit Mutterkorn verunreinigt ist. Die Gefahr des Ergotismus ist aber nicht gegeben [328].

Beim Menschen Brand- (Ergotismus gangraenosus) und Krampfseuche (Ergotismus convulsivus). Erstere beginnt mit Erbrechen und Durchfall. Nach einigen Tagen werden die Glieder blauschwarz und mumifizieren (Gangränbildung). Nach starken Vergiftungen fallen die Arme und Beine ohne Blutverlust vom Körper. Die Krampfseuche beginnt wie die Brandseuche, dann stehen schwere nervöse Störungen im Vordergrund (u. a. epilepsieartige Krämpfe). – Gleiche Symptome bei Tieren, wobei Rinder und Geflügel am empfindlichsten sind.

Über eine Massenvergiftung in großen Milchviehbeständen in Slowenien (Jugoslawien) 1979 nach Aufnahme kontaminierten Kraftfutters: [192]. Fast die Hälfte des Bestandes erkrankte schwer.

LD: Mensch (o.) 5 bis 10 g der frischen Droge, Maus (i. v.) 0,25 mg Ergometrin / kg KM; Kaninchen (i. v.) 1,17 mg Ergocornin / kg KM. LD_{50}: Kaninchen (i. v.) 7,5 mg Ergometrin, 5 mg Ergotamin, 1,5 mg Ergocristin bzw. 1,05 mg Ergocryptin / kg KM; Ratte (i. v.) 62 mg Ergotamin / kg KM.

Behandlung der Vergiftung: nach dem Erbrechen Flüssigkeit mit Aktivkohle. Bei stationärer Aufnahme Magenspülung und gegebenenfalls intensivmedizinische Behandlung.

Verwendung der Pflanze: Infolge des erwähnten wechselnden qualitativen und quantitativen Gehalts an Alkaloiden im Mutterkorn werden zur genaueren Dosierung vorwiegend Reinalkaloidpräparate benutzt. Ergometrin wird in der Geburtshilfe verwendet, denn es leitet die Wehen ein. Dagegen besitzt das Ergotamin wegen langwirkender Dauerkontraktionen seinen Platz in der Nachgeburtsphase zur Ablösung der Plazenta und bei der Stillung von Blutungen. Eine andere pharmakologische Wirkung gestattet den Einsatz des Ergotamins zur Behandlung des akuten Migräneanfalls. Häufiger Einsatz der Dihydroderivate (z. B. Dihydroergotamin) bei Durchblutungsstörungen (keine Uteruswirkung mehr).

+ + + **Frühjahrs-Lorchel** – *Gyromitra esculenta* (Pers. ex Fr.) Fr. Gift-Lorchel

Erkennungsmerkmale
Hut außen dunkelbraun, mit hirnartig gewundenen Wülsten, innen schmutzig weiß.
Stiel weiß, anfangs markig, später hohl.
Geruch unangenehm.
Größe: Hut bis 10 cm hoch; Stiel bis 6 cm lang, bis 3 cm breit.

Verwechslung: ungiftige Speisemorchel mit hellbraunem Hut und zellenartig grubiger Oberfläche.

Verbreitung: März bis Mai in sandigen Kiefernwäldern. Häufig.

Giftige Inhaltsstoffe

Bezeichnung: 9 stickstoffhaltige Gyromitrine (N-Methyl-N-formylhydrazone). Vom Acetaldehyd-N-methyl-N-formylhydrazon, das mit etwa 90 % das Hauptgyromitrin bildet, sind 8 Derivate abgeleitet. Bei 37 °C können die Hydrazone in N-Methylhydrazine verwandelt werden.

Vorkommen: In den einzelnen Jahren unterschiedlicher Giftgehalt (66 bis 320 mg Gyromitrin / kg Frischsubstanz).

Wirkung: 4 bis 24 Stunden nach der Pilzaufnahme Kopfschmerzen, Durst, Erbrechen, Durchfall. Später Schwindel und Kreislaufversagen. Nach etwa 3 Tagen schwere Leber- und Nierenschäden, die zum Tode führen können. Weder Abkochen der Pilze mit viel Wasser noch einwandfreies Trocknen führen zu absoluter Ungiftigkeit. − Im Tierversuch sind die N-Methylhydrazine als tumorinduzierende Substanzen bekannt; sie führen auch zu Nierenschäden [146] und zur Beeinflussung des Lipidstoffwechsels bei Ratten [147].
LD: Kind (o.) 10 bis 30 mg / kg KM; LD: Erwachsener (o.) 20 bis 50 mg / kg KM. LD_{50}: Maus (o.) 57 mg N-Methylhydrazin / kg KM.

Behandlung der Vergiftung: Flüssigkeit mit reichlich Aktivkohle und anschließende stationäre Einweisung zur intensivmedizinischen Behandlung.

++ **Pinselschimmel-Arten** − *Penicillium*-Arten
P. glaucum, P. rubrum u. a.

Erkennungsmerkmale

Die Sporen (Konidiosporen) sitzen auf pinsel- oder besenförmig verzweigten Sporenfruchtträgern. Sonst s. Gießkannenschimmel-Arten, S. 23.

Verbreitung: wie Gießkannenschimmel-Arten.

Giftige Inhaltsstoffe
Bezeichnung: s. Gießkannenschimmel-Arten, aber keine Aflatoxinbildner.
Wirkung: s. Gießkannenschimmel-Arten.

Behandlung der Vergiftung: s. Gießkannenschimmel-Arten, S. 34.

2.2. Ständerpilze – Basidiomycetes

Die 4 Sporen werden auf einem Ständer (Basidie) ausgebildet.

++ **Fliegenpilz** – *Amanita muscaria* (L. ex Fr.) Hook.
Von den etwa 100 Giftpilzen der nördlichen gemäßigten Zone sind etwa 40 lebensgefährlich und etwa 10 häufig tödlich. Von letzteren zählen die meisten zur Gattung der Wulstlinge *(Amanita)*.

Erkennungsmerkmale
Hut oberseits leuchtend rot bis orange, anfangs dicht mit weißen Tupfen besetzt, später vereinzelt, leicht abwaschbar. Hutrand zuerst glatt, dann schwach gerieft. Hutunterseite dicht weißblättrig.
Stiel weiß, oben mit feinflockiger Manschette, die am unteren Rand verdickt und leicht gekerbt ist. Am Grunde des Stiels eine schmutzig-weiße Knolle, von Haut mit warzigem Gürtel überzogen.
Geruch unbedeutend.
Größe: Hut bis 20 cm breit; Stiel bis 20 cm lang, bis 2,5 cm dick.
Verwechslung: jung den Bovisten ähnlich, beim Aufschneiden jedoch Hut mit Blättern erkennbar.

Verbreitung: Juli bis November in Nadelwäldern, unter Birken, auf Heiden.

Giftige Inhaltsstoffe
Bezeichnung: Ibotensäure, Muscimol (decarboxylierte Ibotensäure), Muscazon und evtl. Muscarin sowie das chemisch unbekannte Fliegengift.
Vorkommen: Muscarin kann bis zu 20 mg% in der Frischsubstanz enthalten sein; starke Schwankungen aller Giftstoffe in Abhängigkeit von Witterung und Gegend.
Wirkung: 30 Minuten bis 3 Stunden nach Pilzaufnahme zentrale Symptomatik wie Aufregung, Verwirrung, Tobsucht, Lähmungserscheinungen und Bewußtlosigkeit durch die Ibotensäure und das 5- bis 10mal wirksamere Muscimol. Bei Muscarinvorkommen unterschiedlich starke Muscarinsymptomatik (s. Ziegelroter Faserkopf, S. 43). Vergiftungen sind selten, da der Pilz meist auch unter Kindern bekannt ist. – Vergiftungen bei Tieren sind nicht zu erwarten.
LD: Mensch 0,5 g Muscarin; LD_{50}: Maus (i. v.) 15,4 mg und Ratte (o.) 38,2 mg Ibotensäure / kg KM. Maus (s. c.) 3,8 mg, (i. p.) 2,5 mg; Ratte (i. v.) 4,5 mg und (o.) 45 mg Muscimol / kg KM.

Behandlung der Vergiftung: sofortiges Erbrechen mit anschließender Gabe von Aktivkohle und Laxans. Bei stationärer Aufnahme steht die

Therapie der zentralen Symptomatik im Vordergrund, Atropin nur bei deutlicher Muscarinsymptomatik!

++ Brauner Knollenblätterpilz − *Amanita pantherina* (DC. ex Fr.) Krbh.
Pantherpilz

Erkennungsmerkmale
Hut oberseits bräunlich bis graugelblich mit weißen Flocken. Rand gerieft. Unterseits weiße, dichtstehende Blätter. Hut anfangs halbkugelig, später flach gewölbt, dann ausgebreitet.
Stiel weiß, schlank. Oben mit glatter, unten ausgerandeter Manschette. Am Grunde von einer glattrandigen Knolle umgeben.
Geruch retticharig.
Größe: Hut bis 10 cm breit; Stiel bis 12 cm hoch, bis 2 cm dick.
Verwechslung: Der eßbare Perlpilz ist leicht rosa gefärbt, mit glattem Hutrand, geriefter Manschette und einer in den Stiel verlaufenden Knolle. Geruchlos.

Verbreitung: Juli bis Oktober im Laub- und Nadelwald auf sandigem Boden.

Giftige Inhaltsstoffe
Bezeichnung: Hauptbestandteile Muscimol (Pantherin), Muscarin sowie das chemisch unbekannte Fliegengift. Mitunter auch Ibotensäure.
Wirkung: Infolge leichter Verwechslung, besonders mit dem eßbaren Perlpilz, in Mitteleuropa höchster Anteil an Vergiftungen mit dem Pantherpilz. Stärkere Vergiftungserscheinungen als durch den Fliegenpilz 15 Minuten bis 2 Stunden nach Pilzaufnahme. Muscarinsymptomatik ebenfalls untergeordnet. Wirkung s. Fliegenpilz. LD: Mensch (o.) etwa 100 g Frischpilz (etwa 2 bis 4 Pilze).

Behandlung der Vergiftung: s. Fliegenpilz, S. 38.

+++ Grüner Knollenblätterpilz − *Amanita phalloides* (Fr.) Link.

Erkennungsmerkmale
Hut grünlich weiß bis grau, anfangs halbkugelig, später flach gewölbt, dann ausgebreitet. Jung und bei feuchtem Wetter klebrig, sonst schwach glänzend. Hutunterseite mit weißen bis grünlichgelben Blättern.
Stiel weiß, schwach grünlich überlaufen, oben mit gewellter Manschette, am Grunde eine Knolle, die von einer aufgerissenen Hülle umgeben ist.

Geruch leicht süßlich, unangenehm.

Größe: Hut bis 12 cm breit, Stiel bis 15 cm hoch, bis 2 cm dick.

Verwechslung: Champignon-Arten mit rötlichen bis bräunlichen Blättern oder Anis-Champignon mit Anisgeruch.

Verbreitung: Juli bis Oktober unter Eichen, Buchen, auf Parkwiesen.

Giftige Inhaltsstoffe

Bezeichnung: Peptidtoxine.

Zur Gruppe der schnell wirkenden Phallotoxine zählen: Phalloidin (zyklisches Heptapeptid mit den Aminosäuren Cystein, Tryptophan u. a.), Phallacidin und Phallisacin; zur Gruppe der langsam, aber hochtoxisch wirkenden Amatoxine: α-, β-, γ- und andere Amanitine (Tryptophanpeptide). Ferner äußerst thermo- und säurelabile Phallolysine (hochmolekulare Proteine).

Vorkommen: etwa 1,8 mg α-, 2,2 mg β- und 0,4 mg γ-Amanitin sowie 1,5 mg Phalloidin; ferner 3,4 mg Phallacidin und 4 mg Phallisacin / g Pilz (Trockengewicht). Unterschiedliche Toxingehalte in Amanita-Arten [140].

Wirkung: zu 40 % tödliche Vergiftungen. 95 % aller tödlichen Pilzvergiftungen entfallen auf den Grünen Knollenblätterpilz. Die Giftwirkung äußert sich erst 5 bis 45 Stunden nach Pilzaufnahme in Brechdurchfällen und Übelkeit. Etwa vom 4. Tage an treten schwere Leber- und Nierenschäden auf. Der Tod kann im Leberkoma erfolgen.

Phalloidin besitzt zwar eine geringe Konzentration, wirkt aber sofort nach Aufnahme durch den Organismus auf das endoplasmatische Retikulum der Leberzellen ein. Das in höherer Konzentration vorliegende α-Amanitin, dessen Wirkung wesentlich später als die des Phalloidins einsetzt, schädigt besonders die Zellkerne der Leber. α-Amanitin ist 10- bis 20mal giftiger als Phalloidin. Die Phallolysine dürften auf Grund ihrer physiko-chemischen Eigenschaften an der menschlichen Vergiftung unbeteiligt sein.

– Vergiftungen bei Tieren selten; beim Hund: [244].
LD: Mensch (o.) etwa 25 bis 50 g Frischpilz (ca. 1 Pilz), Kind (20 kg KM) etwa 10 g Frischpilz. LD_{50}: Maus (i. p.) 100 µg α-, 400 mg β-, 800 mg γ-Amanitin und 2 mg Phalloidin / kg KM.

Behandlung der Vergiftung: sofortiges Erbrechen bei allen Personen, die den Pilz gegessen haben, dann reichlich Flüssigkeit mit Aktivkohle und stationäre Einweisung. Dort eine umgehende, spezifische Behandlung, die wesentlich vom Zeitpunkt der Aufnahme der Pilzmahlzeit abhängig ist (u. a. hohe Penicillingaben, Silibinin, Hämodialyse und / oder Hämoperfusion: [170, 178, 175, 159]).

+ **Satanspilz** − *Boletus satanas* Lenz

Erkennungsmerkmale

Hut blaßgrau bis olivgrau. Dickfleischig, polsterartig gewölbt. Mit nicht abziehbarer Oberhaut. Unterseits mit gelblichen bis olivgrünen Röhren; kurz, an den Mündungen gelb bis rot; bei Druck grünblau anlaufend.

Stiel oben goldgelb, unten rötlich, am Grunde olivgraugelb. Teilweise netzartig mit roten Adern überzogen. Dickbauchig.

Geruch, besonders im Alter, widerlich, etwas aasartig.

Größe: Hut 9 bis 25 cm breit; Stiel 5 bis 12 cm lang, im Verhältnis zur Hutgröße gedrungen.

Verwechslung: Hexenröhrling mit braungelbem Hut und gelblichem, stark blauendem Fleisch, während der Satanspilz weißes, nur leicht blauendes Fleisch hat.

Verbreitung: August bis September in Laubwäldern, besonders unter Buchen. Auf Kalk, im Süden, im Harz, auf Rügen. Nicht häufig.

Giftige Inhaltsstoffe

Bezeichnung: chemisch unbekannte Gifte, bisweilen höherer Muscaringehalt.

Wirkung: 15 Minuten bis 4 Stunden nach der Pilzmahlzeit vorwiegend Brechdurchfälle. Falls spezifische Muscarinsymptomatik, s. Ziegelroter Faserkopf, S. 43.

Behandlung der Vergiftung: reichlich Flüssigkeit mit Aktivkohle. Falls stationäre Aufnahme, Magenspülung und evtl. Behandlung der Muscarinsymptomatik.

+ + **Giftiger Wiesentrichterling** − *Clitocybe rivulosa* (Pers. ex Fr.) Kummer

Erkennungsmerkmale

Hut oberseits hell fleischbraun-rötlich oder schmutzig-gelb mit weißlichem Belag. Zuerst gewölbt, dann flach bis kreiselförmig mit dünnem, umgebogenem, leicht krausem Rand. Blätter an der Hutunterseite dicht, am Stiel herablaufend.

Stiel weißlich bis rötlich, voll, zäh, oft gekrümmt.

Geruch säuerlich.

Größe: Hut bis 5 cm breit; Stiel 3 cm hoch, meist kurz.

Verwechslung: Nelkenschwindlinge und ähnliche kleine Mehlpilze.

Verbreitung: im Gras, an Wegrändern, truppweise oder in Kreisen.

Giftige Inhaltsstoffe
Bezeichnung: stark giftige Pilze mit erheblichem Muscaringehalt.
Wirkung: s. Ziegelroter Faserkopf.

Behandlung der Vergiftung: s. Ziegelroter Faserkopf, S. 43.

Grauer Falten-Tintling – *Coprinus atramentarius* (Bull. ex Fr.) Fr.
+ (nur nach Alkoholaufnahme!)

Erkennungsmerkmale
Hut aschgrau bis graubraun mit bräunlichen, abwischbaren Schüppchen. Längsfaltig, im Alter zerschlitzt. Lamellen aschgrau, dann schwarz, später zerfließend.
Stiel weißlich, etwas glänzend, nach oben verjüngt.
Größe: Hut 3 bis 7 cm hoch, 1,5 bis 3 cm breit; Stiel 6 bis 15 cm hoch, 1 bis 1,5 cm dick.

Verbreitung: Mai bis November im Laubwald, an Wegen, Straßenrändern, in Gärten, auf modrigem Holz. Gehäuft und büschelig wachsend. Häufig.

Giftige Inhaltsstoffe
Bezeichnung: Coprin.
Wirkung: Aufnahme von Alkohol bis zu 3 Tagen nach dem Pilzgericht führt zu Hitzegefühl, Kopfschmerzen, Schwindel und Erbrechen. Im Extrem Atem- und Kreislaufbeschwerden. Diese Erscheinungen sind nach wenigen Stunden vorbei [174].

Behandlung der Vergiftung: In den weitaus meisten Fällen dürfte Aktivkohle mit reichlich Flüssigkeit ausreichend sein.

+ + **Orangefuchsiger Rauhkopf** – *Cortinarius orellanus* (Fr.) Fr.
Orangefuchsiger Hautkopf, Schleierling

Erkennungsmerkmale
Hut stumpf gebuckelt, orange-fuchsigbraun, feinfilzig, fleischig. Lamellen rostrot.
Stiel gelblich, kahl, nach unten verschmälert.
Größe: Hut 3 bis 7 cm breit; Stiel 3 bis 7 cm lang, 1 cm dick.

Verbreitung: August bis Oktober unter Eichen, selten. In Osteuropa häufiger.

Giftige Inhaltsstoffe
Bezeichnung: Orellanine (Struktur unbekannt), die hitze- und trockenstabil sind.

Wirkung: Zellgift. Geringe Beschwerden wie Durst und Erbrechen können 4 bis 12 Stunden nach der Pilzmahlzeit auftreten. Am 2. bis 3. Tag regelmäßig auftretende Krämpfe (Bauch). Nach etwa 6 bis 17 Tagen (bei schwersten Vergiftungen bereits nach etwa 2 bis 3 Tagen) Leberschwellung, Gelbsucht und Nierenschäden. So starben in der VR Polen 1952 von 135 Vergifteten 14 an Nierenversagen: [176, 208].

Behandlung der Vergiftung: unbedingt erbrechen. Anschließend reichlich Flüssigkeit und Aktivkohle. Stationäre Einweisung erforderlich: Magenspülung, symptomatische Therapie (engmaschige Überwachung besonders von Kreislauf und Gerinnungsstatus).

++ **Ziegelroter Faserkopf** − *Inocybe patouillardi* Bresadola
Mai-Rißpilz

Erkennungsmerkmale
Hut zuerst weißlich, dann gelblich, später ziegelrötlich. Überständig oder an Druckstellen braunrötlich. Zuerst kegelig mit eingerolltem Rand, später glockig bis ausgebreitet. Längsfaserig. Unterseits weißliche bis erdbraune Blätter, zuerst mit dem Stiel verbunden, später frei.
Stiel zuerst weiß, später rosa bis ziegelrot, leicht gekrümmt, gleichmäßig dick, unten schwach knollig.
Geruch süßlich, alkoholisch.
Größe: Hut bis 9 cm breit; Stiel bis 7 cm lang und 1 cm dick.
Verwechslung: Champignon-Arten, Mai-Ritterlinge.

Verbreitung: Mai bis August gesellig unter Gebüsch, auf Rasenflächen, in Wäldern.

Giftige Inhaltsstoffe
Bezeichnung: vorwiegend Alkaloid Muscarin.
Vorkommen: bedeutend höherer Muscaringehalt als im Fliegenpilz.
Wirkung: 15 Minuten bis 4 Stunden nach Pilzaufnahme schwer verlaufende Krankheitserscheinungen wie Schweißausbruch, Miosis, starkes Erbrechen und Durchfall. Zentrale Vergiftungserscheinungen fehlen. − Keine Vergiftungen beim Tier.

Behandlung der Vergiftung: infolge der Muscarinsymptomatik Atropinbehandlung nach stationärer Einweisung. Als Sofortmaßnahme: unbedingt Erbrechen auslösen.

+ **Kahler Krempling** − *Paxillus involutus* (Batsch ex Fr.) Fr.
Empfindlicher Krempling

Erkennungsmerkmale

Hut olivbraun bis gelbbraun, mit stark eingerolltem Rand, filzig. Später verbogen, kahl. Blätter gelblich, später schmutzigbraun. Druckempfindlich, dunkelfleckig. Bei feuchtem Wetter schleimig.
Stiel schmutziggelb bis rostbraun.
Geruch und Geschmack: nach dem Kochen säuerlich, obstartig.
Größe: Hut 6 bis 15 cm breit; Stiel bis 5 cm lang, bis 2 cm dick.

Verbreitung: Juni bis November in Wäldern, auf Grasplätzen, in Gärten, an Baumstümpfen. Häufig.

Giftige Inhaltsstoffe
Bezeichnung: Hämolysine und unbekannte Gifte.
Wirkung: Rohe oder unzureichend gekochte Pilze können 30 Minuten bis 3 Stunden nach der Pilzmahlzeit zu Magen-Darm-Erkrankungen, eisigem Gefühl von den Füßen bis zum Kopf und starkem Schwitzen führen. In schweren Fällen Sehstörungen, Harnverhalten und Schock.

Behandlung der Vergiftung: sehr viel Flüssigkeit trinken (warmer Tee ist günstig) mit Aktivkohle. Evtl. stationäre, symptomatische Behandlung erforderlich.

T++ **Rostpilze** − *Uredinales*

Erkennungsmerkmale
Die Pilze parasitieren auf höheren Pflanzen und bilden dort braunrote Sporenlager von kugeliger, flecken- und streifenförmiger Gestalt.

Verbreitung: Getreiderost *(Puccinia graminis)* befällt besonders Blätter von Getreide- und anderen Grasarten. Arten des Leguminosenrostes *(Uromyces)* sind auf Klee- und Erbsenarten zu finden.

Giftige Inhaltsstoffe
Bezeichnung: ähnlich den Brandpilzen.
Wirkung: Keine Vergiftungsgefahr für den Menschen. − Nach starkem Rostbefall der Futtermittel sind Todesfälle besonders bei Rindern und Pferden zu erwarten. Ansonsten vielseitiges Krankheitsbild: Entzündungen der Haut und Schleimhäute, Durchfall, Lähmungen und Nierenbeschwerden.

Behandlung der Vergiftung: s. Brandpilze.

T++ **Brandpilze** − *Ustilaginales*

Erkennungsmerkmale
Die Brandpilze leben besonders auf oder in höheren Pflanzen, die zur

44

Familie der Süßgräser *(Poaceae)* gehören. Dort bilden die Pilze eine Vielzahl dunkelbrauner bis schwarzer Brandsporen.

Verbreitung: Der Flug-, Ruß- oder Staubbrand (*Ustilago*-Arten) befällt besonders die Fruchtknoten der Getreidearten wie Hafer, Gerste und Weizen. Der Stein-, Stink- oder Schmierbrand des Weizens *(Tilletia tritici)* bildet die befallenen Weizenkörner zu „Sporenbehältern" (Butten) mit bis zu mehreren Millionen Brandsporen je Weizenkorn um.
Der Maisbeulenbrand *(Ustilago zeae)* bildet in der gesamten Pflanze, besonders in den Kolben, Beulen, die in Sporen zerfallen.

Giftige Inhaltsstoffe
Bezeichnung: Mycotoxinbildung wie bei den Schimmelpilzen, s. S. 23, Alkaloide vom Mutterkorntyp, (S. 35) und ein eigenes Alkaloid (Ustilagin?).
Wirkung: Vergiftungen beim Menschen sind kaum zu befürchten. – Beim Tier je nach Stärke des Befalls der Futtermittel keine oder schwerste Vergiftungen. Besonders der Steinbrand kann zu starken Krankheitserscheinungen wie Reizung der Schleimhäute, Lähmungen, Kolik, Verstopfungen und Aborten führen.

Behandlung der Vergiftung: Absetzen des verpilzten Futters; Aktivkohle, symptomatisch.

Weiterführende Pilzliteratur:
Sofortmaßnahmen bei Pilzvergiftungen unter Berücksichtigung der Latenzzeit und erster Symptome: [172, 36].
Zu Mycotoxinen in Lebensmitteln sowie zur Wirkung auf die Gesundheit: [84, 61, 72].
Medizinische Mykologie: [57]. Pilzsystematik: [2, 42].

3. Gefäß-Sporenpflanzen (Farnpflanzen) – Pteridophyta

Blütenlose Pflanzen, in Sproß und Wurzel gegliedert. Vermehrung durch Sporen [1].

3.1. Schildfarngewächse – *Aspidiaceae*

T++ **Gemeiner Wurmfarn** – *Dryopteris filix-mas* (L.) Schott. (Abb. 1)

Erkennungsmerkmale
Blattstiele 6 bis 30 cm lang, 5 mm dick, mehrmals kürzer als die Blattspreite, besetzt mit braunen Schuppenblättern.
Blätter einen Trichter bildend; oberseits dunkelgrün, unterseits heller, 2fach gefiedert. 20 bis 35 Fiedern jederseits, untere kurz gestielt, obere sitzend. Das unterste Fiederpaar ungleich groß. Blattzähne nicht stachelspitzig.
Sporenkapselhäufchen an der Blattunterseite dem Mittelnerven genähert.
Pflanze 30 bis 140 cm hoch. Ausdauernd.
Sporenbildung: Juli bis September.

Verbreitung: Laub- und Nadelwälder, besonders auf Lehmböden. Verbreitet.

Giftige Inhaltsstoffe
Bezeichnung: Filicin als ein Gemisch di-, tri- und tetramerer Phloroglucinderivate (Polyketide mit aktivierten Fettsäuren als Grundbaustein), geringe Mengen blausäurehaltiger Verbindungen, Enzym Thiaminase.
Vorkommen: Filicin vorwiegend in Wurzeln und Stielen der Wedel (Blätter). Höchster Filicingehalt im Sommer in jungen Pflanzen (besonders in Nordeuropa).
Wirkung: Vergiftungen beim Menschen früher infolge Verwendung der

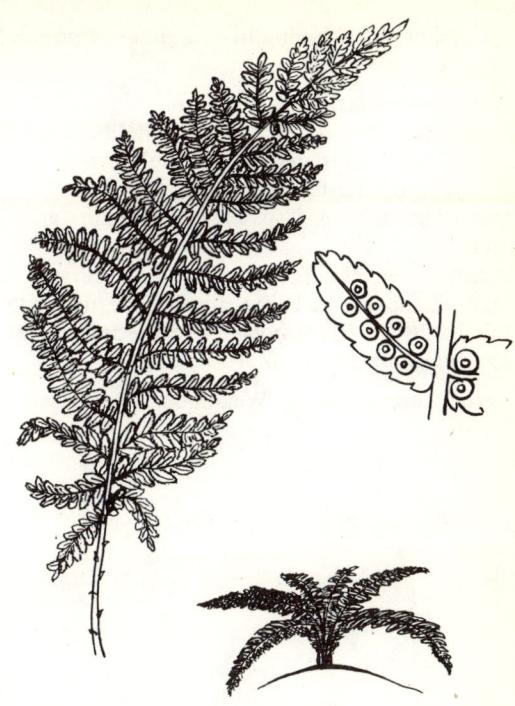

Abb. 1. Gemeiner Wurmfarn – *Dryopteris filix-mas.*

Filicine als Bandwurmmittel (s. u.). – Beim Tier gleiche Krankheitserscheinungen wie bei Vergiftungen durch Sumpf-Schachtelhalm, s. S. 50.
LD: Hund (o.) und Katze (o.) etwa 0,5 g Filicine / kg KM.

Behandlung der Vergiftung: s. Sumpf-Schachtelhalm, S. 50.
Verwendung der Pflanze: Präparate gegen Bandwürmer und Leberegel sind weitgehend durch synthetische Arzneimittel ersetzt.

3.2. Schachtelhalmgewächse – *Equisetaceae*

Stengel aus Gliedern zusammengesetzt. Die Sporenkapseln mit den Sporen in endständigen Ähren. Diese Familie ist reich an Alkaloiden, Saponinen.

T+ **Acker-Schachtelhalm** − *Equisetum arvense* L. (Abb. 2)
Scheuerkraut

Erkennungsmerkmale

Fruchtbare Stengel im Frühjahr hellbraun, ohne Chlorophyll, etwa 5 mm dick, astlos. Jedes Stengelglied mit 6- bis 19zähniger Scheide. Stengel nach Reife der Sporen absterbend.

Unfruchtbare Stengel später erscheinend, grün, gefurcht, etwa 3 mm dick.

Äste der Stengel z. T. verzweigt. Die untersten Astglieder länger als die Stengelscheide. Asthüllen am Grunde der Äste meist grün.

Pflanze 20 bis 50 cm hoch. Ausdauernd.

Sporenbildung: März bis April.

Verbreitung: Äcker, Wegränder, besonders auf Sandboden. Gemein.

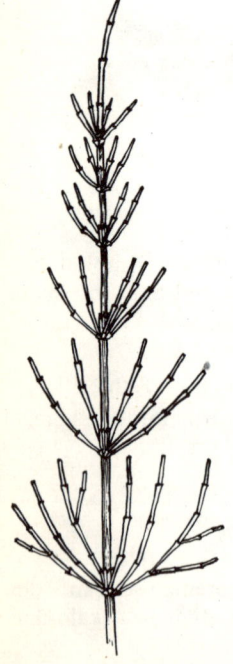

Abb. 2. Acker-Schachtelhalm − *Equisetum arvense.*

Giftige Inhaltsstoffe

Bezeichnung: geringe Mengen des Alkaloids Palustrin, Enzym Thiaminase, Saponin.

Vorkommen: bis zu 5 % Saponin im Kraut.

Wirkung: keine Vergiftungen beim Menschen. − Bei Tieren Vergiftungen selten, dürften meistens auf Verwechslung mit dem Sumpf-Schachtelhalm beruhen. Giftwirkungen aber durch Palustrin und Thiaminase (zerstört Vitamin B_1) erklärbar.

Verwendung der Pflanze: in harntreibenden Tees.

T+++ **Sumpf-Schachtelhalm** − *Equisetum palustre* L. (Abb. 3)
Duwock

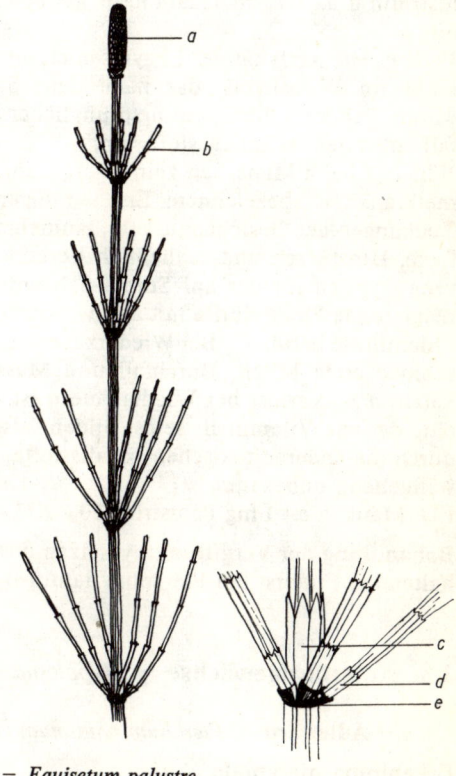

Abb. 3. Sumpf-Schachtelhalm − *Equisetum palustre.*
a = Sporophyllstand; b = Ast; c = Stengelscheide; d = unteres Astglied; e = Asthülle.

Erkennungsmerkmale

Fruchtbare und *unfruchtbare Stengel* gleich gestaltet, grün, 1 bis 3 mm dick, 6- bis 19furchig. Scheiden der Stengelglieder 6- bis 10zähnig.

Äste der Stengel unverzweigt, 5furchig. Die untersten Astglieder kürzer als die Stengelscheiden. Asthüllen am Grunde der Äste meist schwarz.

Pflanze 20 bis 50 cm hoch. Ausdauernd.

Sporenbildung: Juni bis September.

Verbreitung: nasse Wiesen, Ufer, Gräben. Gemein.

Giftige Inhaltsstoffe

Bezeichnung: Hauptalkaloid Palustrin (Equisetin), Nebenalkaloide Palustridin u. a., Enzym Thiaminase, geringe Mengen Nicotin und Saponin.

Vorkommen: Aktivität des Enzyms auch im Heu und in Silagen, jedoch nicht im Wiesengras, das nach dem Süßpreßverfahren behandelt wurde. Palustrin dürfte ein ursprünglicher und nicht erst nach Pilzbefall entstehender Inhaltsstoff sein.

Wirkung: beim Menschen keine Vergiftungen. − Beim Tier mit „Taumelkrankheit" bezeichnete Erscheinungen: gesteigerte Erregbarkeit, Zuckungen der Gesichtsmuskeln, taumelnder Gang, Aufhören der Reflexe, Hinstürzen und schließlich Verenden infolge völliger Erschöpfung (typisch für das auf Sumpf-Schachtelhalm am empfindlichsten reagierende Pferd; dürfte mit auf der Zerstörung des Vitamin B_1 durch Thiaminase beruhen). Bei Wiederkäuern starker Milchrückgang, bitter schmeckende Milch, Durchfall und Masseverlust. Auch Todesfälle. Vitamin B_1-Verlust bei Wiederkäuern ist nicht die Erkrankungsursache, da jene Vitamin B_1 selbst bilden (also weitere Hauptgiftwirkung durch die anderen toxischen Inhaltsstoffe, wobei die Palustrinwirkung weitgehend unbekannt ist).

LD: Maus (s. c.) 1 mg Palustrin / 20 g KM.

Behandlung der Vergiftung: Absetzen des Sumpf-Schachtelhalm enthaltenden Futters. Bei Pferden Vitamin-B_1-Gaben.

3.3. Adlerfarngewächse − *Hypolepidaceae*

T + + + **Adlerfarn** − *Pteridium aquilinum* (L.) Kuhn (Abb. 4)

Erkennungsmerkmale

Blattstiel bis zu 2 m lang, etwa 1 cm dick, im Querschnitt eine adlerähnliche Figur zeigend.

Blätter bogenförmig geneigt, im Umriß 3eckig, 2- bis 3fach gefiedert. Die unteren Fiedern gestielt, die oberen sitzend, in der Form lineal-lanzettlich, vorn abgestumpft, ganzrandig. Sporentragende Blätter und sporenlose fast gleich gestaltet.
Sporenkapselhäufchen an umgerollten Rändern der Blattunterseite.
Pflanze 30 bis 200 cm hoch. Ausdauernd.
Sporenbildung: Juli bis September.

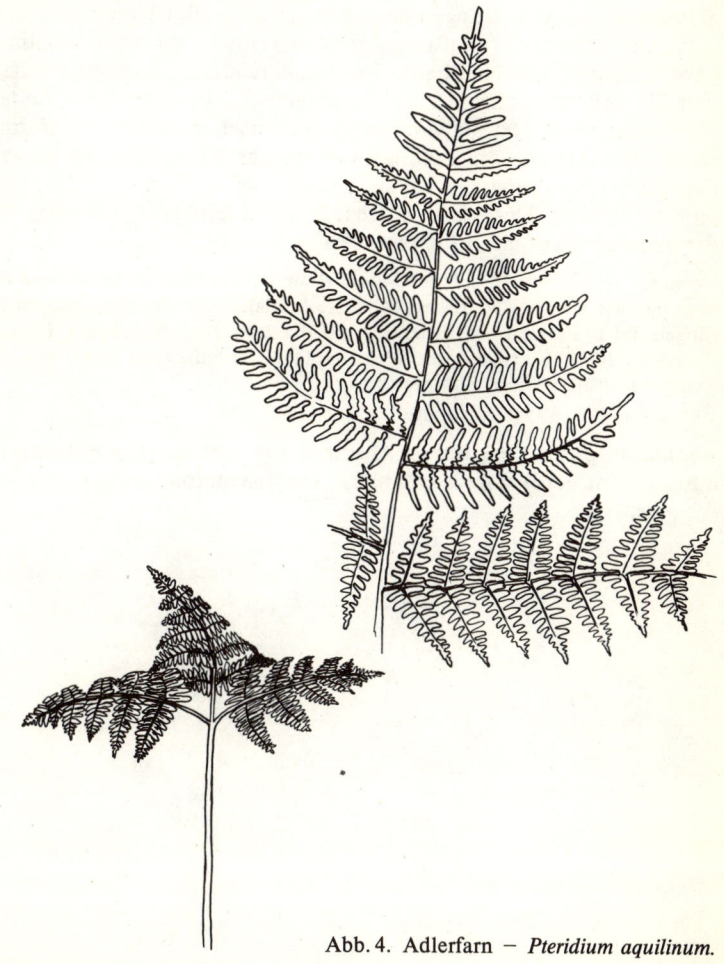

Abb. 4. Adlerfarn – *Pteridium aquilinum.*

Verbreitung: lichte, trockene und feuchte Laub- und Nadelwälder, Kahlschläge, Heiden. Gemein.

Giftige Inhaltsstoffe

Bezeichnung: Enzym Thiaminase, blausäurehaltige Glycoside, Saponin Pteridin.

Vorkommen: Enzym in Sproß und Wurzel, Glycoside in Wedeln (Blättern), Saponin in Wedelstielen. Höchster Toxingehalt in junger Pflanze, aber auch ältere giftig; ebenso adlerfarnhaltiges Heu.

Wirkung: keine Vergiftungen beim Menschen. − Bei Tieren, z.B. Pferd [223] und Schwein, Vergiftung durch Vitamin-B_1-zerstörende Thiaminase, s. Sumpf-Schachtelhalm. Bei Wiederkäuern führen wahrscheinlich die anderen toxischen Verbindungen zu schweren Krankheitserscheinungen mit Todesfällen. Von drei klinischen Erkrankungsformen stellt das „Stallrot" die wichtigste Form dar, die häufig bei längerer Farnverfütterung erst bis zu einem Jahr später sichtbar wird. Symptome: blutiger Durchfall, Blutharnen, Schleimhautblutungen. Auf der äußeren Haut als „Blutschwitzen" („Stallrot").

Versuche an Kälbern (2 kg frische Stengel täglich bis zu 2 Monaten) und Rindern (täglich 1 % der KM frische, gehäckselte Blätter und Stengel) ergeben Störungen der Blutgerinnung (Erhöhung des Plasmafibrinogenspiegels). Literatur über Toxizität und kanzerogene Wirkung: [153]. Vergiftungen durch Adlerfarn weniger in Mittel- als in Südosteuropa.

TD: Rind (o.) 495 g getrockneter Farn / kg KM.

Behandlung der Vergiftung: Absetzen des farnhaltigen Futters. Vitamin B_1 nur bei Nichtwiederkäuern, sonst symptomatisch.

4. Samenpflanzen – Spermatophyta

Pflanzen mit Blüten. Vermehrung durch Samen.

4.1. Ahorngewächse – *Aceraceae*

T+++ **Spitz-Ahorn** – *Acer platanoides* L. (Abb. 80: Spaltfrucht, Abb. 82: Keimblätter)

Erkennungsmerkmale
Blüten gelblich-grün, in Doldentrauben, am Grunde hellgelbe Knospenschuppen, vor den Blättern erscheinend.
Früchte Spaltfrüchte, mit waagerecht abstehenden Flügeln.
Blätter gelappt, mit spitzen Zähnen und stumpfen Buchten.
Keimling mit 2 zungenförmigen Keimblättern, vorn etwas verbreitert. Folgendes 1. Blattpaar etwas buchtig, wenig gezähnt.
Pflanze bis 25 m hoher Baum.
Blütezeit: April bis Mai.

Verbreitung: Laubwälder, verbreitet. Als Straßenbaum, in Parks.

Giftige Inhaltsstoffe
Bezeichnung: toxische Aminosäuren (Hypoglycin A; γ-Glutamyl-α-Methylencyclopropyl-Glycin; α-Methylencyclopropyl-Glycin), Indolalkaloid Gramin.
Vorkommen: in den Keimlingen.
Wirkung: Vergiftungen beim Menschen unbekannt. – 18 Tage alte Entenküken verstarben 3 bis 4 Stunden nach Keimlingsaufnahme [249]. Sektion: Blutstauung in Milz und Leber; Herzmuskelaufhellung. TD_{min}: Ratte (i. p.) 30 mg toxische Aminosäuren / kg KM.

Behandlung der Vergiftung: Verhinderung der Keimlingsaufnahme. Symptomatische Therapie.

4.2. Amaryllisgewächse — *Amaryllidaceae*
Einkeimblättrige Pflanzen — *Monocotyledonae*. Vertreter mit Zwiebeln.

++ **Märzbecher** — *Leucojum vernum* L. (Abb. 5)
Frühlingsknotenblume. Geschützt.

Erkennungsmerkmale
Blüten weiß, becherförmig, hängend, Spitze der Blütenhüllblätter mit gelbem Fleck. 1 bis 2 Blüten am Stengel.
Früchte kreiselförmig, grüne Kapseln.
Blätter zu 3 bis 4, nur grün, linealisch.
Pflanze 10 bis 30 cm hoch. Ausdauernd.
Blütezeit: Februar bis April.

Verbreitung: Gebüsche, Feuchtwiesen. Zerstreut, im Norden selten. Zierpflanze in Gärten.

Giftige Inhaltsstoffe
Bezeichnung: herzwirksame Alkaloide Lycorin und Galanthamin.
Vorkommen: in Blättern, Früchten und in der Zwiebel.
Wirkung: bei Kindern durch Essen der Zwiebel Übelkeit, Erbrechen, Durchfall und Herzrhythmusstörungen. — Keine Vergiftungen bei Tieren.

Behandlung der Vergiftung: sofort reichlich Flüssigkeit und Aktivkohle. Nach 5 bis 10 Kapseln (mit vollem Sameninhalt) Erbrechen auslösen, nach größeren Mengen Magenspülung. Evtl. symptomatische Therapie.

++ **Weiße Narzisse** — *Narcissus poeticus* L. (Abb. 6)
Geschützt.

Erkennungsmerkmale
Blüten weiß, 6zipflig mit ausgebreitetem Saum. Innen eine Nebenkrone mit rötlichem Saum. Blüten ca. 6 cm breit.
Blätter grundständig, linealisch, flachrinnig, ca. 1 cm breit.
Pflanze 15 bis 50 cm hoch. Ausdauernd. Mit brauner Zwiebel.
Blütezeit: März bis Mai.

Verbreitung: Bergwiesen. Selten. Häufige Zierpflanze in Gärten.

Giftige Inhaltsstoffe
Bezeichnung: Alkaloid Lycorin (Phenanthridinabkömmling); Galanthamin (Cholinesterasehemmer); Oxalate.

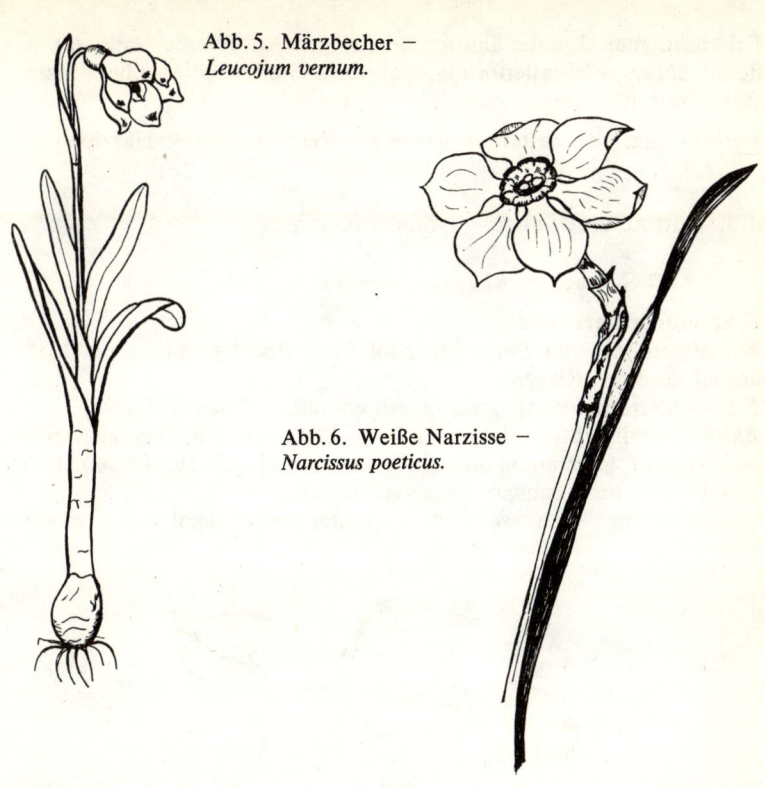

Abb. 5. Märzbecher – *Leucojum vernum.*

Abb. 6. Weiße Narzisse – *Narcissus poeticus.*

Vorkommen: vorwiegend in der Zwiebel.
Wirkung: nach oraler Aufnahme infolge Verwechslung mit Küchenzwiebeln Übelkeit, Erbrechen und Durchfall. Bei Aufnahme größerer Mengen Schweißausbruch und Herzrhythmusstörungen. Narzissen-Dermatitis besonders an den Händen bei empfindlichen Personen durch Arbeit mit den Zwiebeln (wahrscheinlich durch die Oxalatkristalle). – Bei Rindern vereinzelt Todesfälle unter Krämpfen.

Behandlung der Vergiftung: bei Dermatitis Hautarzt konsultieren. Bei oraler Aufnahme viel Flüssigkeit und Aktivkohle. Nach größeren Mengen Magenspülung und symptomatische Therapie (Herz-Kreislauf!).

++ **Gelbe Narzisse** – *Narcissus pseudonarcissus* L.
Osterglocke. Geschützt.

Erkennungsmerkmale: ähnlich der vorigen Art (Weiße Narzisse), jedoch: *Blüten* gelb, tellerförmig, Nebenkrone eine dottergelbe, walzige Röhre mit gekerbtem Saum.

Verbreitung: und weitere Angaben s. vorige Art (Weiße Narzisse).

4.3. Sumachgewächse — *Anacardiaceae*

+ + + **Gift-Sumach** — *Rhus toxicodendron* L. (Abb. 7)

Erkennungsmerkmale
Blüten weißlich-grün, in der Mitte rot, 1geschlechtig, in lockeren, blattachselständigen Rispen.
Früchte steinfruchtartig, kugelig, erbsengroß, gelblich, 10furchig.
Blätter 3zählig, Stiel bis 14 cm lang. Blättchen länglich, zugespitzt oder stumpf, ganzrandig oder in der Mitte grob gesägt, oberseits dunkelgrün, zerstreut behaart, unterseits heller.
Zweige anfangs grün, weichhaarig, später braun, kahl mit Korkwarzen.

Abb. 7. Gift-Sumach —
Rhus toxicodendron.

Pflanze bis 1 m hoher Strauch, mit aufsteigenden, niederliegenden, kletternden und wurzelnden Ästen. Weißer Milchsaft, an der Luft sich schwärzlich färbend.
Blütezeit: Juni bis Juli.

Verbreitung: Zierstrauch. Heimat USA, Ostasien.

Giftige Inhaltsstoffe
Bezeichnung: Rhusgift Urushiol (stickstofffreie Brenzcatechinderivate).
Vorkommen: im Milchsaft, aber auch in Blättern, unreifen Früchten (3,5 %) und Zweigen (1,5 %).
Wirkung: Bereits geringe Mengen Rhusgift führen auf der Haut zu Rötungen, Ausschlag und Fieber. Augen sehr empfindlich! Nach oraler Aufnahme Gastroenteritis bis schwere neurologische Komplikationen. − Bei Tieren nach Aufnahme (aber selten) im Extrem Todesfälle.

Behandlung der Vergiftung: Haut bzw. Augen unter fließendem Wasser spülen. Haut-, bzw. Augenarzt konsultieren. Bei oraler Aufnahme sofort Erbrechen auslösen, anschließend reichlich Flüssigkeit und Aktivkohle. Stationäre Aufnahme: Magenspülung, symptomatische Therapie.

+ **Essigbaum** − *Rhus typhina* Torn. (Tafel XXII b)

Erkennungsmerkmale
Blüten zweihäusig, fast sitzend, in dichten, endständigen, pyramidenförmigen Blütenständen.
Früchte rundliche, 4 mm lange Nüßchen, stark purpurrotfilzig, in kolbenartigen, 15 bis 30 cm langen Fruchtständen.
Blätter 11- bis 31zählig gefiedert, 50 cm lang. Blättchen 12 cm lang, sitzend, grob gesägt, im Herbst rot verfärbt.
Pflanze bis 4 m hoher Baum oder Strauch mit unterirdischen Ausläufern. Junge Zweige und Blütenstiele braunrot behaart. Blätter und junge Zweige mit Milchsaft.
Blütezeit: Juni bis Juli.

Verbreitung: Heimat Nordamerika. Zierpflanze in Gärten und Parks.

Giftige Inhaltsstoffe
Bezeichnung: stark saure Substanzen.
Vorkommen: in allen Teilen, besonders im Milchsaft.

Wirkung: höchstens nach Aufnahme größerer Mengen beim Menschen Magen-Darm-Reizungen. − Vergiftungen bei Tieren unbekannt.

Behandlung der Vergiftung: reichlich Flüssigkeit und Aktivkohle.

+ + **Rosa Pfeffer** − *Schinus terebinthifolius* Raddi
Brasilianischer Pfeffer

Erkennungsmerkmale
Früchte 1samige Steinbeeren, pfefferkorngroß, ungeschält rosa bis rot.
Pflanze immergrüner Baum oder Strauch.

Verbreitung: Heimat tropisches Amerika. In warmen Gegenden Zierbaum.

Giftige Inhaltsstoffe
Bezeichnung: ätherische Öle (Monoterpene: α- und β-Phellandren, α-Pinen u. a. sowie Sesquiterpene), harzartige Bestandteile. Die eigentlich giftigen Wirkstoffe evtl. noch unbekannte Substanzen! Keine Scharfstoffe wie Piperin oder Capsaicin.
Vorkommen: ätherische Öle bis zu 5 % in den Früchten. Eigentliches Gift evtl. im harten Teil des Samens.
Wirkung: schwere gastrointestinale Entzündungen mit Erbrechen und Durchfall. Hautschädigungen vom Typ der Rhus-Dermatitis.

Behandlung der Vergiftung: viel Flüssigkeit trinken und Erbrechen auslösen, danach viel Flüssigkeit mit Aktivkohle, Laxans. Magenspülung dürfte nur nach Aufnahme großer Mengen erforderlich sein. Bei Dermatitis Hautarzt konsultieren.

Verwendung der Pflanze: nicht als Gewürz für Wild- und Fischgerichte verwenden! Wacholderbeeren besitzen ähnlichen Geschmack ohne Giftwirkung.

4.4. Doldengewächse − *Apiaceae (Umbelliferae)*

Stauden oder Kräuter mit knotigen Stengeln. 5zählige kleine Blüten in Döldchen, die zu Dolden zusammengesetzt sind. Am Grunde der Dolden können sich Hüllblätter befinden, am Grunde der Döldchen Hüllchenblätter.

+ + + **Gemeine Hundspetersilie** − *Aethusa cynapium* L. (Abb. 8)
Tollpetersilie

Erkennungsmerkmale

Blüten weiß. Döldchen mit 3 einseitswendig nach unten geschlagenen Hüllchenblättern. Hüllblätter fehlen.

Früchte hellbraun mit dunklen Striemen, bis 4 mm lang, 2 mm dick.

Blätter doppelt bis 3fach gefiedert, glänzend.

Stengel aufrecht, ästig, gerillt.

Pflanze 10 bis 120 cm hoch. Einjährig oder einjährig-überwinternd.

Blütezeit: Juni bis September.

Verbreitung: Gärten, Äcker, Zäune. Kalkhold. Gemein.

Giftige Inhaltsstoffe

Bezeichnung: Aethusin und Aethusanol A und B vom Polyacetylentyp, Coniin.

Vorkommen: meist im Kraut, Coniin nur in Spuren.

Wirkung: beim Menschen Vergiftungen durch Verwechslung mit der

Abb. 8. Gemeine Hundspetersilie − *Aethusa cynapium.*
Blütenstand und Blatt.

59

sehr ähnlichen Wurzelpetersilie. Symptome: Erregung, die von Depressionen, Bewegungsstörungen und Lähmungen der quergestreiften Muskulatur abgelöst wird. Tod infolge Atemlähmung (durch das Trinken von Brühe, die neben Echter Petersilie auch Hundspetersilie enthielt!). — Von Tieren wegen des unangenehmen Geruchs selten gefressen.

Behandlung der Vergiftung: s. Gefleckter Schierling, S. 65.

+ **Angelika** — *Angelica archangelica* L. (Abb. 9)
Engelwurz, Brustwurz

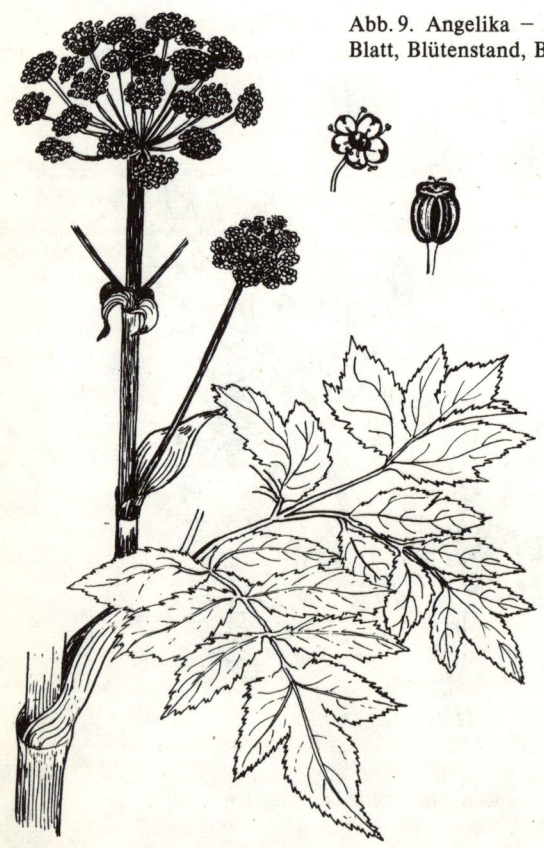

Abb. 9. Angelika — *Angelica archangelica.*
Blatt, Blütenstand, Blüte, Frucht.

Erkennungsmerkmale
Blüten grünlich, in zusammengesetzten Dolden, ohne Hüllblätter, mit Hüllchen. Dolden halbkugelig.
Früchte 4 bis 6 mm lang, breit elliptisch.
Blätter wechselständig, 2- bis 3fach fiederteilig mit herzförmigen Abschnitten, endständige Fieder 3lappig. Rand ungleich klein gesägt, Stiele mit aufgeblasenen Scheiden.
Pflanze 120 bis 250 cm hoch. Mehrjährig.
Blütezeit: Juni bis August.

Verbreitung: Küsten, Röhrichte, Flußufer. Im Norden zerstreut, sonst selten. Kulturpflanze.

Giftige Inhaltsstoffe
Bezeichnung: Bitterstoffe und Furanocumarine (Bergapten, Xanthotoxin u. a.).
Vorkommen: in allen grünen Pflanzenteilen.
Wirkung: „Badedermatitis" auf frisch gemähten Wiesen, die zur Beeinträchtigung des Allgemeinbefindens führen kann.

Behandlung der Vergiftung: Hautarzt konsultieren.

Verwendung der Pflanze: verdauungsfördernde Tees; Magen- und Bitterliköre.

T + + **Betäubender Kälberkropf** – *Chaerophyllum temulum* L. (Abb. 10)
Taumelkerbel

Erkennungsmerkmale
Blüten weiß. 6 gewimperte Hüllchenblätter, Hüllblätter fehlen.
Früchte schwärzlich, heller gerippt, ungeschnäbelt, ca. 7 mm lang.
Blätter doppelt gefiedert, Blättchen mit stumpfen Zipfeln.
Stengel aufrecht, kantig, verzweigt, zerstreut rauhhaarig, unter den Knoten etwas verdickt, mitunter rot gefleckt.
Pflanze 30 bis 120 cm hoch. Einjährig überwinternd oder zweijährig.
Blütezeit: Mai bis Juli.

Verbreitung: Gebüsche, Zäune, Mischwälder. Verbreitet, in den Alpen fehlend.

Giftige Inhaltsstoffe
Bezeichnung: Polyacetylene (Polyine), geringe Mengen des Alkaloids Chaerophyllin.
Vorkommen: Giftstoffe besonders in Sproß und Samen.
Wirkung: Vergiftungen beim Menschen unbekannt. – Beim Tier nach

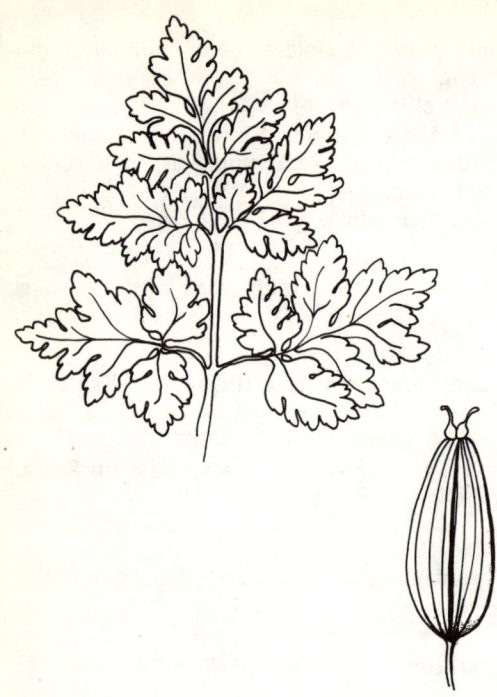

Abb. 10. Betäubender Kälberkropf − *Chaerophyllum temulum.*
Blatt und Frucht.

Aufnahme größerer Mengen mit dem Grünfutter Betäubung, Durchfall, Pupillenerweiterung und Lähmung (temulinähnlich, s. S. 170).

Behandlung der Vergiftung: symptomatisch.

+ + + **Gift-Wasserschierling** − *Cicuta virosa* L. (Abb. 11)
Wüterich, Kuhtod

Erkennungsmerkmale
Blüten weißlich. Hüllblätter fehlend, Hüllchenblätter 3 oder mehr.
Früchte braungelb, dunkel gestreift, 2 mm lang, 3 mm breit.
Blätter 2- bis 3fach fiederteilig, Blättchen lineal-lanzettlich, gesägt.
Stengel aufrecht, kahl. Pflanze mit unangenehmem Geruch.
Wurzelstock dickfleischig, quergekammert.
Pflanze 30 bis 120 cm hoch. Ausdauernd.
Blütezeit: Juli bis August.

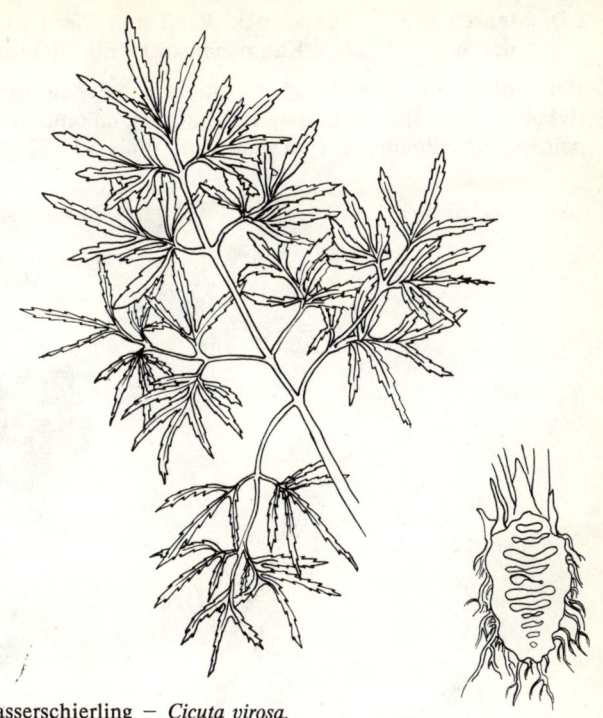

Abb. 11. Gift-Wasserschierling − *Cicuta virosa.*
Blatt, Wurzelstock im Querschnitt.

Verbreitung: Sümpfe, Teichränder, Gräben. Im Norden verbreitet, im Süden zerstreut, im Gebirge fehlend.

Giftige Inhaltsstoffe

Bezeichnung: Stickstofffreies Cicutoxin (kein Alkaloid, sondern ein ungesättigter aliphatischer Alkohol) und Cicutol gehören zu den Polyinen (Polyacetylene).

Vorkommen: Cicutoxin besonders im weißen, scharf schmeckenden Saft des Wurzelstocks (0,2 %), weniger im Sproß.

Wirkung: Besonders Kinder sind durch Aufnahme der süßlich schmekkenden Wurzel gefährdet. Vergiftungen bei Erwachsenen durch Verwechslung mit Heil- und Gewürzpflanzen. Symptome: eine halbe Stunde nach dem Essen Aufschreien, Erbrechen, Tobsuchtsanfälle und starke Krämpfe. Tod infolge Atemlähmung. − Rinder und Pferde sind besonders gefährdet [267]. Cicutoxin ist auch im Heu wirksam.

LD: Mensch (o.) 1 Wurzelstock; Rind und Pferd (o.) walnußgroßes Stück der Wurzel. LD$_{min}$: Kaninchen (o.) 7 mg Cicutoxin / kg KM.

Behandlung der Vergiftung: sofortiges Erbrechen und Gabe von Aktivkohle. Schnellste stationäre Behandlung, da ohne rechtzeitige therapeutische Maßnahmen Todesrate von 30 bis 50 % [230].

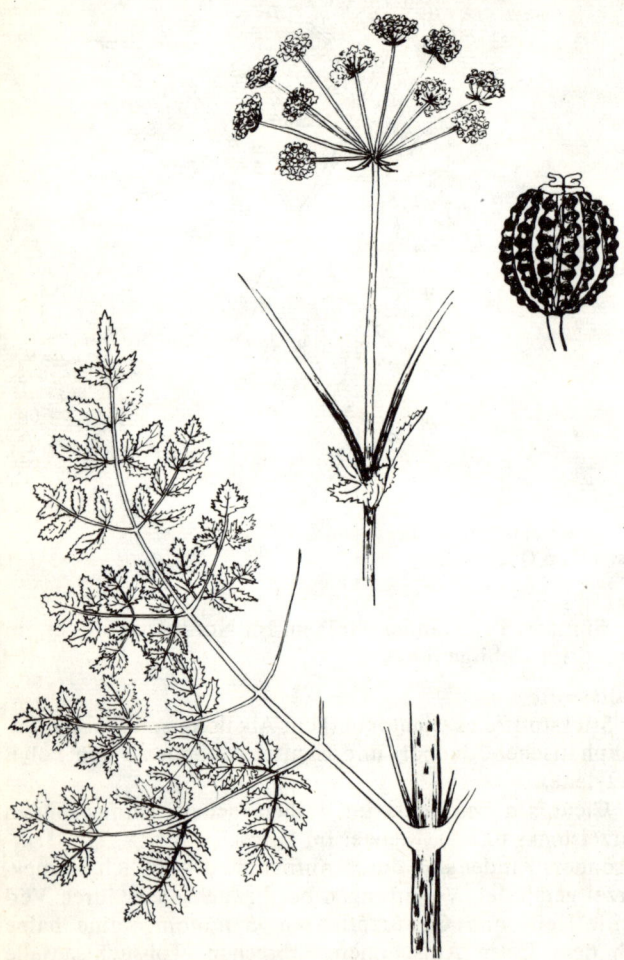

Abb. 12. Gefleckter Schierling − *Conium maculatum.* Blütenstand, Frucht und Blatt.

+ + + **Gefleckter Schierling** − *Conium maculatum* L. (Abb. 12)

Erkennungsmerkmale
Blüten weißlich. Dolden 10- bis 20strahlig, am Grunde mit vielblättriger Hülle. 3 bis 5 Hüllchenblätter.
Früchte grünlich grau, etwas zusammengedrückt, durch wellig gekerbte Rippen warzig erscheinend, 3 mm lang.
Blätter dunkelgrün, glänzend, 3fach fiederteilig. Blättchen mit gesägtem Rand und weiß bespitzten Zipfeln.
Stengel aufrecht, rund, fein gerillt. Unterer Teil braunrot gefleckt, oberer sehr ästig. Welkendes Kraut mit Mäuseharngeruch.
Pflanze 80 bis 200 cm hoch. Zweijährig.
Blütezeit: Juni bis September.

Verbreitung: Wegränder, Zäune, Schutt. Zerstreut.

Giftige Inhaltsstoffe
Bezeichnung: äußerst giftige Alkaloide Coniin und γ-R-conicerin (Piperidingruppe) sowie andere Alkaloide.
Vorkommen: höchster Alkaloidgehalt in unreifen Früchten (bis zu 3,25 %), in Blättern und Blüten bis zu 0,25 % und im Stengel bis zu 0,5 %. Im Frühjahr und Herbst mehr Coniin im Sproß als in der Wurzel.
Wirkung: beim Menschen Vergiftungen hauptsächlich auf Grund von Verwechslungen des Krautes mit Suppengewürzen und der Früchte mit Fenchel oder Anis. Bei Kindern Vergiftungen nach dem Verzehr der Wurzel. Symptome: Erregung, die von Depressionen, Bewegungsstörungen und Lähmungen der quergestreiften Muskulatur abgelöst wird. Tod infolge Atemlähmung. − Rinder und Enten besonders gefährdet, Schafe und Ziegen resistent. Bei tragenden Sauen Steifheit eines oder mehrerer Gelenke der Gliedmaßen der Ferkel (kongenitale Arthrogrypose) [164]. Auch Verfütterung an tragende Rinder führt zu Mißbildungen der Kälber an Gliedmaßen und Wirbelsäule [220]. Nach neueren Angaben [197] ist die teratogene Wirkung der Alkaloide ungewiß. Pflanze im Heu weitestgehend ungiftig.
LD: Mensch (o.) 0,75 g Coniin; Ente (o.) 50 g und Rind (o.) 4 kg der frischen Pflanze. LD_{min}: Maus (s. c.) 75 mg Coniin / kg KM.

Behandlung der Vergiftung: in Anbetracht der zu erwartenden Schwere der Vergiftung sofortiges Erbrechen, anschließend Aktivkohle. Stationäre Einweisung: Beobachtung oder Magenspülung sowie symptomatische Therapie (Atmung).

++ **Riesen-Bärenklau** − *Heracleum mantegazzianum* Somm. et Lev.

Erkennungsmerkmale

Ähnlich der folgenden Art, jedoch bedeutend größer.

Blüten mit weißen Kronblättern 12 mm lang. Enddolde ca. 50 cm breit, Blütenstengel unten rot gesprenkelt, 10 cm breit.

Blätter 3zählig, bis 100 cm breit, Einzelblätter 5schnittig.

Stengel und Blattstiele behaart.

Pflanze 3 bis 4 m hoch. Ausdauernd.

Verbreitung: Zierpflanze in Gärten und Anlagen. Heimat Kaukasus.

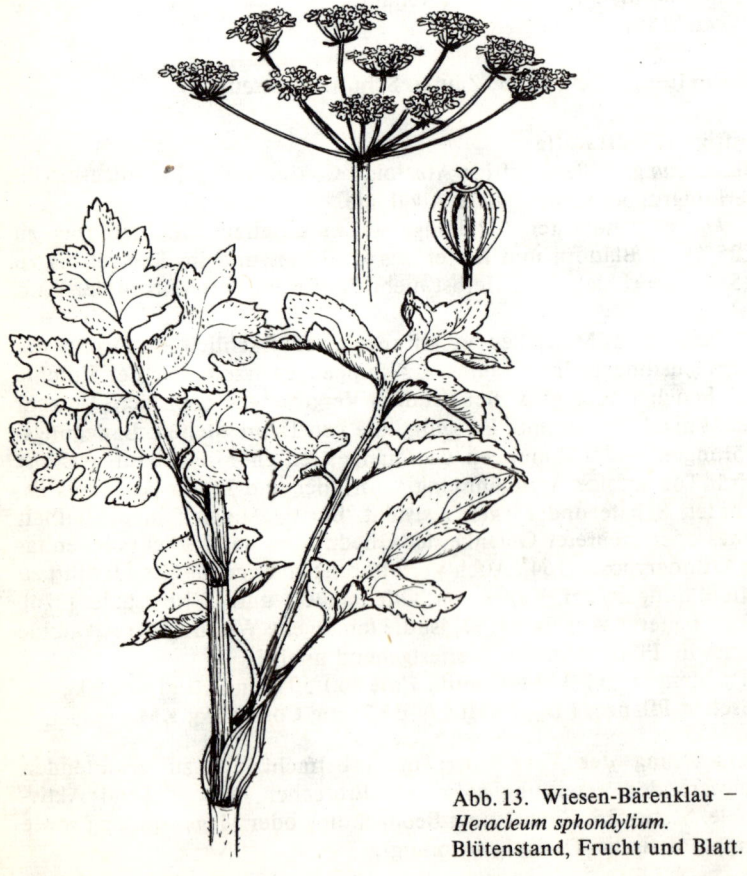

Abb. 13. Wiesen-Bärenklau −
Heracleum sphondylium.
Blütenstand, Frucht und Blatt.

Giftige Inhaltsstoffe und Behandlung der Vergiftung: s. Wiesen-Bärenklau, folgende Art, meistens jedoch stärkere Wirkung.

+ Wiesen-Bärenklau – *Heracleum sphondylium* L. (Abb. 13)

Erkennungsmerkmale
Blüten in zusammengesetzten Dolden, weiß, die randständigen größer, Hülle fehlend, Hüllchen vielblättrig.
Früchte bis 12 mm lang, Teilfrüchte mit breiten Randflügeln.
Blätter einfach gefiedert, mit fiederteiligen Abschnitten, rauhhaarig.
Stengel kantig gefurcht, borstig.
Pflanze 60 bis 150 cm hoch, mehrjährig.
Blütezeit: Juli bis September.

Verbreitung: Wegränder, Wiesen, Ufer. Verbreitet.

Giftige Inhaltsstoffe
Bezeichnung: Furanocumarine (Bergapten, Xanthotoxin).
Vorkommen: besonders in unreifen Früchten, aber auch in Blättern.
Wirkung: Berührung der Blätter, Eindringen des Pflanzensaftes in die Haut, z. B. bei der Bergung frisch gemähten Futters, führen zur „Wiesendermatitis". Diese äußert sich in Hautrötung, Schwellung und Blasenbildung. Durch intensive Sonneneinstrahlung werden diese Symptome verstärkt [327]. Weitere Pflanzen: [200].

Behandlung der Vergiftung: Konsultation des Hautarztes (z. B. Lokalanästhetika).

+ + Großer Merk – *Sium latifolium* L. (Abb. 14)

Erkennungsmerkmale
Blüten weiß. Hüll- und Hüllchenblätter vorhanden.
Früchte im Querschnitt sternförmig 5eckig.
Blätter einfach gefiedert mit 9 bis 19 schief lanzettlichen Blättchen. Untergetauchte Blätter doppelt gefiedert mit linealischen Zipfeln.
Stengel aufrecht, gefurcht.
Pflanze 60 bis 120 cm hoch. Ausdauernd.
Blütezeit: Juli bis August.

Verbreitung: Gräben, Ufer. Im Norden verbreitet, im Süden selten, in den Alpen fehlend.

Giftige Inhaltsstoffe
Bezeichnung: Polyine (Polyacetylene).
Vorkommen: vorwiegend in Früchten und Wurzeln.

5*

Abb. 14. Großer Merk −
Sium latifolium.
Blatt und Frucht.

Wirkung: beim Menschen Kolik und Magen-Darm-Reizung. − Rinder sind besonders empfindlich.

Behandlung der Vergiftung: Erbrechen, anschließend Aktivkohle und Laxans. Falls stationäre Einweisung, Magenspülung und evtl. symptomatische Therapie.

4.5. Hundsgiftgewächse − *Apocynaceae*

+ + **Oleander** − *Nerium oleander* L. (Tafel XVII b)

Erkennungsmerkmale
Blüten rosa, in endständigen, vielblütigen Trugdolden. Daneben Formen mit roten, weißen und gefüllten Blüten.
Früchte schotenartig verlängerte Balgkapseln, bis 15 cm. Samen dichtzottig, mit hinfälliger Haarkrone.
Blätter lanzettlich, am Grunde verschmälert, ledrig, gegenständig oder zu 3, kurz gestielt.

Abb. 15. Kleines Immergrün − *Vinca minor.*

Pflanze bis 6 m hoher Strauch oder Baum. Immergrün.
Blütezeit: in Mitteleuropa als Kübelpflanze in warmen Sommern ab Juni, bei regnerischen Sommern erst im darauffolgenden Jahr.

Verbreitung: Mittelmeergebiet bis Nordindien und Südwestchina, an Wasserläufen. Zierpflanze in warmen Gebieten. Kübelpflanze in Mitteleuropa.

Giftige Inhaltsstoffe

Bezeichnung: Cardenolidglycoside: Oleandrin (Folinerin), Desacetyloleandrin, Adynerin u. a.
Vorkommen: vorwiegend in Blättern (0,5 %), aber auch in Blüten.
Wirkung: Fingerhut-ähnlich! Vorwiegend bei Kindern durch Kauen von Blättern und Blüten: Magen-Darm- sowie Herz-Kreislauf-Symptomatik. Bisweilen Dermatitis durch Berühren der Pflanze. − Unter den Tieren erkranken Pferde und Rinder.
LD: Mensch (o.) 4 g Blätter (etwa 5 bis 15 Blätter).
LD_{50}: Katze (i. v.) 0,3 mg Oleandrin / kg KM. LD_{min}: Frosch (s. c.) 0,25 mg Oleandrin / kg KM.

Behandlung der Vergiftung: nach reichlicher Flüssigkeitsaufnahme Erbrechen, anschließend Aktivkohle und Laxans. Sicherheitshalber stationäre Einweisung: Magenspülung, symptomatische Therapie (Herz-Kreislauf).

Verwendung der Pflanze: in einigen Kombinationspräparaten zur Herz-Kreislauf-Behandlung.

(+) **Kleines Immergrün** − *Vinca minor* L. (Abb. 15)

Erkennungsmerkmale

Blüten leuchtend lila-blau mit trichterförmiger Röhre und 5 schiefen, vorn abgeschnittenen Zipfeln; lang gestielt, einzeln in den oberen Blattachseln.

Früchte länglich walzige Balgfrüchte, 15 bis 22 mm lang, 2- bis 3samig.

Blätter lanzettlich, gegenständig, ganzrandig, ledrig, oberseits glänzend, 5 cm lang, 2 cm breit, immergrün.

Stengel am Grunde holzig; niederliegend, blühende aufstrebend. Bis 60 cm lang.

Pflanze ausdauernd.

Blütezeit: April bis Juni, selten nochmals im Herbst.

Verbreitung: Laubwälder, Gebüsche. Im Süden zerstreut, im Norden selten. Häufige Zierpflanze in Gärten und Anlagen.

Giftige Inhaltsstoffe

Bezeichnung: Indol-Alkaloid Vincamin u. a.

Vorkommen: im ganzen Kraut.

Wirkung: Giftstoffe führen zu Blutdrucksenkung und Herz-Kreislauf-Beschwerden, jedoch dürften Vergiftungen äußerst selten auftreten; − ebenfalls bei Tieren.

Die in den Tropen wachsende Art *Catharanthus roseus* (= *Vinca rosea*) enthält Vinca-Alkaloide, die als Zytostatika vorwiegend bei Leukämien eingesetzt werden.

LD_{50}: Maus (i. v.) 50 mg Vincamin / kg KM.

Behandlung der Vergiftung: Reichlich Flüssigkeit und Aktivkohle dürften ausreichend sein.

4.6. Stechhülsengewächse − *Aquifoliaceae*

+ + + **Stechhülsen** − *Ilex aquifolium* L. (Abb. 16)
Stecheiche, Stechpalme. Geschützt.

Erkennungsmerkmale

Blüten klein, weiß, gehäuft in den Blattwinkeln.

Früchte korallenrote, erbsengroße Steinfrüchte mit 4 bis 5 Samen.

Abb. 16. Stechhülsen − *Ilex aquifolium*.
Zweig mit Früchten und unfruchtbarer Zweig.

Blätter immergrün, ledrig-starr, dornig ausgerandet; oft fruchtende Zweige mit glattrandigen Blättern.
Pflanze 1 bis 6 m hoch werdender Baum oder Strauch.
Blütezeit: Mai bis Juni.

Verbreitung: Laubwälder, Gebüsche, kalkmeidend. Zerstreut im Nordwesten. Zierstrauch.

Giftige Inhaltsstoffe
Bezeichnung: triterpenoide Verbindungen, Alkaloid.
Vorkommen: besonders in Blättern und Früchten.
Wirkung: besonders bei Kindern durch Früchte (mehr als 2 Stück) Erbrechen und Durchfälle. In schwersten Fällen tödliche Vergiftungen infolge Herzrhythmusstörungen, Lähmung und Nierenschäden. LD: Erwachsene (o.) 20 bis 30 Früchte; Kinder weniger.

Behandlung der Vergiftung: sofortiges Erbrechen, anschließend Aktivkohle und Laxans. Stationäre Aufnahme: Magenspülung, symptomatische Therapie.

4.7. Aronstabgewächse − *Araceae*
Einkeimblättrige Pflanzen − *Monocotyledonae*

+ + + **Gefleckter Aronstab** − *Arum maculatum* L. (Abb. 17)
Zehrwurzel

Erkennungsmerkmale

Blüten in einem violettbraunen Kolben, der von einer bauchigen, weißen Blütenscheide (Spatha) umgeben und dadurch verdeckt wird.
Früchte scharlachrote Beeren, dicht gedrängt am Kolben.
Blätter spieß-pfeilförmig, glänzend, oft braun gefleckt. Stiel am Grunde scheidig verbreitert. Blätter zur Fruchtzeit abgestorben.
Wurzelstock knollig verdickt.

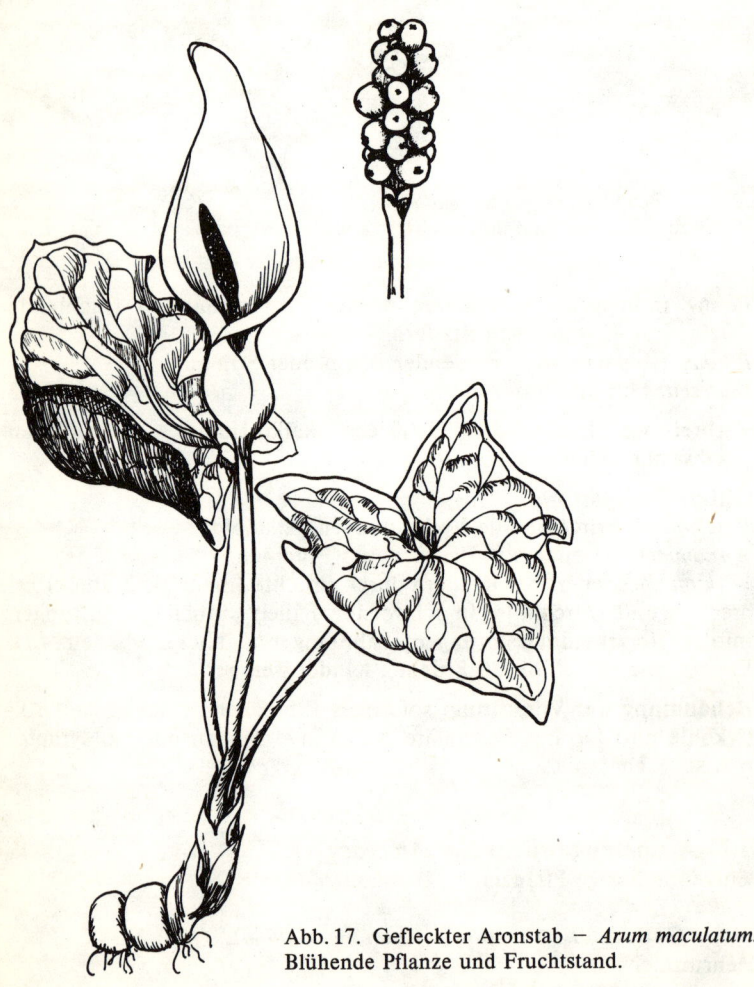

Abb. 17. Gefleckter Aronstab − *Arum maculatum.*
Blühende Pflanze und Fruchtstand.

Pflanze 15 bis 40 cm hoch. Ausdauernd.
Blütezeit: Mai bis Juni.

Verbreitung: schattige, feuchte Laubwälder und Gebüsche. Zerstreut, im Norden selten.

Giftige Inhaltsstoffe
Bezeichnung: flüchtige Scharfstoffe, Oxalatkristalle, wenig Nicotin und blausäurehaltige Verbindungen; primäre Amine. Nach [40] keine Alkaloide (Aroin u. a.).
Vorkommen: besonders in frischen Wurzelstöcken, aber auch in Blättern (0,5 %) und Beeren.
Wirkung: Pflanzensaft wirkt stark hautreizend. Vergiftungen besonders bei Kindern durch die etwas süßlich schmeckenden Beeren sowie die nach Sauerampfer schmeckenden Blätter: Durchfall, Herzrhythmusstörungen. Lähmung des Zentralnervensystems sowie Nierenschäden möglich. − Unter den Tieren sind besonders Rinder anfällig. Todesfälle!

Behandlung der Vergiftung: sofortiges Erbrechen, anschließend reichlich Flüssigkeit, Aktivkohle und Laxans. Stationäre Einweisung. Magenspülung, symptomatische Therapie (Herz-Kreislauf, Nierenfunktion).

+ Sumpf-Schlangenwurz − *Calla palustris* L. (Abb. 18)
Schweinsohr

Erkennungsmerkmale
Blüten in rundlichen Kolben, umgeben von einer breiten, oberseits weißen, unterseits grünen Blütenscheide (Spatha).
Früchte rote Beeren, dicht gedrängt am Kolben.
Blätter breit rundlich-herzförmig, glänzend, grundständig, lang gestielt.
Pflanze mit kriechender, grüner Grundachse, 15 bis 30 cm hoch. Ausdauernd.
Blütezeit: Mai bis September.

Verbreitung: Sümpfe, Erlenbrüche. Zerstreut, im Südwesten der BRD selten, in den Alpen fehlend.

Giftige Inhaltsstoffe
Bezeichnung: wahrscheinlich ähnlich wie im Gefleckten Aronstab, aber in schwächerer Konzentration.
Vorkommen: in Blättern und Beeren (nach Trocknung kaum giftig).
Wirkung: s. Aronstab, aber bedeutend schwächer.

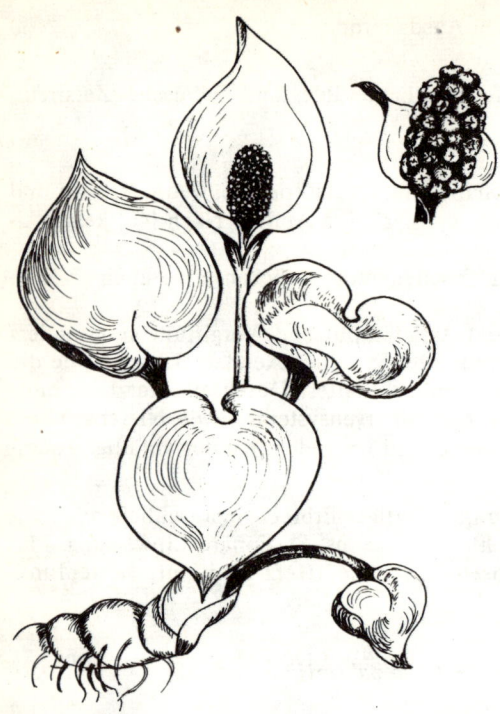

Abb. 18. Sumpf-Schlangenwurz − *Calla palustris*.
Blühende Pflanze und Fruchtstand

Behandlung der Vergiftung: reichlich Flüssigkeit, Aktivkohle und Laxans. Nach größeren Mengen Erbrechen auslösen.

+ + **Dieffenbachie** − *Dieffenbachia picta* (Lodd.) Schott (Tafel VIII a)
Schweigrohr. Mehrere D.-Arten. D. seguine besonders reich an giftigen
Inhaltsstoffen.

Erkennungsmerkmale
Blüten in schmalen Kolben, umgeben von einer weiß-grünlichen Blü-
tenscheide (Spatha).
Früchte beerenartig, in Kolben.
Blätter ca. 25 cm lang, weiß gefleckt, länglich herzförmig, netzadrig,
lang gestielt, gegenständig.
Pflanze bis 150 cm hoch.
Verbreitung: Zimmerpflanze. Heimat tropisches Amerika.

Giftige Inhaltsstoffe

Bezeichnung: Calciumoxalat-Nadeln (Raphiden) in sog. „Schießzellen" [286], ferner freie Oxalsäure sowie deren Salze und weitere Substanzen (familienspezifische „Scharfstoffe", Saponine?, Alkaloide?).

Vorkommen: vorwiegend in der Sproßachse, aber auch in Blattstielen und Blättern.

Wirkung: Nach oraler Aufnahme führen die aus den „Schießzellen" herausgeschleuderten Raphiden zu Schleimhautverletzungen, wodurch die Aufnahme freier Oxalsäure und deren Salze begünstigt wird. Aber auch die übrigen o. g. Substanzen − einschließlich der bei der Verletzung der menschlichen Schleimhaut freigesetzten Histamine − dürften zur Wirkungsverstärkung beitragen. Symptome: Schleimhautschwellung, Schluckbeschwerden, starkes Speicheln, evtl. gestörte Sprache und Herz-Kreislauf-Beschwerden [148]. Durch Eindringen des Pflanzensaftes in die Augen hügelige Veränderungen der Hornhautoberfläche für 3 bis 10 Wochen ohne Beeinträchtigung der Sehschärfe [291]. 3 bis 4 g Blattmasse sollen bereits stark toxisch wirken.

Behandlung der Vergiftung: bei Augensymptomatik Augenarzt konsultieren (Behandlung mit Komplexbildnern). Nach oraler Aufnahme reichlich Flüssigkeit (Milch gut geeignet!), Erbrechen, anschließend Aktivkohle. Evtl. Antihistaminika. Nach stationärer Aufnahme Magenspülung und symptomatische Behandlung (Nierenkontrolle).

+ **Fensterblatt** − *Monstera deliciosa* Liebm.

Erkennungsmerkmale

Blüten in gelben Kolben, von einem weißen Hochblatt umgeben. An Zimmerpflanzen selten, nur an sehr alten Pflanzen.

Blätter 40 bis 80 cm breit, gelöchert oder eingeschnitten, mit 30 bis 50 cm langen Stielen.

Pflanze bis 3 m hoher Kletterstrauch mit langen Luftwurzeln.

Verbreitung: Zimmerpflanze. Heimat Mittelamerika.

Giftige Inhaltsstoffe

Bezeichnung: wahrscheinlich Oxalatkristalle (Raphiden) wie bei Dieffenbachia und Giftstoffe des Aronstabs, aber stets in bedeutend geringerer Konzentration.

Vorkommen: Kristalle vorwiegend in den Blättern.

Wirkung: Schleimhautreizungen und Magen-Darm-Beschwerden.

Behandlung der Vergiftung: reichlich Flüssigkeit mit Aktivkohle, evtl. Erbrechen oder Magenspülung.

4.8. Efeugewächse − *Araliaceae*

+ + + **Gemeiner Efeu** − *Hedera helix* L. (Tafel XIa)
Eifen

Erkennungsmerkmale
Blüten grünlich, in Dolden.
Früchte zunächst grün, im folgenden Frühjahr blauschwarze Beeren.
Blätter wechselständig, immergrün, ledrig, glänzend, 5lappig, an fruchtenden Zweigen ungeteilt, eiförmig-lanzettlich.
Pflanze 3 bis 15 m hoher Strauch, mit Haftwurzeln kletternd; oder kriechend.
Blütezeit: September bis November.

Verbreitung: Laub-Mischwälder, an Mauern und Bäumen kletternd. Zierpflanze. Verbreitet.

Giftige Inhaltsstoffe
Bezeichnung: Saponine liegen hauptsächlich als Triterpensaponin C und B vor. Aus T. C kann das toxischer wirkende α-Hederin entstehen.
Vorkommen: vorwiegend in Blättern (5 % Saponine), Beeren und Samen.
Wirkung: Die Beeren (sind auch im Winter am Strauch!) führen zu Durchfällen und Erbrechen; Todesfälle sind erwähnt. Hautreizungen durch die Blätter möglich. − Tiere nehmen kaum toxische Mengen auf.
LD_{50}: Ratte (i. v.) mehr als 50 mg Hederasaponin C und 4,5 mg α-Hederin / kg KM.

Behandlung der Vergiftung: evtl. Hautarzt konsultieren. Nach oraler Aufnahme sofort erbrechen, anschließend Aktivkohle und Laxans. Nach stationärer Aufnahme Magenspülung und symptomatische Therapie.

Verwendung der Pflanze: in verschiedenen Arzneimitteln, z. B. Hustentropfen.

4.9. Osterluzeigewächse − *Aristolochiaceae*

T+ + **Aufrechte Osterluzei** − *Aristolochia clematitis* L. (Abb. 19)
Erkennungsmerkmale
Blüten schmutzig gelb, bis zu 7 in den Blattwinkeln. Verwachsenblättrige, gerade Kronröhre, unten kugelig erweitert.

Abb. 19. Aufrechte Osterluzei –
Aristolochia clematitis.

Früchte vielsamige Kapseln.
Blätter wechselständig, lang gestielt, herznierenförmig, gelbgrün.
Pflanze krautig, aufrecht, 30 bis 100 cm hoch. Ausdauernd.
Blütezeit: Mai bis Juni.

Verbreitung: Weinberge, Hecken, Zäune, Zerstreut.

Giftige Inhaltsstoffe
Bezeichnung: Aristolochiasäure, verwandt mit Isochinolin-Alkaloiden.

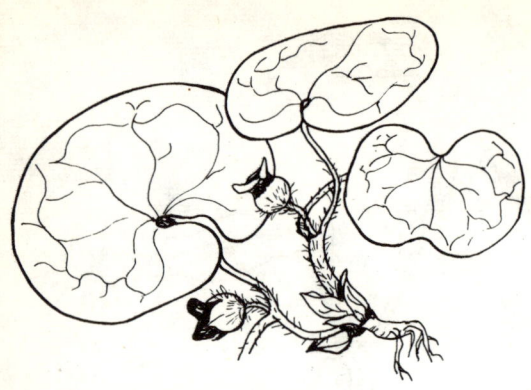

Abb. 20. Haselwurz – *Asarum europaeum.*

Vorkommen: Aristolochiasäure bis zu 1 % in der Wurzel und anderen Teilen.

Wirkung: Beim Menschen sind keine Vergiftungen zu befürchten. – Bei Tieren Appetitabnahme, Verstopfung und Nierenentzündung. In einigen Fällen Atemlähmung. Pferde sind besonders empfindlich. Bei Ratten karzinogene Wirkung festgestellt.

LD_{50}: Maus (i. v.) 40 mg Aristolochiasäure / kg KM.

Behandlung der Vergiftung: symptomatisch.

+ + **Haselwurz** – *Asarum europaeum* L. (Abb. 20)

Erkennungsmerkmale

Blüten braunpurpurn, einzeln, auf dem Boden liegend. 15 mm lang.
Früchte 6fächrige Kapseln.
Blätter nierenförmig, glänzend, zu 2 am Stengel, immergrün.
Pflanze 5 bis 10 cm hoch. Ausdauernd.
Blütezeit: März bis Mai.

Verbreitung: Laubwälder, schattige Gebüsche. Verbreitet, im Nordwesten fehlend, im Norden selten.

Giftige Inhaltsstoffe

Bezeichnung: ätherisches Öl mit β-Asaron (= cis-Isoasaron) als Hauptkomponente.

Vorkommen: Asaron kommt in der gesamten Pflanze vor. Ätherische Öle bis zu 4 %, die Hälfte davon Asaron. Die Art besteht aus verschiedenen Rassen mit unterschiedlichen ätherischen Ölen [206]. Auch

Vorkommen asaronfreier Pflanzen. Inhaltsstoffe nicht von der Jahreszeit abhängig.

Wirkung: Vergiftungen beim Menschen selten. Brennen im Mund, Gastroenteritis, Durchfall, im Extrem Tod durch Atemlähmung. – Kaum Intoxikationen beim Tier.

LD_{50}: Meerschweinchen (i. p.) 275 mg ätherisches Öl/kg KM.

Behandlung der Vergiftung: Erbrechen, anschließend Aktivkohle. Wenn stationäre Einweisung erforderlich, Magenspülung. Symptomatische Behandlung, evtl. Beatmung.

Verwendung der Pflanze: expektorierende und spasmolytische Wirkung der ätherischen Öle [190].

4.10. Schwalbenwurzgewächse – *Asclepiadaceae*

+ + **Weiße Schwalbenwurz** – *Cynanchum vincetoxicum* (L.) Pers. (Abb. 21)
Hundswürger

Erkennungsmerkmale
Blüten weiß, in blattachselständigen Trugdolden. Blumenkrone 5teilig und 5lappige Nebenkrone.
Früchte etwa 5 cm lange Balgkapseln, vorn zugespitzt, kahl. Samen mit langen, seidigen Haarbüscheln.
Blätter gegenständig, kurz gestielt, länglich herzeiförmig, obere lanzettlich, ganzrandig.
Pflanze aufrecht, 30 bis 100 cm hoch. Ausdauernd.
Blütezeit: Juni bis August.

Verbreitung: felsige Hügel, sonnige Abhänge, Gebüsche. Zerstreut, im Norden selten.

Giftige Inhaltsstoffe
Bezeichnung: Steroidglycosid (Vincetoxin) mit Saponineigenschaften.
Vorkommen: in Samen und im Wurzelstock (1,5 %).
Wirkung: Vergiftungen beim Menschen selten: Durchfall, Blasen- und Nierenreizung, im Extrem Atemlähmung. – Unter Tieren selten Intoxikationen.

Behandlung der Vergiftung: viel Flüssigkeit, Aktivkohle und Laxans. Nach größeren Mengen Erbrechen auslösen bzw. nach stationärer Einweisung Magenspülung.

Abb. 21. Weiße Schwalbenwurz –
Cynanchum vincetoxicum.

4.11. Korbblütengewächse – *Asteraceae (Compositae)*

Einzelblüten 5zählig mit röhriger Blumenkrone (Röhrenblüten) oder
mit ausgezogener Zunge (Zungenblüten). Kelch oft zu einem Haarkranz umgebildet. Frucht ein Nüßchen. Einzelblüten in einem Korb,
der von einem grünen Hüllkelch umgeben wird. Toxische Inhaltsstoffe
meist in den terpenhaltigen Milchsäften. Viele Heilpflanzen mit ätherischen Ölen (Kamille, Schafgarbe u. a.).

+ **Arnika** − *Arnica montana* L. (Abb. 22)
Geschützt.

Erkennungsmerkmale
Blüten orangegelb, Röhren- und Zungenblüten. Körbchen 6 bis 8 cm breit, endständig, 2 weitere in den oberen Blattachseln.
Blätter am Stengel gegenständig, untere in Rosetten.
Pflanze 20 bis 50 cm hoch. Ausdauernd. Schwer kultivierbar.
Blütezeit: Juni bis Juli.

Abb. 22. Arnika − *Arnica montana.*

Verbreitung: Moorwiesen. Kalkmeidend. Im Bergland verbreitet, sonst selten. Anbau im Süden der BRD, ČSSR, Italien.

Giftige Inhaltsstoffe
Bezeichnung: wahrscheinlich vorwiegend die im ätherischen Öl enthaltenen Polyine (Polyacetylene), auch Pseudoguajanolide?
Vorkommen: besonders in Blüten.
Wirkung: beim Menschen oft allergische Kontaktdermatitis durch die Blüten. − Bei Tieren kaum Vergiftungen.
LD: Mensch (o.) 70 g Arnikatinktur.

Behandlung der Vergiftung: Konsultation des Hautarztes.

Verwendung der Pflanze: in Arzneimitteln gegen Blutergüsse, bei Durchblutungsstörungen.

+ **Benediktendistel** − *Cnicus benedictus* L. (Tafel IV b)
Bitterdistel

Erkennungsmerkmale
Blüten gelb, Köpfchen einzeln, mit dornig verzweigtem Hüllkelch.
Blätter distelartig, buchtig fiederspaltig.
Stengel kantig, behaart, stark verästelt.
Pflanze 30 bis 50 cm hoch. Einjährig.
Blütezeit: Juni bis August.

Verbreitung: Mittelmeergebiet, Nordamerika. In Mitteleuropa angebaut und verwildert.

Giftige Inhaltsstoffe
Bezeichnung: Bitterstoffe (Sesquiterpenlactone) Cnicin und Benedictin (Salonitenolid).
Vorkommen: Cnicin in Blättern und blühenden Zweigen, Benedictin im Kraut.
Wirkung: beim Menschen Erbrechen und Durchfall. − Beim Tier keine Vergiftungen.
LD_{min}: Maus (i. p.) 25 mg Cnicin / kg KM.

Behandlung der Vergiftung: reichlich Flüssigkeit und Aktivkohle, evtl. Erbrechen auslösen.

Verwendung der Pflanze: in appetitanregenden Tees.

T++ **Dürrwurz** − *Inula conyza* DC. (Abb. 23)
Sparriger Alant

Erkennungsmerkmale
Blüten schmutzig-gelb, rötlich überlaufen. Körbchen 1 cm breit, aus

Abb. 23. Dürrwurz – *Inula conyza.*

Abb. 24. Gift-Lattich –
Lactuca virosa.

Röhrenblüten und einigen versteckten Zungenblüten, Anordnung in
Doldentrauben. Hüllkelch dachziegelig, äußere Blättchen mit zurück-
gebogenen Spitzen.
Früchte mit gefiedertem Haarkranz.
Blätter eiförmig-lanzettlich, behaart, obere sitzend.
Stengel dünnfilzig.
Pflanze 50 bis 80 cm hoch. Ausdauernd.
Blütezeit: Juli bis Oktober.

Verbreitung: Hänge, Gebüsche, Waldränder. Nesterweise in Luzerne Im Süden zerstreut, im Norden nur Rügen, in den Alpen fehlend.

Giftige Inhaltsstoffe
Bezeichnung: verschiedene Bitterstoffe (Alantolactone) im ätherischen Öl.
Vorkommen: im Sproß.
Wirkung: Vergiftungen beim Menschen unbekannt. − Neben Rindern auch Schweine gefährdet. Symptome: Kolik, Muskelzittern und Herzschwäche. Leber- und Nierenschäden.

Behandlung der Vergiftung: symptomatisch.

++ **Gift-Lattich** − *Lactuca virosa* L. (Abb. 24)

Erkennungsmerkmale
Blüten gelb, nur Zungenblüten, Körbchen bis 15 mm breit, in Rispen.
Früchte schwarz, breit berandet, Schnabel mit Haarkranz.
Blätter waagerecht abstehend, ungeteilt, stachelspitzig gezähnt oder buchtig.
Stengel aufrecht, verzweigt, Pflanze mit weißem Milchsaft.
Pflanze 50 bis 150 cm hoch. Ein- oder zweijährig.
Blütezeit: Juli bis August.

Verbreitung: Schuttstellen; selten: Südwesten der BRD, Hessen, Thüringen.

Giftige Inhaltsstoffe
Bezeichnung: scharf und bitter schmeckendes Lactucin und Lactupicrin (Sesquiterpenlactone). Keine Angaben zu einem Alkaloid.
Vorkommen: besonders im Milchsaft, aber stark temperatur- und standortabhängig.
Wirkung: beim Menschen Vergiftungen höchstens durch Verwechslung mit grünem Salat. − Bei Tieren nach Aufnahme Schweißausbruch, Schwindel. Tod infolge Herzstillstands möglich.
LD: Maus (s. c.) 0,5 bis 0,6 g Sesquiterpenlactone / kg KM.

Behandlung der Vergiftung: Aktivkohle und Laxans. Nach größeren Mengen Erbrechen bzw. Magenspülung und evtl. symptomatische Therapie.

T+++ **Jakobs-Kreuzkraut** − *Senecio jacobaea* L. (Abb. 25)
Jakobs-Greiskraut
Erkennungsmerkmale
Blüten gelb, Zungen- und Röhrenblüten in 15 bis 20 mm breiten Körb-

84

chen. Hüllkelchblätter 1reihig, schwarzspitzig, 1 bis 3 Außenhüll-kelchblätter.

Blätter fiederteilig, die Seitenzipfel rechtwinklig abstehend.

Pflanze 30 bis 100 cm hoch. Zweijährig oder ausdauernd.

Blütezeit: Juli bis September.

Verbreitung: sonnige Hügel, Waldränder, Wiesen. Zerstreut.

Giftige Inhaltsstoffe

Bezeichnung: Pyrrolizidin-Alkaloide Senecionin, Jacobin, Jaconin, Jacocin u. a.

Vorkommen: im Kraut. Junge Pflanzen am giftigsten. Über Pyrrolizidin-Alkaloide in Pflanzen: [292].

Abb. 25. Jakobs-Kreuzkraut —
Senecio jacobaea.

Wirkung: kaum Vergiftungen beim Menschen unter mitteleuropäischen Verhältnissen.

Zur Gefährlichkeit der Pyrrolizidin-Alkaloide beim Menschen [292] Toxizität z. B. durch den Metaboliten Pyrrol = Lebergift zu erwarten; s. u.).

− Beim Tier Krankheitsbild der „Seneciose" oder „Schweinsberger Krankheit" bei Pferd, Schwein, Geflügel, Rind, Schaf und Ziege; Wiederkäuer aber widerstandsfähiger. Vergiftungen meist nach Heuverfütterung, da frische Pflanzen auf der Weide nur in Notzeiten aufgenommen werden. Das akute Krankheitsbild mit meist tödlichem Ausgang verläuft schnell, das chronische im Verlauf von 3 bis 5 Tagen bis zu 4 Monaten nach Pflanzenaufnahme: schnelle Atmung, Kolik, Gelbsucht, blutiger Durchfall, nervöse Störungen. Stets die für die Pyrrolizidin-Alkaloide typischen Leberveränderungen (Zirrhose).

Zur Bildung von Pyrrolmetaboliten aus den Pyrrolizidin-Alkaloiden, z. B. bei Japanischen Wachteln: [152]. Weitere Tierversuche s. [262, 263, 187]. Zur Ausscheidung der Alkaloide in der Ziegenmilch: [186]. Versuche zur Verhinderung der Vergiftung durch Mineral- und Vitaminzusätze: [217, 317].

LD_{50}: Ratte (o.) 140 mg Gesamtalkaloide/kg KM. LD: Ziege (o.) 1,25 bis 4 kg Kreuzkraut/kg KM [185].

Behandlung der Vergiftung: symptomatisch.

T++ **Rainfarn** − *Tanacetum vulgare* L. (Tafel XXVI b)

Erkennungsmerkmale
Blüten gelb, röhrig, in 6 bis 10 mm breiten Körbchen,die in Schirmrispen angeordnet sind.
Blätter wechselständig, einfach-doppelt fiederteilig.
Stengel aufrecht, kantig, unverzweigt.
Pflanze 60 bis 120 cm hoch. Ausdauernd.
Blütezeit: Juni bis September.

Verbreitung: Wegränder, Bahndämme. Verbreitet, in den Alpen fehlend.

Giftige Inhaltsstoffe
Bezeichnung: Hauptbestandteile des toxischen ätherischen Öls: Tanacetol A und B (Sesquiterpenalkohole).
Vorkommen: hauptsächlich Tanacetol B (0,11 % der Trockensubstanz) in Blüten und Blättern.
Wirkung: Beim Menschen wurde über allergene Wirkung berichtet [169]. − Bei Rindern nach Aufnahme der Pflanze Schleimhaut- und Nierenreizung. Auch Leberschäden.

Behandlung der Vergiftung: Konsultation des Hautarztes. Symptomatisch.

Verwendung der Pflanze: vereinzelt bei Magen-Darm-Erkrankungen.

4.12. Berberitzengewächse − *Berberidaceae*

+ **Berberitze** − *Berberis vulgaris* L. (Tafel IIb)
Sauerdorn

Erkennungsmerkmale
Blüten gelb, 6zählig, in 5 cm langen Trauben.
Früchte längliche, rote Beeren; hängend.
Blätter verkehrt eiförmig, stechend gewimpert, gebüschelt.
Zweige mit 3teiligen Dornen, rutenförmig.
Pflanze bis 3 m hoher Strauch.
Blütezeit: April bis Juni.

Verbreitung: an warmen Hängen und Waldrändern. Zerstreut. Zierstrauch.

Giftige Inhaltsstoffe
Bezeichnung: Isochinolin-Alkaloide Berberin, Jatrorrhicin, Berbamin u. a.
Vorkommen: Alkaloide in der Wurzel, in anderen Teilen Gehalte sehr gering.
Wirkung: Die von Kindern gern gegessenen Früchte führen zu Magen-Darm-Beschwerden.

Behandlung der Vergiftung: reichlich Flüssigkeit mit Aktivkohle.

+ **Mahonie** − *Mahonia aquifolia* (Pursh) Nutt. (Tafel XVIIa)
Erkennungsmerkmale
Blüten 6zählig, gelb, in gehäuften, aufrechten Trauben.
Früchte blauschwarze, bereifte Beeren.
Blätter unpaarig gefiedert mit 5 bis 9 Blättchen, buchtig-dornig gezähnt, ledrig, glänzend, immergrün.
Pflanze 50 bis 150 cm hoher Strauch.
Blütezeit: April bis Juni.

Verbreitung: Heimat pazifisches Nordamerika. Zierstrauch.

Giftige Inhaltsstoffe und **Behandlung der Vergiftung:** wie Berberitze, vorige Art [315].

4.13. Borretschgewächse − *Boraginaceae*

T(+) **Gemeiner Beinwell** − *Symphytum officinale* L.

Erkennungsmerkmale
Blüten in Wickeln hängende Glocken, ca. 17 mm lang, rötlichviolett oder gelblichweiß.
Blätter am Stengel herablaufend, breit lanzettlich, steifhaarig.
Früchte in 4 glatte, glänzende Teilfrüchte zerfallend.
Pflanze 30 bis 100 cm hoch. Ausdauernd.
Blütezeit: Mai bis Juli.

Verbreitung: Ufer, Gräben, nasse Wiesen. Verbreitet.

Giftige Inhaltsstoffe
Bezeichnung: Symphytin, Echimidin, Lycopsamin und andere Pyrrolizidin-Alkaloide.
Vorkommen: in geringer Konzentration in der ganzen Pflanze.
Wirkung: beim Menschen kaum Vergiftungen. − Bei Tieren höchstens nach massiver Aufnahme Leberschäden. Experimentelle Ergebnisse: Lebertumoren bei Ratten.

Behandlung der Vergiftung: wenn überhaupt erforderlich, symptomatisch.

Comfrey − *Symphytum x uplandicum* Nyman (Bastard von *S. asperum* Lep. u. *S. officinale* L.) Rauher Beinwell
T+++ (in Ausnahmefällen)

Erkennungsmerkmale
Blüten in Wickeln, lang glockenförmig, hängend, rötlich bis hellblau mit weißem Saum, innen 5 Schlundschuppen.
Früchte in 4 hartschalige, runzlige Teilfrüchte zerfallend.
Blätter ungeteilt, wechselständig, mit abwärts gebogenen Stacheln.
Stengel von unten an dichtästig.
Pflanze 80 bis 150 cm hoch. Ausdauernd.
Blütezeit: Juni bis September.

Verbreitung: Kulturpflanze. Zerstreut verwildert.

Giftige Inhaltsstoffe
Bezeichnung: Pyrrolizidin-Alkaloide, s. Gemeiner Beinwell, Nitrat.
Vorkommen: Alkaloide in Blättern (0,2 %) und Wurzeln (0,2 bis 0,4 %) [293, 318]. In grünen Pflanzen 0,3 bis 3,0 % Nitrat / Trockensubstanz.
Wirkung: kaum Vergiftungen beim Menschen zu erwarten (s. Verwen-

dung der Pflanze). – Beim Tier Bildung von Nitrit durch Reduktion aus Nitrat. Nitrit bildet aus dem Hämoglobin nicht mehr zum Sauerstofftransport befähigtes Methämoglobin (s. S. 110). In schweren Fällen verenden die Tiere in wenigen Minuten unter tetanischen Krämpfen.

Verstärkte Stickstoffdüngung [222, 224], naßkalte Witterung und ungünstiger Spurenelementgehalt des Bodens können auch in anderen Futterpflanzen (Grünfutter, Weidelgras [266], Hirse [150], Rübenblatt, Sonnenblumen usw.) zu Nitratakkumulation und damit zu Vergiftungen führen. Auch nitrat- und/oder nitrithaltiges Tränk- und Regenwasser, Heu, Fischmehl, Molke und andere Futtermittel führen zu unterschiedlichen Erkrankungen. Volkswirtschaftlich bedeutungsvoller als die akuten dürften aber die chronischen Nitrat-Nitrit-Schäden sein (negative Bilanz des Vitamin-A- und-B-Haushalts). Nachteilige Folgen für die Gesundheit und Fruchtbarkeit bei Milchrindern [283].

Grünfutterstoffe oder deren Konservate mit einem Nitratgehalt über 1,0 % in der Trockensubstanz gelten als nitratreich (Verfügung des Ministers für Land-, Forst- und Nahrungsgüterwirtschaft der DDR vom 30. 3. 81).
TD_{min}: Rind (o.) 650 bis 750 mg Natriumnitrat / kg KM.
LD_{min}: Schwein (o.) 70 bis 95 mg Natriumnitrit / kg KM und Rind (o.) 150 bis 170 mg Natriumnitrit / kg KM.

Behandlung der Vergiftung: symptomatisch, s. S. 15.

Verwendung der Pflanze: zur Bedeutung der Pyrrolizidin-Alkaloide in Comfrey-Teesorten: [311]. Bei geringem Nitratgehalt wertvolle Grünfutterpflanze, besonders für Schweine.

4.14. Kreuzblütengewächse – *Brassicaceae (Cruciferae)*

Krautige Pflanzen mit wechselständigen Blättern ohne Nebenblätter. Blüten mit 4 Kelch- und Blumenkronblättern, die sich kreuzweise gegenüberstehen, 4 langen und 2 kurzen Staubblättern. Frucht eine Schote (mindestens 3mal so lang wie breit) oder ein Schötchen (höchstens 3mal so lang wie breit).
Typisch für die Pflanzen dieser Familie ist ihr Gehalt an Senfölglycosiden (Glucosinolate), die durch das Enzym Thioglucosidase (Myrosinase) u. a. in flüssige, stickstoff- und schwefelhaltige Senföle gespalten werden. Diese weisen einen scharfen Geschmack und stechenden Geruch auf und sind hautreizend. Ein häufiges Senföl ist das Allylsenföl (Allylisothiocyanat). Chemisch sind die Senföle Thiocyanate (Rhodanide) und Isothiocyanate. Aus Senfölglycosiden, z. B. Glucobrassicin,

kann enzymatisch u. a. auch der „Kohl-Faktor" = Goitrin (5-Vinyloxa-zolidin-2-thion) freigesetzt werden. Zusammenfassende Darstellung zur medizinischen und biologischen Bedeutung der Thiocyanate: [108].

Viele Kreuzblütler, besonders die mit niedrigem Senfölgehalt, wirken aber nach Verfütterung verdauungsfördernd, bedingt durch die Reiz-wirkung der Senföle.

T+ + **Raps** − *Brassica napus* L. var. *arvensis* (Abb. 26)

Erkennungsmerkmale

Blüten leuchtend goldgelb, kürzer als die Blütenknospen; Kelchblätter und die 2 äußeren Staubblätter abstehend.
Früchte rundliche, geschnäbelte Schoten.

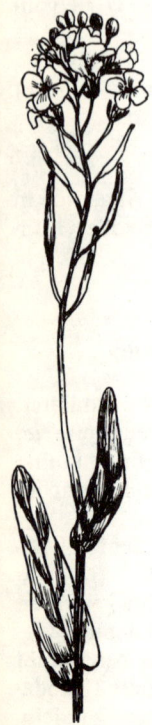

Abb. 26. Raps −
Brassica napus var. *arvensis*.

Abb. 27. Schwarzer Senf −
Brassica nigra.

Blätter blaugrün, untere fiederspaltig, etwas behaart, obere herzförmig stengelumfassend. Abwischbare Wachsschicht.

Pflanze bis 150 cm hoch. Einjährig, einjährig-überwinternd oder zweijährig.

Blütezeit: April bis Juni.

Verbreitung: Kulturpflanze, mitunter verwildert.

Giftige Inhaltsstoffe

Bezeichnung: Senfölglycoside Glucobrassicin, Gluconapin u. a., die die verschiedensten Senföle bilden; anämischer Faktor (bedingt Blutarmut), Nitrat. Senfölglycoside der Varietät „Bronowski": [270].

Vorkommen: Senfölglycoside vorwiegend in Samen, weniger in grüner Pflanze; Nitrat kann in letzterer angereichert sein. Niedrige Gehalte in bestimmten Rapssorten (Tower, Bronowski, Erglu).

Wirkung: beim Menschen keine Vergiftungen. – Bei Rindern und Schweinen vorwiegend nach Verfütterung von Rückständen der Rapsölgewinnung (Rapskuchen, -kuchenmehl und -extraktionsschrot). Symptome: Schwäche, schwere Verstopfung, blutiger Harn, Erblinden. Beziehungen zwischen dem Goitringehalt des Rapsschrotes und dem Geschmack von Hühnereiern (Trimethylamin): [279]. Nitratvergiftungen durch die grüne Pflanze möglich (s. S. 89).

Behandlung der Vergiftung: symptomatisch. Zink- und Jodgaben verhindern die Schadwirkung von Isothiocyanat und Goitrin [121].

Verwendung der Pflanze: Rapsöl enthält gesättigte und die für die menschliche Ernährung besonders wertvollen ungesättigten Fettsäuren. Die Samenöle der Raps- und Senfarten sind frei von Senfölglycosiden. Pharmazeutischer Hilfsstoff.

T++ **Schwarzer Senf** – *Brassica nigra* (L.) Koch (Abb. 27)
Senf-Kohl

Erkennungsmerkmale

Blüten klein, gelb, mit waagerecht abstehenden Kelchblättern.

Früchte runde oder 4kantige Schoten, aufrecht, dem Stiel anliegend, mit langen dünnen Schnäbeln. Samen kugelig bis eiförmig, matt, fein punktiert.

Blätter gestielt, die unteren leierförmig gezähnt, mit großem Endlappen, die oberen lanzettlich, ganzrandig.

Pflanze 60 bis 120 cm hoch. Einjährig.

Blütezeit: Juni bis September.

Verbreitung: feuchte Äcker, Schutt. Zerstreut, vor allem an periodisch überschwemmten Flußufern.

Giftige Inhaltsstoffe
Bezeichnung: Senfölglycosid Sinigrin (Allylglucosinolat), das nach Enzymeinwirkung Allylsenföl liefert.
Vorkommen: Sinigrin außer in Blättern und Stengeln hauptsächlich in Samen (1 bis 5 %); sehr schnelle Senfölfreisetzung – besonders bei nasser Verabreichung.
Wirkung: Beim Tier sind Vergiftungen selten, da die Verfütterung der Pflanze sowie der Preßrückstände verboten ist. Andere Futtermittel, z. B. Extraktionsrückstände des Weißen Senfs, sollten keine Bestandteile des Schwarzen Senfs enthalten. Nach irrtümlicher Aufnahme bei Rindern und Schafen Entzündungen der Verdauungsorgane und Nieren sowie Kolik.
LD: Rind (o.) 10 mg Allylsenföl / kg KM.

Behandlung der Vergiftung: symptomatisch.

Verwendung der Pflanze: Samen bei Erkrankung der Atmungsorgane zum Senfwickel. Senföl als Bestandteil von Senfspiritus gegen rheumatische Erkrankungen. Zur Herstellung von Speisesenf. Allylsenföl wird vorwiegend synthetisch hergestellt.

T + + **Markstamm-Kohl** – *Brassica oleracea* L. var. *medullosa*
Zwei Sorten von Futterpflanzen: Grüner und Blauer Markstamm-Kohl

Erkennungsmerkmale
Blüten schwefelgelb, in lockeren Trauben. Kelchblätter aufrecht. Blütenstiele länger als der Kelch.
Früchte Schoten.
Blätter groß, fleischig, dicklich, frostbeständig.
Stengel oberhalb, zwischen den Blättern, fleischig verdickt.
Pflanze bis zu 2 m hoch. Zweijährig.
Blütezeit: Mai bis September.

Verbreitung: Kulturpflanze, besonders auf kalkhaltigen Böden.

Giftige Inhaltsstoffe
Bezeichnung: Senfölglycoside Sinigrin, Glucoiberin und Glucobrassicin (Thiocyanat- und Goitrinbildung); Nitrat, zur Blutarmut (Anämie) führende Faktoren (u. a. S-Methylcysteinsulfoxid [306]).
Wirkung: Vergiftungen beim Menschen unbekannt. – Bei Rindern führen mehr als 20 kg Kohl täglich über mehrere Wochen zur „Kohlanämie". Zerstörung der anämischen Faktoren durch Trocknung und Silierung, Erhöhung durch Frosteinwirkung.
LD_{50}: Ratte (o.) 240 mg Rhodanid / kg KM.

Behandlung der Vergiftung: Futter mit viel Heuzusatz und Absetzen der Kohlfütterung.

T++ **Rübsen** − *Brassica rapa* L. var. *silvestris* (Abb. 28)
Sommer- und Winterform

Erkennungsmerkmale
Blüten goldgelb, die Knospen überragend oder gleichlang.
Blätter unten grasgrün, steifhaarig, oben am Stengel blaugrün, herzförmig stengelumfassend.

Abb. 28. Rübsen −
Brassica rapa var. *silvestris.*

Pflanze 50 bis 70 cm hoch. Einjährig, einjährig-überwinternd oder zweijährig.
Blütezeit: April bis September.

Verbreitung: Kulturpflanze.

Giftige Inhaltsstoffe
Bezeichnung: vorwiegend die Senfölglycoside Sinigrin, Glucobrassicin und Gluconapin; Nitrat.
Vorkommen: Senfölglycoside in Samen und Kraut; Nitrat in der Wurzel.
Wirkung: Beim Menschen sind keine Vergiftungen bekannt. – Bei Tieren s. Rapsvergiftung, S. 91, aber selten wegen des geringen Anbaus.

Behandlung der Vergiftung: symptomatisch.

+ + **Goldlack** – *Cheiranthus cheiri* L.

Erkennungsmerkmale
Blüten gelb bis braun, 25 mm breit, in dichten Trauben, wohlriechend.
Früchte schnabellose Schoten.
Blätter lanzettlich, ganzrandig, wechselständig.
Pflanze aufrecht, 20 bis 60 cm hoch. Ausdauernd.
Blütezeit: Mai bis Juni.

Verbreitung: Felsen, Mauern, selten. Häufige Zierpflanze. Heimat Mittelmeergebiet, Westasien.

Giftige Inhaltsstoffe
Bezeichnung: herzwirksame Substanzen Cheirotoxin und Cheirosid A.
Vorkommen: Cheirotoxin im Samen (0,015 %), Cheirosid mehr in den Blättern.
Wirkung: beim Menschen Fingerhut-ähnlich, s. S. 198. – Kaum Vergiftungen beim Tier.

Behandlung der Vergiftung: Erbrechen, anschließend Aktivkohle und Laxans. Nach stationärer Aufnahme Magenspülung und symptomatische Therapie.

Verwendung der Pflanze: vereinzelt noch Präparate bei Herzerkrankungen.

T + + + **Bleicher Schöterich** – *Erysimum crepidifolium* Rchb. (Abb. 29)
Gänsesterbe

94

Erkennungsmerkmale

Blüten schwefelgelb, bis 8 mm breit. Blütenstiele kürzer als der Kelch.

Früchte aufrechte, glatte, graue Schoten mit stumpfen Kanten.

Blätter ungeteilt, buchtig ausgerandet, nicht stengelumfassend, an der Spitze zurückgebogen.

Pflanze 15 bis 60 cm hoch. Zweijährig oder mehrjährig.

Blütezeit: April bis Juli.

Verbreitung: trockene Hänge, Wegränder, auf Kalk. Selten, zerstreut im Südwesten der BRD, in Nordbayern und Thüringen.

Abb. 29. Bleicher Schöterich –
Erysimum crepidifolium.

Abb. 30. Hederich – *Raphanus raphanistrum.*

95

Giftige Inhaltsstoffe

Bezeichnung: etwa 20 herzwirksame Glycoside vom Cardenolidtyp mit Helveticosid (Erysimin = Strophanthidin-digitoxosid) als Hauptglycosid.

Vorkommen: bis zu 3,5 % Herzglycoside in den Samen.

Wirkung: Vergiftungen sind beim Menschen nicht zu erwarten. − Bei Tieren sind neben Kaninchen besonders Gänse gefährdet: Zittern, Krämpfe, Herzversagen.

LD_{min}: Kaninchen (i. v.) 280 µg Erysimin / kg KM. LD_{50}: Katze (i. v.) 5,2 µg / kg KM.

Behandlung der Vergiftung: symptomatisch.

Verwendung der Pflanze: in einigen Ländern die Herzglycoside als Arzneimittel.

T + + **Hederich** − *Raphanus raphanistrum* L. (Abb. 30)
Ackerrettich

Erkennungsmerkmale

Blüten hellgelb oder weiß mit violetten Adern. Kelchblätter aufrecht.
Früchte Schoten, zwischen den Samen perlschnurartig eingeschnürt.
Blätter gestielt, untere leierförmig, obere lanzettlich.
Stengel wie die Blätter im unteren Teil steifhaarig.
Pflanze aufrecht, 30 bis 60 cm hoch. Einjährig.
Blütezeit: Juni bis Oktober.

Verbreitung: kalkarme Äcker, Schutt. Gemein.

Giftige Inhaltsstoffe

Bezeichnung: Senfölglycoside Sinalbin und Raphanisterin. Thiocyanat.

Vorkommen: Glycoside vorwiegend in den Samen. Thiocyanat in der grünen Pflanze.

Wirkung: keine Vergiftungen beim Menschen. − Da kein Anbau von Hederich als Futterpflanze, bei Tieren nur durch starke Verunkrautung anderer Futterpflanzen mit Hederich Schäden möglich. Symptome s. Weißer Senf.

Behandlung der Vergiftung: symptomatisch.

T + + **Weißer Senf** − *Sinapis alba* L. (Abb. 31)

Erkennungsmerkmale

Blüten hellgelb, in Doldentrauben. Blumenkrone doppelt so lang wie der Kelch. Kelchblätter abstehend.

Früchte borstige Schoten mit 5nervigen Klappen. Frucht so lang oder kürzer als der 2schneidige Schnabel. Samen kugelig, 2 bis 3 mm breit, braun oder weißlich gelb.
Blätter gestielt, fiederspaltig, grob buchtig gezähnt.
Stengel aufrecht, ästig, kantig gefurcht. Gesamte Pflanze steifhaarig.
Pflanze 30 bis 60 cm hoch. Einjährig.
Blütezeit: Juni bis Juli.

Abb. 31. Weißer Senf − *Sinapis alba.*
Blatt und Frucht.

Verbreitung: Kulturpflanze, selten auf Schuttplätzen.

Giftige Inhaltsstoffe
Bezeichnung: Senfölglycosid Sinalbin (nach Enzymeinwirkung p-Hydroxybenzylsenföl, das leicht in Rhodanwasserstoffsäure und p-Hydroxybenzylalkohol übergeht.
Vorkommen: Sinalbin in Samen (2,5 %; daher besondere Gefahr durch Senfextraktionsschrot). Überhaupt starker Senfölglycosidanstieg in der gesamten Pflanze bei der Samenbildung, daher gefahrlose Verfütterung als Grünfutter bis zur Blüte.
Wirkung: beim Menschen kaum Vergiftungen. − Unter den Tieren erkranken vorwiegend Wiederkäuer mit Entzündung der Verdauungswege und Nieren, Durchfall, Hautausschlag. In schweren Fällen plötzlicher Tod.

Behandlung der Vergiftung: symptomatisch. Möglichst keine Verfütterung feuchter Extraktionsschrote.

Verwendung der Pflanze: infolge milderer Wirkung im Vergleich zu Samen des Schwarzen Senfs auch innere Anwendung, z. B. gegen

Harnwegsinfektionen. Speisesenf, Gewürz. Senföle in grünen Pflanzen und geringe Mengen des mit dem Futter verabreichten Extraktionsschrotes wirken verdauungsfördernd. Industrielle Öle.

T+ + **Acker-Senf** − *Sinapis arvensis* L. (Abb. 32)
Wilder Senf

Erkennungsmerkmale

Blüten gelb, in Doldentrauben. Kelchblätter waagerecht abstehend.

Früchte kahle oder kurzborstige Schoten mit 3nervigen Klappen, so lang oder länger als der Schnabel. Samen rotbraun-schwarz, kugelig, fast glatt, 1 bis 2 mm breit.

Blätter borstig behaart, obere ungeteilt, untere leierförmig fiederspaltig.

Stengel aufrecht, meist ästig, gefurcht, grasgrün, unbereift.

Pflanze 30 bis 60 cm hoch. Einjährig.

Blütezeit: Juni bis Oktober.

Verbreitung: Äcker, Schutt, Grasplätze. Gemein.

Abb. 32. Acker-Senf −
Sinapis arvensis.

Giftige Inhaltsstoffe
Bezeichnung: Senfölglycosid Sinigrin, Thiocyanat.
Vorkommen: Sinigrin in Samen (ca. 1%), Thiocyanat in grüner Pflanze.
Wirkung: beim Menschen keine Vergiftungen. − Vereinzelt bei Pferden, Rindern und Schafen nach Verfütterung grüner Pflanzen die vom Schwarzen Senf bekannten Symptome. Auch Heu mit hohem Anteil an Acker-Senf kann giftig wirken.

Behandlung der Vergiftung: symptomatisch.

4.15. Buchsbaumgewächse − *Buxaceae*

+ + **Gemeiner Buchsbaum** − *Buxus sempervirens* L. (Abb. 33)

Erkennungsmerkmale
Blüten gelblichweiß, ährig, geknäult in den Blattwinkeln. Klein. Eine endständige weibliche Blüte zwischen den männlichen.
Früchte 3hörnige Kapseln.
Blätter gegenständig, oval, ledrig, immergrün.
Pflanze 30 bis 400 cm hoher Strauch oder Baum.
Blütezeit: März bis April.

Verbreitung: wärmeliebender Laubwald. Kalkhold. Selten, nur Südwesten der BRD. Häufiger Zierstrauch.

Giftige Inhaltsstoffe
Bezeichnung: Alkaloidgemisch (Pregnanreihe innerhalb der Steroid-

Abb. 33. Gemeiner Buchsbaum −
Buxus sempervirens.
Zweig mit Früchten und Zweig mit Blütenknospen.

gruppe) mit dem Hauptalkaloid Buxin und Nebenalkaloiden wie Buxanin, Buxatin, Buxandrin u. a.
Vorkommen: vorwiegend in Blättern und Rinde.
Wirkung: vereinzelt bei Kindern Vergiftungen durch Blätter als Durchfall, Erbrechen, Krämpfe und Lähmung des Zentralnervensystems. – Bei Tieren Todesfälle bei Jungrindern [131]; bei Schweinen nach Aufnahme bis zu 500 g Zweigen.
LD: Pferd (o.) 750 g Blätter, Hund (o.) 0,8 g Buxin.

Behandlung der Vergiftung: sofortiges Erbrechen, anschließend Aktivkohle und Laxans. Nach stationärer Aufnahme Magenspülung und evtl. weitere symptomatische Therapie.

4.16. Johannisbrotgewächse – *Caesalpiniaceae*

++ **Christusdorn** – *Gleditsia triacanthos* L.
Gleditschie

Erkennungsmerkmale
Blüten unscheinbar, grünlich, in 4 bis 5 cm langen Trauben.
Früchte flache Hülsen, bis 40 cm lang, 3 cm breit. Samen linsenförmig.
Blätter meist einfach gefiedert, bis 90 cm lang, wechselständig.
Zweige mit büschelig angeordneten, glänzend rotbraunen Dornen.
Pflanze 20 bis 40 m hoch werdender Baum.
Blütezeit: Juni bis Juli.

Verbreitung: Zierbaum, in Parks. Heimat Nordamerika, in Europa seit 1700.

Giftige Inhaltsstoffe
Bezeichnung: Alkaloid Triaxanthin.
Vorkommen: in Blättern (0,5 %) und Samen.
Wirkung: beim Menschen durch Samenaufnahme Gastroenteritis und kardiale Komplikationen. – Keine Vergiftungen bei Tieren.
LD_{50}: Maus (i. p.) 147 mg Triaxanthin / kg KM.

Behandlung der Vergiftung: bis zu etwa 5 Samen reichlich Flüssigkeit und Aktivkohle. Nach 5 bis 10 Samen Erbrechen auslösen, anschließend Flüssigkeit und Aktivkohle. Über 10 Samen stationäre Einweisung: Magenspülung und gegebenenfalls symptomatische Therapie.

Verwendung der Pflanze: Husten- und Schmerzmittel in der Volksmedizin einiger asiatischer Länder.

4.17. Hanfgewächse – *Cannabaceae*

+ + + **Hanf** – *Cannabis sativa* L.
Europäische Varietät: *C. sativa* var. *sativa.*
Tropische Varietät: *C. sativa* var. *indica.* Übergänge bekannt.

Erkennungsmerkmale
Blüten grünlich, in Rispen. Pflanze zweihäusig.
Früchte hellgraue Nußfrüchte, 3,5 bis 5 mm lang, 2,4 bis 4 mm breit.
Blätter lang gestielt, gefingert, mit schmalen, gesägten Blättchen.
Pflanze 1 bis 2 m hoch. Einjährig.
Blütezeit: Juli bis August.

Verbreitung: Kulturpflanze, verwildert. Heimat Asien.

Giftige Inhaltsstoffe
Bezeichnung: Hauptinhaltsstoffe Cannabinoide (Grundkörper sind gemischte Polyketide): etwa 30 Substanzen, wie Δ 9-Tetrahydrocannabi-
nol (THC), Cannabidiol, Cannabinol und untoxische Cannabidiolsäure.
Vorkommen: Cannabinoide vorwiegend in den weiblichen Blüten.

Haschisch (2 bis 8 % THC) besteht vorwiegend aus dem Harz der Drüsenhaare
der weiblichen Blüten, Marihuana (0,5 bis 2,0 % THC) vorwiegend aus den zer-
kleinerten, getrockneten Blütenblättern. Cannabidiolsäure vorwiegend in der
mitteleuropäischen Varietät. Beträchtliche Unterschiede im Gehalt an Cannabinoiden in Abhängigkeit von den Hanfsorten und der Verbreitung der Pflanze;
so enthalten Pflanzen in Indien, die in über 2 000 m Höhe wachsen 1,33 und
solche unter 2 000 m 2,74 % Cannabinoide (Temperaturabhängigkeit!) [205].
Mitteleuropäische Varietät: frei von o. g. toxischen Cannabinoiden. Tropische
Varietät: „Grüner Türke", „Roter Libanes" = „milde Sorten"; „Dunkelbrauner
Pakistani", „Schwarzer Afghan" = „starke" Sorten.

Wirkung: Die Cannbidiolsäure der mitteleuropäischen Varietät kann
nicht ohne weiteres – auch nicht durch Rauchen – in THC umge-
wandelt werden. Haschisch und Marihuana werden vom Menschen
rein aus Spezialpfeifen oder mit Tabak gemischt als Zigarette (Joint)
geraucht. THC wirkt euphorisierend, halluzinogen und erzeugt Wahn-
vorstellungen. Die anderen Cannabinoide besitzen geringere psycho-
aktive Wirksamkeit.

Toxikologische Bedeutung als Rauschdroge besitzen auch die giftigen Inhaltsstoffe der Kokapflanze, *Erythroxylon coca*: Cocain u. a. Nach Injektionen, durch
Cocainschnupfen sowie chronischen Mißbrauch entstehen ebenfalls Erscheinungen der Sucht.

THC-Dosen (Mensch: Aufnahme durch Rauchen): bei 2 mg Wirkungseintritt, bei 15 mg Halluzinationen und bei 20 mg Dysphorie (ähnliche Wirkung wie LSD). Mit einer Marihuana-Zigarette werden etwa 5 mg THC aufgenommen. Bei Marihuana-Aufnahme als Tee etwa ein Drittel der Wirksamkeit.

LD_{50}: Ratte (i.v.) 29 mg, (i.p.) 660 mg und (o.) 1 910 mg Δ 9-THC je kg KM. Ratte (o.) 3 300 mg Marihuana-Extrakt / kg KM.

Behandlung der Vergiftung: in Anbetracht der Schwere der Vergiftung spezielle stationäre Behandlung.

Verwendung der Pflanze: Droge selten als Sedativum genutzt.

4.18. Geißblattgewächse − *Caprifoliaceae*

+ + **Wald-Geißblatt** − *Lonicera periclymenum* L. (Tafel XV a)
Deutsches Geißblatt

Erkennungsmerkmale
Blüten gelblich-weiß, 2lippig, doldig-kopfig an den Zweigenden.
Früchte rote, runde Beeren, gehäuft.
Blätter gegenständig, kurz gestielt, nicht miteinander verwachsen. Elliptisch, dünn, unterseits behaart.
Pflanze bis 5 m hoher Strauch, rechtswindend, klimmend.
Blütezeit: Juni bis August.

Verbreitung: lichte Nadelholzwälder, Gebüsche. Kalkmeidend. Verbreitet, in den Alpen fehlend.

Giftige Inhaltsstoffe
Bezeichnung: Bitterstoff Xylostein, Spuren von Alkaloiden.
Vorkommen: vorwiegend in Beeren und Blättern.
Wirkung: bei Kindern durch gern gegessene rote Beeren Durchfall und Erbrechen, im Extrem (mehr als 30 Beeren) zentralnervöse und kardiale Komplikationen. − Bei Tieren experimentelle Vergiftungen erst nach 25 g Trockensubstanz (aus frischen Früchten) / kg Kaninchen.

Behandlung der Vergiftung: Bis zu etwa 10 Beeren reichen Aktivkohle und Abführmittel aus; darüber Erbrechen. Bei mehr als ca. 20 Beeren stationäre Einweisung mit Magenspülung und symptomatischer Therapie.

+ + **Tatarische Heckenkirsche** − *Lonicera tatarica* L.

Erkennungsmerkmale
Blüten rot-weiß, 2lippig, zu 2 in den Blattachseln. Blütenstiel kahl, so lang oder wenig länger als die Blüten.

Früchte gelbe oder scharlachrote Beeren, paarweise, glasig, 5 bis 7 mm breit.
Blätter herzeiförmig, gegenständig, kahl.
Pflanze 1 bis 3 m hoher Strauch.
Blütezeit: Mai bis Juni.

Verbreitung: Zierstrauch, auch häufig an Spielplätzen.

Giftige Inhaltsstoffe und **Behandlung der Vergiftung**: s. Wald-Geißblatt. Ältere Literaturangabe über Massenerkrankung bei Schulkindern nach gemeinsamer Beerenaufnahme.

++ **Rote Heckenkirsche** − *Lonicera xylosteum* L. (Tafel XVb)

Erkennungsmerkmale ähnlich der vorigen Art (Tatarische Heckenkirsche), jedoch:
Blüten gelblich-weiß.
Früchte stets rot.
Blätter elliptisch, beiderseits weichhaarig.

Verbreitung: Zierstrauch, auch an Spielplätzen.

Giftige Inhaltsstoffe
Bezeichnung: Monoterpen-Alkaloid.
Vorkommen: vorwiegend in Beeren und Blättern.
Wirkung: keine Berichte über Todesfälle in der neueren Literatur; sonst s. Wald-Geißblatt.

Behandlung der Vergiftung: s. Wald-Geißblatt.

++ **Zwerg-Holunder** − *Sambucus ebulus* L. (Tafel XXIVa)
Attich

Erkennungsmerkmale
Blüten rötlich-weiß, radförmig, in flachen Trugdolden. Staubbeutel zuerst rot, dann schwarz.
Früchte beerenartige, schwarze, glänzende Steinfrüchte.
Blätter kreuzgegenständig, mit 3 bis 4 unpaarigen Fiedern und je 2 großen, gesägten Nebenblättern.
Stengel aufrecht, krautig, oben verzweigt.
Pflanze 60 bis 180 cm hoch. Ausdauernd.
Blütezeit: Juni bis Juli.

Verbreitung: sonnige Waldränder, Gebüsche. Im Süden zerstreut, sonst selten.

Giftige Inhaltsstoffe
Bezeichnung: harzartige Stoffe.

Vorkommen: in unreifen und reifen Beeren (Samen).
Wirkung: besonders bei Kindern nach Beerenaufnahme starker Brechreiz und schwerer Durchfall, zentralnervöse Störungen. — Beim Tier
selten Vergiftungen.

Behandlung der Vergiftung: sofort Aktivkohle und Laxans. Erbrechen
günstig. Nach stationärer Aufnahme Magenspülung und symptomatische Therapie.

+ **Schwarzer Holunder** — *Sambucus nigra* L.

Erkennungsmerkmale
Blüten weiß, radförmig, in großen Trugdolden. Staubbeutel gelb.
Früchte schwarze, beerenartige Steinfrüchte mit rotem Saft, 4 bis 6 mm
breit.
Blätter unpaarig gefiedert, 3 bis 7 Paar zugespitzte Blättchen mit gesäg-
tem Rand. Endblättchen größer als die seitlichen.
Zweige mit weißem Mark.
Pflanze 3 bis 7 m hoch werdender Strauch.
Blütezeit: Juni bis Juli.

Verbreitung: Wälder, Gebüsche, Zäune. Gemein.

Giftige Inhaltsstoffe
Bezeichnung: nicht eindeutig.
Vorkommen: in frischen Blättern, frischer Rinde und unreifen Beeren.
Reife, schwarze Beeren stets ungiftig!
Wirkung: bei Kindern nach vielen unreifen Beeren möglich: Erbrechen
und starker Durchfall. — Gleiche Symptome bei Tieren.

Behandlung der Vergiftung: Aktivkohle dürfte meistens ausreichen.

Verwendung der Pflanze: Blüten und reife Beeren als Tee gegen Er-
kältungskrankheiten. Auch in harntreibenden Tees enthalten.

+ **Traubige Schneebeere** — *Symphoricarpus rivularis* Suksd.
(Tafel XXVIa)

Erkennungsmerkmale
Blüten rosenrot-weiß, klein, glockig, 5zähnig, einzeln oder ährig.
Früchte weiße, bis 15 mm breite, kugelige Beeren mit großzelligem
Fleisch („Knallerbsen").
Blätter gegenständig, kurz gestielt, elliptisch, stumpf, ganzrandig, an
üppigen Sprossen gezähnt oder buchtig gelappt.
Pflanze 1 bis 2 m hoher Strauch.

Blütezeit: Juni bis August.
Verbreitung: Gebüsche, Hecken. Zerstreut. Häufiger Zierstrauch.

Giftige Inhaltsstoffe
Bezeichnung: Gruppe von Triterpenen [333].
Vorkommen: vorwiegend in Früchten und Wurzeln.
Wirkung: bei Kindern 3 bis 5 Beeren meist symptomlos, erst nach Aufnahme größerer Mengen Leibschmerzen, Erbrechen und Durchfall.
LD_{50}: Maus (i. p.) 4,92 g Petroletherextrakt reifer Beeren [260].
LD_{50}: Maus (o.) 435 g wäßriger Extrakt reifer Beeren.

Behandlung der Vergiftung: meistens reichlich Flüssigkeit und Aktivkohle ausreichend, nach größeren Mengen Erbrechen auslösen.

+ + **Wolliger Schneeball** − *Viburnum lantana* L. (Tafel XXVIII a)

Erkennungsmerkmale
Blüten klein, weiß, in gewölbten Trugdolden. Alle Blüten gleich.
Früchte zuerst rot, dann schwarz, eiförmig, etwas flach. Steinbeeren.
Blätter gegenständig, dicklich, breit elliptisch. Blattrand gekerbt-gezähnt. Blätter oberseits dunkelgrün, etwas runzlig, unterseits graufilzig.
Pflanze 2 bis 4 m hoher Strauch.
Blütezeit: Mai bis Juni.

Verbreitung: lichte Bergwälder. Kalkliebend. Im Süden der BRD und in den Mittelgebirgen zerstreut, im Norden fehlend. Zierstrauch.

Giftige Inhaltsstoffe und weitere Angaben s. Gemeiner Schneeball.

+ + **Gemeiner Schneeball** − *Viburnum opulus* L. (Tafel XXVIII b)
Wasser-Schneeball

Erkennungsmerkmale
Blüten weiß, in Trugdolden. Innere glockig, fruchtbar, äußere radförmig, sehr groß, unfruchtbar.
Früchte rote Beeren, 1samig, erbsengroß, abgeflacht.
Blätter gegenständig, 3- bis 5lappig, beiderseits grün.
Pflanze 1,5 bis 3 m hoher Strauch, selten Baum.
Blütezeit: Mai bis Juni.

Verbreitung: feuchte Gebüsche, Ufer. Verbreitet. Zierstrauch.

Giftige Inhaltsstoffe
Bezeichnung: verschiedene Diterpene (Viburnin).
Vorkommen: besonders in Beeren.

Wirkung: Beeren führen besonders bei Kindern zu Magen-Darm-Entzündungen und starkem Durchfall. In neuerer Literatur keine Angaben zu Todesfällen. − Bei Tieren Vergiftungen unbekannt.

Behandlung der Vergiftung: Gabe von Aktivkohle und Abführmitteln. Bei mehr als 5 Früchten Erbrechen und anschließend Aktivkohle und reichlich Flüssigkeit. Bei größeren Mengen stationäre Beobachtung, evtl. Magenspülung.

4.19. Nelkengewächse − *Caryophyllaceae*

Kräuter mit knotigen Stengeln und kreuzgegenständigen Blättern.

+ + **Korn-Rade** − *Agrostemma githago* L. (Abb. 34)

Erkennungsmerkmale
Blüten purpurrot mit dunklen Adern, 3 bis 4 cm breit. Kelchzipfel laubblattartig, die Blumenkronblätter weit überragend.
Früchte Kapseln mit nierenförmigen, schwarzen, warzigen Samen.
Blätter linealisch, spitz, anliegend grau zottig behaart.
Stengel aufrecht, oben gabelspaltig, ästig.
Pflanze 30 bis 100 cm hoch. Einjährig-überwinternd.
Blütezeit: Juni bis Juli.

Verbreitung: vorwiegend im Wintergetreide. Früher verbreitet, heute selten.

Giftige Inhaltsstoffe
Bezeichnung: Hauptwirkstoff Steroidsaponin Githaginglycosid vom Spirostantyp.
Vorkommen: vorwiegend in reifen Samen (5 bis 7 %) und trockenen Wurzeln.
Wirkung: beim Menschen früher Vergiftungen durch Mehl, das aus Radesamen enthaltendem Getreide gemahlen wurde. Durch intensive Saatgutreinigung heute in Mitteleuropa keine Gefahr mehr. − Von den Tieren können Pferde, Schweine, Rinder und Kaninchen durch Saponine erkranken. Geflügel ist widerstandsfähiger. Symptome: Brennen im Maul, Brechreiz, Entzündungen der Verdauungsorgane, Kolik, Durchfall, Auflösen der roten Blutkörperchen (Hämolyse), Lähmungen im Zentralnervensystem, in schweren Fällen Tod durch Atemlähmung.
TD: Mensch (o.) etwa 5 g Samen.

Abb. 34. Korn-Rade –
Agrostemma githago.
Blühender Stengel und Samen.

Behandlung der Vergiftung: Erbrechen, anschließend Aktivkohle und Laxans. Bei stationärer Aufnahme symptomatische Therapie.

+ **Echtes Seifenkraut** – *Saponaria officinalis* L. (Abb. 35)

Erkennungsmerkmale
Blüten weiß-rosa, büschelig gehäuft, 5 Blumenkronblätter mit kleiner Nebenkrone. Kelch blaßgrün, verwachsen. Blüten ca. 3 cm breit.
Früchte Kapseln mit 4 Zähnen. Samen schwarzbraun, nierenförmig bis kugelig.
Blätter lanzettlich, spitz, in einen kurzen Stiel verschmälert, 3nervig.
Pflanze aufrecht, 30 bis 70 cm hoch. Ausdauernd.
Blütezeit: Juli bis September.

Verbreitung: Zäune, Bahndämme, feuchte Ruderalstellen. Zerstreut, in den Alpen fehlend.

Abb. 35. Echtes Seifenkraut –
Saponaria officinalis.

Giftige Inhaltsstoffe

Bezeichnung: Triterpensaponine und andere Saponine mit vorwiegend Gypsogenin und Gypsogensäure als Aglyca.

Vorkommen: Saponine (5 %) vorwiegend in den Wurzelstöcken vor Blühbeginn.

Wirkung: Ernste Vergiftungen beim Menschen sind selten. Da nur geringe Saponinmengen vom Darm aufgenommen werden, schwache Magen-Darm-Reizungen und Auflösung weniger roter Blutkörperchen. – Auch beim Tier nur geringgradige Vergiftungen.

Behandlung der Vergiftung: Aktivkohle dürfte in den meisten Fällen ausreichend sein.

Verwendung der Pflanze: selten als Expektorans und Diuretikum. Früher die roten Wurzeln als Waschmittel (Saponine schäumen stark).

4.20. Spindelbaumgewächse − *Celastraceae*

++ **Europäisches Pfaffenhütchen** − *Euonymus europaea* L.
(Tafel IXa) Gemeiner Spindelbaum

Erkennungsmerkmale
Blüten grünlich, 4zählig, in wenigblütigen Trugdolden.
Früchte 4teilige, rote Kapseln mit orangefarben umhüllten Samen.
Blätter gegenständig, elliptisch, mit fein gesägtem Blattrand.
Zweige 4kantig, grün, ältere Zweige grau.
Pflanze 1,5 bis 3 m hoher Strauch.
Blütezeit: Mai bis Juni.

Verbreitung: Waldränder, Hecken, Gebüsche. Verbreitet. Zierstrauch, auch an Spielplätzen.

Giftige Inhaltsstoffe
Bezeichnung: herzwirksame Glycoside Evonosid, Evobiosid und Evomonosid mit Digitoxigenin als Aglycon; Alkaloid Evonin.
Vorkommen: Glycoside in Samen, Blättern (höchster Gehalt im Sommer) und Rinde. Alkaloid nur in Samen.
Wirkung: besonders bei Kindern durch Früchte Vergiftungsfälle. An der Giftwirkung vorwiegend die Herzglycoside (mit Fingerhut-Wirkung) beteiligt: Erbrechen, Durchfall. Nach mehr als ca. 10 Früchten zusätzlich Herz-Kreislauf-Beschwerden. − Selten Vergiftungen bei Pferd, Schaf und Ziege.
LD: Mensch (o.) ca. 35 bis 40 Früchte.

Behandlung der Vergiftung: auf jeden Fall Aktivkohle und Abführmittel. Ab etwa 3 bis 5 Früchte Erbrechen, anschließend Aktivkohle, Laxans. Nach größeren Mengen (ca. 8 bis 10 Früchte) stationäre Aufnahme: Magenspülung, symptomatische Behandlung.

Verwendung der Pflanze: Phythämagglutinine mit blutgruppenspezifischen Eigenschaften.

4.21. Gänsefußgewächse − *Chenopodiaceae*

Spinat − *Spinacia oleracea* L.
+++ (nur im Ausnahmefall)

Erkennungsmerkmale
Blüten in Knäueln, weibliche Knäuel blattachselständig, männliche in unbeblätterten Scheinähren.

Blätter lang gestielt, pfeilförmig oder länglich eiförmig.
Pflanze 30 bis 40 cm hoch. Einjährig.
Blütezeit: Juni bis September.

Verbreitung: Kulturpflanze.

Giftige Inhaltsstoffe
Bezeichnung: Nitrat, Oxalsäure, Saponine (Spinasaponin A und B).
Vorkommen: Nitrat (0,5 bis 3 %) und Oxalsäure (bis zu 0,3 % der Trockensubstanz) in den Blättern; Saponine vorwiegend in der Wurzel.
Wirkung: Infolge hoher Stickstoffdüngung und anderer Faktoren (s. Comfrey, S. 89) können Spinatkonserven, besonders nach mehrmaligem Aufwärmen, bei Kleinkindern zu schweren Erkrankungen führen. Nitrat bzw. das daraus entstehende Nitrit bildet aus Hämoglobin das Methämoglobin, das keinen Sauerstoff mehr transportieren kann. Verschiedengradige tetanische Krämpfe können besonders bei Kleinkindern zum Tode führen (Nitratzyanose). Zum Ansetzen der Spinatnahrung verwendetes stark nitrat- und / oder nitrithaltiges Brunnenwasser kann die Vergiftungssymptome verstärken.

Überhöhte Nitrat-Nitrit-Gehalte in weiteren Gemüsearten (z.B. Kohl [247], Salat, Tomaten), Fleisch- und Wurstwaren, Fisch und Käse [135, 198].
Probleme für die menschliche Gesundheit durch Nitrosaminbildung aus Nahrungsnitrit sowie sekundären und tertiären Aminen (im Tierversuch Entstehung verschiedener Krebsarten) [216]. Mögliche Beziehungen von Nitrat (Wasser, Gemüse)-Nitrosamin zu Magen- und zu Leberkrebs (Mensch): [245].
Bildung von Nitrosaminen aus Nitrit und Arzneimitteln: [173, 120, 151]. Gehalte von Nitrosaminen in Fleischprodukten: [300]; Wasser [270]; Braugerste [209], Bierarten [296], biologischem Material wie Blut [258, 271] und Magensaft [289]. Selbst in Innenräumen neuer Kraftfahrzeuge wurden geringe Nitrosaminkonzentrationen gemessen [294]. Zusammenfassungen zu Nitrosoverbindungen in Nahrung und Umwelt: [168], in Beziehung zum Krebs: [66].

− Vergiftungen beim Tier höchsten nach Aufnahme großer Spinatmengen.
LD: Mensch (o.) 15 g Natriumnitrat bzw. 4 g Natriumnitrit.
Toxizität von Dimethyl- und Diethylnitrosamin 1 bis 10 ppm (gemessen als reduziertes Wachstum bei der Blaualge *Anabaena flos-aquae* [161]).

Behandlung der Vergiftung: Da Spinat nur unter den o. g. seltenen Bedingungen zur Nitratcyanose führt, ist eine stationäre Behandlung erforderlich (z.B. Coloxyd = Methylthioninderivat).

Verwendung der Pflanze: unter Berücksichtigung o. g. Kriterien verbreitete Gemüsepflanze.

4.22. Gerberstrauchgewächse − *Coriariaceae*

++ **Gerberstrauch** − *Coriaria myrtifolia* L.

Erkennungsmerkmale
Blüten grünlich, klein.
Früchte Sammelfrucht mit beerenartigem Aussehen durch fleischige Verdickung der Blumenkronblätter, die sich zwischen die radiär angeordneten Fruchtblätter drängen.

Verbreitung: Südwesteuropa, Mittelmeergebiet, Westafrika.

Giftige Inhaltsstoffe
Bezeichnung: Alkaloid Coriarin und stickstoffreicher Bitterstoff Coriamyrtin.
Vorkommen: im Wurzelstock, aber auch in Beeren und Blättern.
Wirkung: Vergiftungen besonders bei Kindern durch Verwechslung der Beeren mit Maul- und Brombeeren. Tetanische Krämpfe vorwiegend durch das picrotoxinartig wirkende Coriamyrtin.
LD_{min}: Ratte (i. v.) 700µg, Maus (i. v.) 1 mg Coriamyrtin / kg KM.

Behandlung der Vergiftung: nach Gabe von reichlich Flüssigkeit sofortiges Erbrechen, anschließend Aktivkohle. Stationäre Einweisung: Magenspülung nach mehr als ca. 8 Beeren, evtl. weitere symptomatische Therapie.

4.23. Hartriegelgewächse − *Cornaceae*

+ **Weißer Hartriegel** − *Cornus alba* L. (Tafel VI a)

Erkennungsmerkmale
Blüten weiß, in Schirmrispen.
Früchte weiße oder hellblaue, kugelige Steinfrüchte, erbsengroß.
Blätter gegenständig, unterseits graugrün, mit 5 bis 7 Nervenpaaren.
Pflanze 1 bis 3 m hoher Strauch.
Blütezeit: Juni bis Juli.

Verbreitung: Zierstrauch. Häufig an Spielplätzen.

Giftige Inhaltsstoffe
Bezeichnung: Monoterpen (Iridoid) Cornin.
Vorkommen: vorwiegend in Blättern und Früchten.
Wirkung: besonders bei Kindern durch viele Früchte Gastroenteritis. − Bei Tieren Vergiftungen unbekannt.

Behandlung der Vergiftung: bis zu etwa 10 Früchten reichlich Flüssigkeit und Aktivkohle. Nach größeren Mengen Erbrechen auslösen. Weitere medizinische Maßnahmen dürften kaum erforderlich werden.

+ **Blutroter Hartriegel** − *Cornus sanguinea* L. (Tafel VIb)

Erkennungsmerkmale
Blüten weiß, in Schirmrispen.
Früchte blauschwarz, erbsengroße Steinfrüchte.
Blätter gegenständig, beiderseits grün, mit 3 bis 4 Nervenpaaren, im Herbst rot.
Zweige einseitig rot.
Pflanze 2 bis 5 m hoher Strauch.
Blütezeit: Mai bis Juni.

Verbreitung: Gebüsche, Laubwälder. Verbreitet, im Norden zerstreut.

Giftige Inhaltsstoffe
Bezeichnung: Monoterpen (Iridoid) Cornin.
Vorkommen: vorwiegend in Blättern und Früchten.
Wirkung: bei empfindlichen Personen Hautrötung nach Berühren der Blätter. Angeblich schwere Vergiftungen dürften auf Verwechslung mit Früchten des Faulbaums beruhen. Sonst s. Weißer Hartriegel.

Behandlung der Vergiftung: s. Weißer Hartriegel, vorige Art.

4.24. Kürbisgewächse − *Cucurbitaceae*

+ + + **Weiße Zaunrübe** − *Bryonia alba* L. (Abb. 36)

Erkennungsmerkmale
Blüten gelblich-weiß, eingeschlechtig. Männliche Blüten größer, traubig, weibliche kleiner, gebüschelt. Pflanze einhäusig.
Früchte erbsengroße, schwarze Beeren.
Blätter herzförmig, 5lappig, gestielt, rauh.
Stengel klimmend mit schraubigen Ranken.
Wurzel rübenartig, querrunzlig, außen grau, innen weiß, mit Milchsaft, sehr groß.
Pflanze 2 bis 3 m lang. Ausdauernd.
Blütezeit: Juni bis Juli.

Verbreitung: Zäune, Gebüsche, Ruderalstellen. Zerstreut, fehlend in Südbayern und im Nordwesten der BRD.

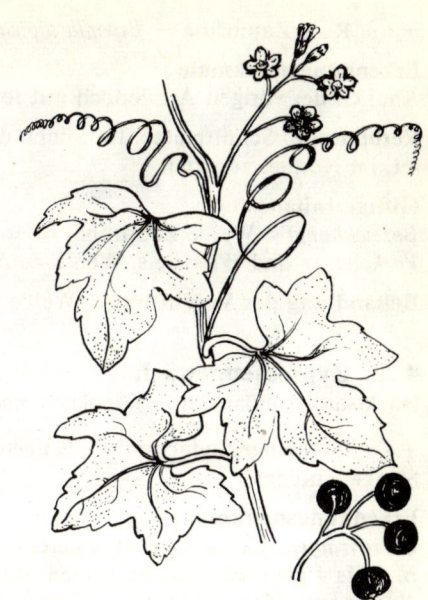

Abb. 36. Weiße Zaunrübe –
Bryonia alba.

Giftige Inhaltsstoffe
Bezeichnung: verschiedene Cucurbitacine, die als Triterpenbitterstoffe meist als Glycoside (Bryonin, Bryonidin) vorliegen.
Vorkommen: in Wurzel, Beeren und Samen.
Wirkung: Nach Berührung sind Hautreaktionen möglich. Besonders bei Kindern nach Beerenaufnahme starke blutige Durchfälle, Krämpfe und Nierenschäden; auch Todesfälle! – Unter den Tieren sind nach Wurzelaufnahme besonders Schweine gefährdet. Getrocknete Wurzel ungiftig.
LD: Mensch (o.) 50 Beeren (Vergiftungserscheinungen ab 5 Beeren), Kinder nur 15 Beeren. LD_{50}: Maus (i. p.) 2 µg Cucurbitacin E/kg KM.

Behandlung der Vergiftung: evtl. Hautarzt konsultieren. Sofortiges Erbrechen, anschließend Aktivkohle und Laxans. Stationäre Aufnahme: Magenspülung, symptomatische Therapie (Nierenfunktion).

Verwendung der Pflanze: homöopathische Arzneimittel. Prostaglandinähnliche Wirkung [273].

+ + + **Rote Zaunrübe** − *Bryonia dioica* Jacq. (Tafel III a)

Erkennungsmerkmale
Ähnlich der vorigen Art, jedoch mit roten Beeren. Pflanze 2häusig.

Verbreitung: Schuttplätze. Im Süden der DDR und der BRD verbreitet, im Norden zerstreut.

Giftige Inhaltsstoffe
Bezeichnung: s. Weiße Zaunrübe. Über Strukturen: [212, 213].
Vorkommen und *Wirkung* s. Weiße Zaunrübe.

Behandlung der Vergiftung: s. Weiße Zaunrübe.

4.25. Zypressengewächse − *Cupressaceae*
Nacktsamige Pflanzen − *Gymnospermae*

+ + + **Gemeiner Sadebaum** − *Juniperus sabina* L. (Abb. 37)
Stinkwacholder

Erkennungsmerkmale
Beerenzapfen schwärzlich, blau bereift, überhängend, erbsengroß. Darin 1 bis 4 glänzend braune Samen mit winzigen Höckern.
Nadeln entweder nadelförmig, abstehend, zu 3 in Quirlen oder, wenn schuppenförmig, dann den Zweigen kreuzgegenständig anliegend. Zerrieben mit starkem Geruch.
Pflanze 1 bis 2 m hoher aufrechter oder niederliegender Strauch.
Blütezeit: April bis Mai.

Verbreitung: Hochgebirgspflanze. Selten: Alpen. Ziergehölz.

Giftige Inhaltsstoffe
Bezeichnung: ätherische Öle mit den Hauptbestandteilen Sabinen und Sabinylacetat, daneben Sabinol, Thujon und andere bizyklische Monoterpene. Auch geringe Mengen monozyklischer Monoterpene, z. B. α-Terpinen.
Vorkommen: in den Zweigen und Nadeln [231].
Wirkung: beim Menschen nach Aufnahme von Zweigspitzen Erbrechen, Magen-Darm-Entzündung, blutiger Durchfall und Krämpfe. Zentrale Atemlähmung 10 Stunden bis zu mehreren Tagen nach Vergiftung möglich. Nieren- und Leberschäden. Bei äußerlicher Einwirkung des ätherischen Öls starke Hautentzündungen. − Unter den Tieren sind besonders Wiederkäuer anfällig, während Pferde größere Pflanzenmengen reaktionslos vertragen.
TD_{min}: Mensch (o.) etwa 1 g, LD: Mensch (o.) etwa 10 bis 20 Zweigspitzen.

Abb. 37. Gemeiner Sadebaum –
Juniperus sabina.

Behandlung der Vergiftung: sofortiges Erbrechen, dann reichlich Flüssigkeit mit Aktivkohle und Laxans. Stationäre Einweisung! Nach größeren Mengen Magenspülung; symptomatische Therapie (besonders beachten: Krämpfe und evtl. Atemlähmung).

+ + **Abendländischer Lebensbaum** – *Thuja occidentalis* L.
(Tafel XXVIIb)
Hecken-Thuja

Erkennungsmerkmale
Blüten eingeschlechtig, weibliche als gelbgrüne Sternchen, männliche als endständige Kätzchen.
Zapfen hellbraun, aus stumpfen Schuppen bestehend. Samen geflügelt.
Blätter schuppig, dachziegelig, oberseits dunkelgrün, unterseits mattgrün. Blätter auf der Zweigoberseite mit drüsigem Höcker.
Stamm von unten an mit Ästen.
Äste waagerecht oder schräg gestellt, flach.

Pflanze bis 15 m hoher Baum.
Blütezeit: April bis Mai.

Verbreitung: Zierbaum, oft als Hecke. Heimat Nordamerika.

Giftige Inhaltsstoffe
Bezeichnung: ätherisches Öl aus den bizyklischen Monoterpenen Thujon, α-Pinen, Fenchon, Campher und Sabinen sowie dem monozyklischen Monoterpen Terpineol-4.
Vorkommen: in gesamter Pflanze.
Wirkung: Beim Menschen starke Reizwirkungen auf der Haut beim Verarbeiten von Holz oder nach dem Schneiden von Hecken. Nach oraler Aufnahme Magen-Darm-Entzündungen und Krämpfe. In schweren Fällen Leber- und Nierenschädigungen. – Pferde sind besonders nach Abfressen von Zweigen betroffen.
LD_{min}: Ratte (i. p.) 120 bis 240 mg Thujon / kg KM.

Behandlung der Vergiftung: Konsultation des Hautarztes. Nach oraler Aufnahme reichlich Flüssigkeit mit Aktivkohle und Abführmittel. Nach größeren Mengen stationäre Aufnahme: Magenspülung und evtl. weitere symptomatische Therapie.

+ + **Morgenländischer Lebensbaum** − *Thuja orientalis* L.

Erkennungsmerkmale
Ähnlich wie Abendländischer Lebensbaum, jedoch:
Zapfenschuppen mit zurückgekrümmtem Dorn.
Blätter beiderseits gleich gefärbt, gelblichgrün.
Äste senkrecht gestellt.
Pflanze bis 5 m hoher Baum.

Verbreitung: Ziergehölz. Heimat Nordamerika.

Giftige Inhaltsstoffe und **Behandlung der Vergiftung:** wie vorige Art, Abendländischer Lebensbaum.

4.26. Yamswurzelgewächse − *Dioscoreaceae*
Einkeimblättrige Pflanzen − *Monocotyledonae*

+ **Gemeine Schmerwurz** − *Tamus communis* L. (Abb. 38)

Erkennungsmerkmale
Blüten grünlich, in Trauben. Eingeschlechtig, männliche mit glockiger Röhre, weibliche freiblättrig.
Früchte kugelige, rote Beeren, 3fächrig, 3- bis 5samig.

Blätter herz-pfeilförmig mit runden Lappen. Vielgestaltig.
Pflanze 150 bis 300 cm hoher, windender Strauch mit dickem, unterirdischem Stengel.
Blütezeit: Mai bis Juni.

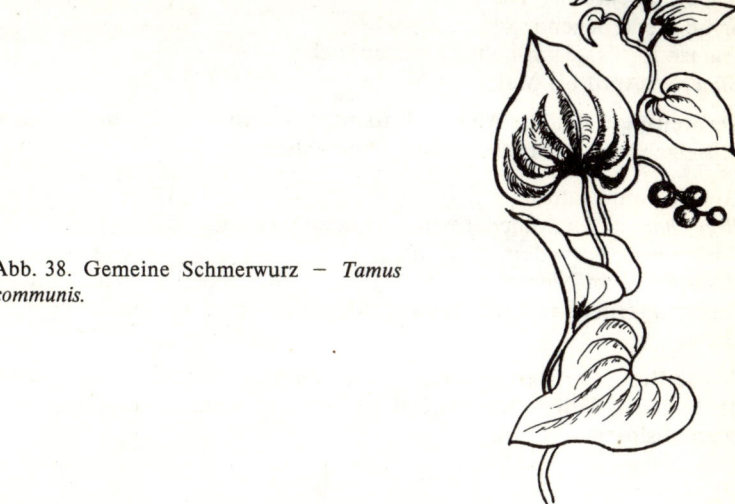

Abb. 38. Gemeine Schmerwurz – *Tamus communis.*

Verbreitung: Gebüsche. Selten, nur im Südwesten der BRD.

Giftige Inhaltsstoffe
Bezeichnung: histaminähnliche Wirkstoffe, Calciumoxalat-Nadeln, Steroidsaponin.
Vorkommen: in der ganzen Pflanze, besonders in den Beeren.
Wirkung: nach Aufnahme von Beeren Erbrechen und Durchfall. Bei empfindlichen Personen nach Berührung der Pflanze schwere Hautreaktionen (Rötung und Blasenbildung).

Behandlung der Vergiftung: bei Dermatitis Hautarzt konsultieren. Nach oraler Aufnahme dürften Aktivkohle mit reichlich Flüssigkeit und Laxans meist ausreichend sein.

4.27. Krähenbeerengewächse – *Empetraceae*

+ Gemeine Krähenbeere – *Empetrum nigrum* L.

Erkennungsmerkmale
Blüten klein, einzeln, männliche rosa, weibliche rot. Pflanze 2häusig.
Früchte schwarze, glänzende Steinfrüchte, spärlich am Sproß.
Blätter nadelförmig, gedrungen.
Sproß niederliegend.
Pflanze 15 bis 45 cm hoher Zwergstrauch.
Blütezeit: April bis Mai.

Verbreitung: Heiden, Moore. Kalkmeidend. Im Norden und in den Mittelgebirgen zerstreut, in den Alpen fehlend.

Giftige Inhaltsstoffe
Bezeichnung: Andromedotoxin (s. Rhododendron, S. 120).
Vorkommen: besonders im Kraut.
Wirkung: beim Menschen durch giftigen Bienenhonig im Extremfall Gastroenteritis und kardiale Komplikationen. – Beim Tier keine Vergiftungen.

Behandlung der Vergiftung: reichlich Flüssigkeit und Aktivkohle in den meisten Fällen ausreichend, evtl. nach größeren Mengen Erbrechen auslösen.

4.28. Heidekrautgewächse – *Ericaceae*

++ Polei-Gränke – *Andromeda polifolia* L. (Abb. 39)
Lavendelheide, Polei-Rosmarinheide

Erkennungsmerkmale
Blüten rötlich-weiß, glockig, eiförmig, lang gestielt, nickend, doldig. Kelch und Blütenstiel rot gefärbt.
Früchte aufrechte Kapseln, braun, trocken, 5fächrig.
Blätter wechselständig, immergrün, kurz gestielt, lederartig, lineal-lanzettlich, ganzrandig, mit eingerolltem Rand.
Stengel holzig, kriechend-aufsteigend, wenigästig.
Pflanze 15 bis 30 cm hoch. Ausdauernd.
Blütezeit: Mai bis August.

Verbreitung: Sümpfe, Moore. Im Süden selten, nur in höheren Lagen, im Norden zerstreut.

Abb. 39. Polei-Gränke — *Andromeda polifolia.*

Giftige Inhaltsstoffe
Bezeichnung: Andromedotoxin (Grayanotoxin I = Diterpen).
Vorkommen: in Blättern und Blüten.
Wirkung: kaum ernsthafte Vergiftungen beim Menschen, evtl. durch Importhonig, s. Rhododendron. — Symptome bei Tieren (Weidevergiftung) s. Rhododendron, aber meist schwächer.

Behandlung der Vergiftung: s. Rhododendron, folgende Art.

Verwendung der Pflanze: wegen lang anhaltender blutdrucksenkender Wirkung in einigen Ländern noch vereinzelt therapeutische Anwendung.

++ **Rhododendron-Arten** (Tafel XXII a)
und sommergrüne Azaleen-Arten. Geschützt in der BRD.

Erkennungsmerkmale
Blüten leuchtend rot, gelb oder weiß. Glockig, 5zipflig, in Doldentrauben.
Blätter wechselständig, ledrig, immergrün, ganzrandig, lang-oval, elliptisch oder lanzettlich.
Pflanze 20 bis 100 cm, Ziersträucharten 30 bis 250 cm hoch.
Blütezeit: Mai bis Juli, einige Arten auch früher oder später.

Verbreitung: wild nur Hochgebirgspflanzen. Mehrere Arten häufige Zierpflanzen.

Giftige Inhaltsstoffe

Bezeichnung: Andromedotoxin (Grayanotoxin I = Diterpen).

Vorkommen: Toxin besonders im Blatt (0,024 % in der Frischsubstanz [210]).

Wirkung: Vergiftungen bei Menschen vorwiegend in Japan, Türkei, Nordamerika [229]. Unter mitteleuropäischen Verhältnissen z. B. durch importierten Honig (Türkei) [188]. Symptome: Brechreiz, Krämpfe, Herzrhythmusstörungen; im Extrem Atemlähmung. – Unter den Tieren sind Schafe und Ziegen besonders anfällig, gefolgt von Rindern und Pferden.

LD: Hund (o.) 0,3 mg Andromedotoxin / kg KM. LD_{50}: Maus (i. p.) 1,28 mg Andromedotoxin / kg KM.

Behandlung der Vergiftung: Erbrechen, anschließend Aktivkohle und Laxans. Stationäre Beobachtung nach größeren Mengen, evtl. Magenspülung und symptomatische Therapie.

4.29. Wolfsmilchgewächse – *Euphorbiaceae*

Einheimische Arten sind Kräuter mit wechselständigen, ungeteilten Blättern. Blüten unscheinbar, einfach, nicht in Kelch und Blumenkrone gegliedert. Von den 20 einheimischen Wolfsmilch-Arten, die fast alle einen weißen, giftigen Milchsaft führen, werden hier nur 2 weitverbreitete Arten beschrieben.

Vertreter warmer Gegenden bedeutungsvoll für die Wirtschaft: Kautschukbaum *(Hevea brasiliensis)*, die Stärke liefernden Manihot-Arten, der Öl liefernde Rizinus. Einige Vertreter mit heftig hautreizenden Harzen.

++ **Zypressen-Wolfsmilch** – *Euphorbis cyparissias* L. (Abb. 40)

Erkennungsmerkmale

Blüten in endständigen, vielstrahligen Trugdolden. Gelbgrün, nach dem Verblühen Hochblätter rot. Scheinblüten mit halbmondförmigen Drüsen.

Früchte fein punktierte Kapseln, rauh, Samen glatt, grau.

Blätter linealisch, etwa 2 mm breit.

Stengel aufrecht, am Grunde mit braunen Blattschuppen.

Pflanze 15 bis 30 cm hoch. Ausdauernd.

Blütezeit: April bis Mai.

Verbreitung: trockene Wegränder, Hügel. Verbreitet, an der Küste selten.

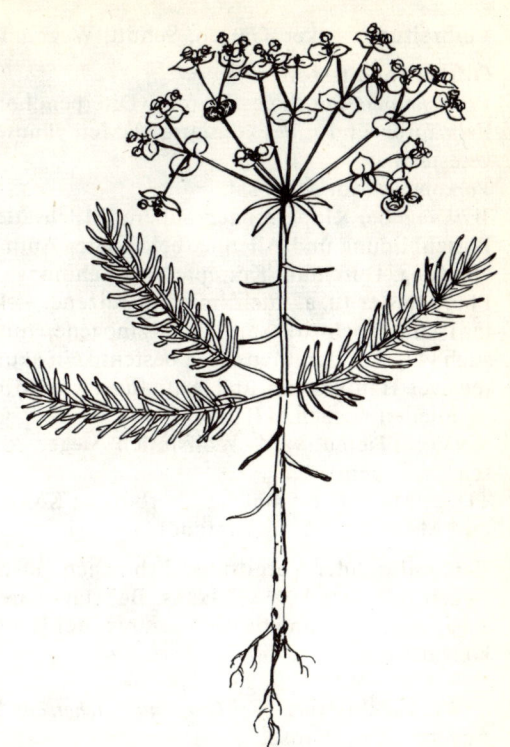

Abb. 40. Zypressen-
Wolfsmilch − *Euphorbia
cyparissias.*

Giftige Inhaltsstoffe und **Behandlung der Vergiftung:** wie Sonnen-
Wolfsmilch, folgende Art.

++ **Sonnen-Wolfsmilch** − *Euphorbia helioscopia* L.

Erkennungsmerkmale
Blüten in 5strahligen, endständigen Trugdolden. Hochblätter des Ge-
samtblütenstandes groß, stumpf, keilig. Scheinblüten mit ovalen Drü-
sen, gelblich.
Früchte Kapseln, 3 mm lang, glatt, mit hellgrauen, eiförmigen Sa-
men.
Blätter keilig, verkehrt eiförmig, vorn gesägt, am Grunde stielartig ver-
schmälert.
Stengel aufsteigend, einzeln oder verästelt, wenig beblättert.
Pflanze 10 bis 40 cm hoch. Einjährig.
Blütezeit: Juni bis September.

121

Verbreitung: Äcker, Gärten, Schutt, Wegränder. Verbreitet.

Giftige Inhaltsstoffe

Bezeichnung: Phorbolester (das Diterpenphorbol ist mit gesättigten Fettsäuren und mit Essigsäure, 2-Methylbuttersäure oder Tiglinsäure verestert).

Vorkommen: im Milchsaft.

Wirkung: bei Kindern nach äußerer Milchsafteinwirkung auf die Haut Blasenbildung und Allergie, bei innerer Aufnahme Magen-Darm-Entzündung, Durchfall, Krämpfe und Lähmung.
Phorbolester (u. a. auch im stark reizend wirkenden Crotonöl enthalten) sind hochwirksame Kokarzinogene, tumorfördernd im Tierversuch [47]. Für den Menschen besteht kein akutes Krebsrisiko, wenn intensiver Hautkontakt und Aufnahme von Milchsaft durch den Mund vermieden werden [47].
− Von Tieren wird Wolfsmilch wegen des unangenehmen Geschmacks gemieden.
TD_{min}: Maus (i. p.) 400 mg Phorbol / kg KM. LD_{min}: Mensch (o.) 5 mg und Maus (i. p.) 1 mg Crotonöl / kg KM.

Behandlung der Vergiftung: Erbrechen, anschließend reichlich Flüssigkeit mit Aktivkohle, Laxans. Bei stationärer Aufnahme Magenspülung, evtl. symptomatische Therapie. Bei Hautentzündungen Hautarzt konsultieren.

+ **Weihnachtsstern** − *Euphorbia pulcherrima* Willd. (Tafel IXb)
Adventsstern, Poinsettie

Erkennungsmerkmale

Blüten in Cyathien am Ende der Äste, umgeben von großen, roten Hochblättern.

Blätter eilanzettlich, mit buchtig gelappten Abschnitten, lang gestielt, wechselständig.

Pflanze 60 bis 120 cm hoch, am Grunde verholzt.

Blütezeit: als Zimmerpflanze ab Dezember.

Verbreitung: Heimat Mexiko, Zentralamerika. Zimmerpflanze.

Giftige Inhaltsstoffe

Bezeichnung: s. Sonnen-Wolfsmilch, S. 121.

Vorkommen: in der gesamten Pflanze, vor allem im Milchsaft.

Wirkung: allergische Reaktionen durch den Milchsaft. Ansonsten − zumindest unsere Zimmerpflanze − geringere toxische Wirkung als Sonnen-Wolfsmilch. Mehrere durch Kinder gegessene Hochblätter wurden reaktionslos vertragen.

Behandlung der Vergiftung: Hautarzt konsultieren. Bei oraler Aufnahme in den meisten Fällen reichlich Flüssigkeit mit Aktivkohle ausreichend, nach großen Mengen Erbrechen auslösen.

T+ + **Schutt-Bingelkraut** − *Mercurialis annua* L.
Einjähriges Bingelkraut

Erkennungsmerkmale
Blüten gelbgrün, eingeschlechtig, männliche in geknäuelten, unterbrochenen Ähren, weibliche kurz gestielt, zu 2 bis 3 in den Blattachseln. Pflanze 2häusig.
Blätter gestielt, eirund-lanzettlich.
Stengel aufrecht, 4kantig, knotig.
Pflanze 20 bis 50 cm hoch. Einjährig.
Blütezeit: Juni bis Oktober.

Verbreitung: Schutt, Zäune, kalkreiche Äcker. Verbreitet, im Norden selten, in den Alpen fehlend.

Giftige Inhaltsstoffe
Bezeichnung: Saponine, geringe Mengen blausäurehaltiger Verbindungen.
Vorkommen: Saponin zu 1 % im Kraut; höchster Gehalt zur Fruchtreife, Abnahme durch Trocknung.
Wirkung: kaum Vergiftungen beim Menschen, − bei Tieren selten. Symptome: Durchfall, Nervenlähmung, Leberschädigung und Schiefhals. Ereignet haben sich solche Fälle bei Schweinen, Pferden und besonders Schafen [242].
LD_{min}: Maus (s. c.) 2,5 g toxischer Substanzen / kg KM.

Behandlung der Vergiftung: symptomatisch.

T+ + **Wald-Bingelkraut** − *Mercurialis perennis* L. (Abb. 41)
Mehrjähriges Bingelkraut

Erkennungsmerkmale
Blüten eingeschlechtig, männliche in Scheinähren, weibliche gestielt in den Blattachseln. Pflanze 2häusig.
Früchte mit kugeligen, 3 mm breiten Samen.
Blätter kurz gestielt, lanzettlich, mit gesägtem Rand.
Stengel rund, unverzweigt, im unteren Teil nur mit Schuppenblättern.
Pflanze 15 bis 40 cm hoch. Ausdauernd.
Blütezeit: April bis Mai.

Abb. 41. Wald-Bingelkraut — *Mercurialis perennis*.

Verbreitung: Laubwälder, Gebüsche. Schattenpflanze, kalkhold. Verbreitet, im Norden selten.

Giftige Inhaltsstoffe und **Behandlung der Vergiftung:** wie vorige Art, Einjähriges Bingelkraut.

+ + + **Rizinus** — *Ricinus communis* L. (Tafel XXIII a)

Erkennungsmerkmale
Blüten, männliche büschelig gehäuft, darüber gestielte weibliche; rispig, endständig, von Seitensprossen überragt.
Früchte Kapseln mit 3 Samen, primitive Formen noch mit fleischigen Stacheln. Samen 1,7 cm lang, oval, marmoriert.
Blätter handförmig geteilt, 5- bis 11lappig, gezähnt, grün bis rötlich, lang gestielt, wechselständig, bis 1 m breit.
Stengel grün bis rötlich, oft blau bereift, verzweigt.
Pflanze in den Tropen bis 10 m hoch, baumförmig. In Mitteleuropa 1 bis 2 m. Einjährig.

124

Verbreitung: Heimat Afrika und Südasien, in den Tropen angebaut. Auch in Süd- und Westeuropa kultiviert. In Mitteleuropa Zierpflanze.

Giftige Inhaltsstoffe

Bezeichnung: stark toxisches Ricin (ein Protein = Toxalbumin), schwach giftiges Alkaloid Ricinin (Pyridinderivat). Auftrennung des Ricins in zwei toxische Peptide [157].

Vorkommen: Toxine nur in den Samen (Ricinin = 0,2 %).

Wirkung: besonders bei Kindern nach dem Genuß der angenehm schmeckenden Samen Entzündungen und Nekrosen an parenchymatischen Organen. Tod infolge Herzversagens. Auch allergene Wirkungen sind möglich. Samen sind öfter in indischen und afrikanischen Schmuckketten enthalten. Toxisch (Kind): 1 Samen [226].

LD: Kind 3 bis 6, Erwachsener 10 bis 20 Samen (ca. 30 mg Ricin).

Behandlung der Vergiftung: sofortiges Erbrechen, anschließend Gabe von Aktivkohle und Laxans. Unbedingt stationäre Einweisung. Magenspülung. Symptomatische Therapie. Falls erforderlich, Hautarzt konsultieren.

Verwendung der Pflanze: Durch verschiedene Extraktionsverfahren der geschälten Samen wird das absolut ungiftige Öl gewonnen, das zur weitgehenden Entleerung der Verdauungswege dient. Vorwiegende Verwendung zu technischen Zwecken.

4.30. Schmetterlingsblütengewächse — *Fabaceae (Papilionaceae)*

Blüten schmetterlingsförmig, 5zählig; aus Fahne, Schiffchen und 2 Flügeln bestehend. Frucht eine Hülse (Hülsenfrüchtler — *Leguminosae*).

+ + + **Paternostererbse** — *Abrus precatorius* L.

Erkennungsmerkmale

Blüten rot bis weiß, klein, in Trauben. Pflanze einhäusig.

Früchte Hülsen mit nach dem Aufplatzen haftenbleibenden, eiförmigen, korallenroten Samen mit schwarzem Nabelfleck. Zuweilen auch Samen bräunlich. Etwa 10 mm lang.

Blätter wechselständig, paarig gefiedert, mit 14 bis 22 Blättchen.

Pflanze windender Strauch mit bis zu 5 m langen, behaarten Zweigen.

Verbreitung: Vorder- und Hinterindien, Afrika.

Giftige Inhaltsstoffe
Bezeichnung: Toxalbumin Abrin (evtl. mehrere).
Vorkommen: vorwiegend in Samen.
Wirkung: Besonders Kinder sind durch Zerkauen der roten Samen oder Verschlucken durchbohrter Samen gefährdet. Symptomatik: schwere Magen-Darm-Erkrankungen mit Erbrechen, Durchfall und Krämpfen. Herzversagen möglich. Auftreten der Erscheinungen nach 2 Stunden bis zu 2 Tagen. Gelangen Teile des Samens (z.B. Pulver) in die Augen, kommt es zur „Jequirity-Ophthalmie" (Abrin-Konjunktivitis). Unzerkaut verschluckte Samen werden als harmlos angesehen.
LD: Mensch (o.) 1 bis 2 Samen. Hochtoxisch weniger als 1 Samen [226].
LD_{50}: Maus (i.p.) 10 bis 31 µg Abrine / kg KM [246]. LD_{min}: Ratte (o.) 300 mg Abrin / kg KM.

Behandlung der Vergiftung: Augen intensiv spülen, Augenarzt. Nach dem Verschlucken durchbohrter Samen (Halsketten) sofortiges Erbrechen, anschließend Aktivkohle. Stationäre Einweisung mit intensivmedizinischer Behandlung erforderlich.

Verwendung der Pflanze: Samen in Rosenkränzen, Halsketten und anderen Schmuckgegenständen, vorwiegend aus Afrika und Indien, des öfteren enthalten.

+ + **Erbsenstrauch** − *Caragana arborescens* Lamk. (Abb. 42)

Erkennungsmerkmale
Blüten gelb, zu 1 bis 3.
Früchte 4 bis 10 cm lange, schmale, braune Hülsen.
Blätter paarig gefiedert, 8 bis 12 elliptische, stachelspitzige Teilblättchen.
Pflanze 2 bis 4 m hoch werdender Strauch.
Blütezeit: Mai.

Verbreitung: Zierstrauch.

Giftige Inhaltsstoffe
Bezeichnung: unbekannte Bitterstoffe, Cytisin.
Vorkommen: Bitterstoffe besonders in Samen (wechselnde Mengen je nach Standort und Jahreszeit).
Wirkung: s. Blasenstrauch, folgende Art.

Behandlung der Vergiftung: s. Blasenstrauch, folgende Art.

126

Abb. 42. Erbsenstrauch − *Caragana arborescens.*

+ + **Blasenstrauch** − *Colutea arborescens* L. (Abb. 43)

Erkennungsmerkmale
Blüten gelb, mit rotbrauner Zeichnung, zu 3 bis 6.
Früchte stark aufgeblasene Hülsen.
Blätter unpaarig gefiedert, 11 Teilblättchen, vorn abgerundet, etwa 1 cm lang.
Pflanze 2,5 bis 5 m hoch werdender Strauch.
Blütezeit: Juni bis August.

Verbreitung: trockene Wälder, Gebüsche. Wild selten. Häufiger Zierstrauch.

Giftige Inhaltsstoffe
Bezeichnung: Bitterstoff, Coluteasäure.
Vorkommen: Bitterstoff in Sämen und Blättern, Coluteasäure in Blättern und Hülsen.
Wirkung: Bei Kindern nach Samenaufnahme, besonders durch Bitter-

Abb. 43. Blasenstrauch – *Colutea arborescens.*

stoffe, Gastroenteritis und Erbrechen. – Bei Pferden bisweilen Vergiftungen durch Zweige.

Behandlung der Vergiftung: reichlich Flüssigkeit und Aktivkohle. Bei mehr als 5 Samen sicherheitshalber Erbrechen auslösen. Nach größeren Mengen stationäre Aufnahme: Magenspülung und evtl. symptomatische Therapie.

+ Bunte Kronwicke – *Coronilla varia* L.

Erkennungsmerkmale
Blüten mit weißen Flügeln, rötlicher Fahne und violetter Schiffchenspitze, zu 8 bis 20 in blattachselständigen, lang gestielten Köpfchen.
Früchte hellbraune, schmale, rillige Hülsen, hinter den Samen eingeschnürt.
Blätter paarig gefiedert, 12 bis 24 elliptische, stachelspitzige Teilblättchen. Nebenblätter lanzettlich.
Stengel aufsteigend oder niederliegend.
Pflanze 30 bis 60 cm hoch. Ausdauernd.
Blütezeit: Juni bis August.

Verbreitung: Wiesen, Wegränder, Hügel. Kalkhold. Zerstreut, im Norden selten, im Nordwesten der BRD fehlend.

Giftige Inhaltsstoffe
Bezeichnung: Glycosidgemisch „Coronillin".
Vorkommen: vorwiegend in Samen und Blättern.
Wirkung: Fingerhut-ähnlich (s. S. 198), aber bedeutend schwächer.
Daher keine ernsthaften Vergiftungen bei Mensch und Tier. Wieder-
käuer sind am unempfindlichsten.

Behandlung der Vergiftung: Reichlich Flüssigkeit mit Aktivkohle
dürfte in den meisten Fällen genügen. Andernfalls symptomatische
Therapie.

T + + + **Echte Geißraute** − *Galega officinalis* L. (Abb. 44)

Erkennungsmerkmale
Blüten bläulich-weiß, in blattachselständigen, lang gestielten Trau-
ben.
Früchte Hülsen mit rundlichen, rotbraunen Samen.
Blätter unpaarig gefiedert. 7 bis 17 Teilblättchen mit Stachelspitze. Ne-
benblätter gleichförmig.
Pflanze aufrecht, 60 bis 100 cm hoch. Ausdauernd.
Blütezeit: Juni bis August.

Verbreitung: in Auen. Angebaut als Zier- und Arzneipflanze.

Abb. 44. Echte Geißraute −
Galega officinalis.

Giftige Inhaltsstoffe
Bezeichnung: Alkaloide Galegin und Hydroxygalegin (N-Guanidin-Derivate); evtl. Furane oder Indole.
Vorkommen: vorwiegend in Samen Galegin, außerdem in Blättern und Wurzeln.
Wirkung: Vergiftungen beim Menschen sind kaum zu erwarten (sehr scharfer Geschmack). — Bei Schafen Todesfälle. Zuvor Ausfluß aus Maul und Nase, Husten [285].
LD_{min}: Maus (i. p.) 25 mg Galeginsulfat / kg KM.

Behandlung der Vergiftung: symptomatisch.

++ **Sojabohne** — *Glycine max* (l) **Merr. (Abb. 45)**

Erkennungsmerkmale
Blüten unscheinbar, violett-weißlich, aufrecht, gebüschelt in den Blattachseln, zu 1 bis 12.
Früchte bis 10 cm lange, behaarte Hülsen mit 2 bis 4 kugeligen, gelben, schwarzbraunen oder rotvioletten Samen.
Blätter 3zählig, lang gestielt, wie der Stengel zottig behaart, Nebenblätter 7 mm lang.
Pflanze 40 bis 90 cm hoch. Einjährig.

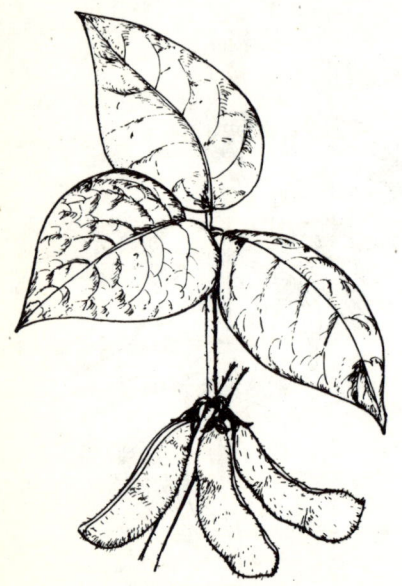

Abb. 45. Sojabohne —
Glycine max.

Blütezeit: in Mitteleuropa Juli bis August.

Verbreitung: Heimat Tropen Asiens, Afrikas, Australiens. In Ostasien bis in die gemäßigte Zone. Eine der wichtigsten Kulturpflanzen auch Nordamerikas und Südeuropas.

Giftige Inhaltsstoffe
Bezeichnung: Toxalbumin Phasin.
Vorkommen: in geringer Konzentration in den Samen.
Wirkung: s. Garten-Bohne, S. 138. – Beim Tier zusätzlich Gefahr nach Mischung des Extraktionsschrotes mit verpilztem Erdnußextraktionsschrot [320].

Behandlung der Vergiftung: s. Garten-Bohne, S. 138.

Verwendung der Pflanze: Bohnen bzw. Öl wichtiges menschliches Nahrungsmittel; Öl für die Industrie; Extraktionsschrot als Viehfutter.

+ + + **Gemeiner Goldregen** – *Laburnum anagyroides* Med.
(Tafel XIII a)

Erkennungsmerkmale
Blüten gelb, in 15 bis 20 cm langen, hängenden Trauben.
Früchte 10 bis 20 cm lange, seidenhaarige Hülsen mit braunen Samen.
Blätter 3zählig, lang gestielt, Teilblättchen elliptisch.
Pflanze 3 bis 6 m hoch werdender Baum oder Strauch.
Blütezeit: Mai bis Juni.

Verbreitung: selten, nur im Südwesten der BRD. Häufiger Zierstrauch.

Giftige Inhaltsstoffe
Bezeichnung: Chinolizidin-Alkaloide Cytisin, Lupanin u. a.
Vorkommen: vorwiegend in äußerster Wurzelschicht, in Samen 3 % und in Blüten 0,2 %.
Wirkung: besonders bei Kindern Vergiftungen durch Essen von Samen oder der süß schmeckenden Wurzel sowie nach Aussaugen der Blüten. Symptome, bereits 15 bis 60 Minuten nach Aufnahme: Durchfall, starkes Erbrechen, Erregung, Bewegungsstörungen und Krämpfe. Im Extrem Tod durch Atemlähmung (Ähnlichkeit mit Nicotinvergiftung). – Unter den Tieren reagieren Pferd, Rind und Schwein am empfindlichsten, Schaf und Ziege sind widerstandsfähiger, Kaninchen und Geflügel unempfindlich. Giftig sind auch die getrockneten Pflanzen.
TD: Kind (o.) etwa 10 ausgesaugte Blüten.

LD: Kind (o.) etwa 15 bis 20 Samen; Hund (s. c.) 4,0 mg und Ziege (s. c.) 109 mg Cytisin / kg KM.

Behandlung der Vergiftung: sofortiges Erbrechen, falls nicht schon erfolgt, Aktivkohle und Laxans. Stationäre Aufnahme: Magenspülung und symptomatische Therapie (Kreislauf, Atmung).

Verwendung der Pflanze: Cytisin im bulgarischen Raucherentwöhnungsmittel „Tabex".

+ **Wohlriechende Platterbse** – *Lathyrus odoratus* L. (Tafel XIV a)
Blumenhandelsname: Wicke.

Erkennungsmerkmale
Blüten zu 2 bis 3 in Trauben, wohlriechend, weiß, rot, bläulich oder bunt, ca. 4 cm groß.
Früchte rauhhaarige Hülsen mit braunen, runden Samen.
Blätter meist 1paarig gefiedert, mit Wickelranken. Teilblättchen elliptisch oder eiförmig, 2mal so lang wie breit, stumpf.
Stengel geflügelt, kletternd.
Pflanze 80 bis 160 cm hoch. Einjährig.
Blütezeit: Juni bis August.

Verbreitung: Zierpflanze in Gärten.

Giftige Inhaltsstoffe
Bezeichnung: s. Saat-Platterbse, aber in geringerer Konzentration.
Wirkung: nach größeren Mengen Magen-Darm-Beschwerden.

Behandlung der Vergiftung: nach 5 bis 10 Samen reichlich Flüssigkeit und Aktivkohle ausreichend. Nach größeren Mengen Erbrechen auslösen, dann Aktivkohle und Laxans.

+ + **Saat-Platterbse** – *Lathyrus sativus* L. (Abb. 46)
Kicherling

Erkennungsmerkmale
Blüten weiß, blau geadert. Einzeln, lang gestielt, in den Blattachseln.
Früchte kahl, zusammengedrückt. 2flügelig. Samen kantig.
Blätter 1paarig gefiedert, mit Wickelranken. Blättchen lineal-lanzettlich.
Stengel geflügelt, dadurch 4 bis 6 mm breit.
Pflanze 25 bis 90 cm hoch. Einjährig.
Blütezeit: Mai bis Juni.

Verbreitung: Kulturpflanze.

Abb. 46. Saat-Platterbse –
Lathyrus sativus.

Giftige Inhaltsstoffe

Bezeichnung: vorwiegend toxische Aminosäuren (u. a. β-N-Oxalyl-L-α,β-diaminopropionsäure, Cyanoalanin).

Vorkommen: vorwiegend in den Samen.

Wirkung: beim Menschen unter mitteleuropäischen Verhältnissen keine neurologischen Erkrankungen (Lathyrismus mit Bewegungsstörungen), da Platterbsen-Arten als Nahrungsmittel ungebräuchlich sind (nicht zutreffend für Bevölkerung der Mittelmeerländer; auch in Indien wird akuter Lathyrismus nach täglicher Aufnahme von 200 g Samen über mehrere Monate beschrieben [274]). – Bei Tieren nach längerer Fütterung (kaum in Mitteleuropa) Lathyrismus.

TD: Mensch (o.) 2,5 g Oxalyl-diaminopropionsäure / kg KM.

Behandlung der Vergiftung: bis zu etwa 5 Samen reichlich Flüssigkeit und Aktivkohle, bei mehr als 5 Samen Erbrechen auslösen, dann Flüssigkeit und Aktivkohle. Falls erforderlich, symptomatische Therapie. – Bei Pferden gegen Lathyrismus Reserpin [310].

+ + Blaue Lupine – *Lupinus angustifolius* L.

Erkennungsmerkmale
Blüten hellblau, selten weiß oder rot, in dichten, aufrechten Trauben.
Früchte gelblich-braune, schwach behaarte Hülsen.
Blätter 5- bis 9zählig gefingert, Teilblättchen linealisch, unterseits behaart.
Stengel schwach behaart, wenig verzweigt, reich beblättert.
Pflanze 30 bis 100 cm hoch. Einjährig.
Blütezeit: Juni bis September.

Verbreitung: Gründüngungs-, Futter- und Zierpflanze.

Giftige Inhaltsstoffe und **Behandlung der Vergiftung:** s. Gelbe Lupine, folgende Art, besonders hinsichtlich Schimmelpilzbefall.

+ + Gelbe Lupine – *Lupinus luteus* L.
Wolfsbohne

Erkennungsmerkmale
Blüten dottergelb, in übereinanderstehenden Quirlen angeordnet. Mit starkem Geruch.
Früchte knotige, dicht behaarte Hülsen.
Blätter 5- bis 9zählig gefingert, Teilblättchen lanzettlich, länglich, beiderseits behaart.
Stengel viele Seitentriebe bildend.
Pflanze 30 bis 60 cm hoch. Einjährig.
Blütezeit: Juni bis September.

Verbreitung: Futter- und Gründüngungspflanze, Zierpflanze.

Giftige Inhaltsstoffe
Bezeichnung: Lupanin und Hydroxylupanin als Hauptalkaloide [331], ferner Lupinin, Spartein und andere Chinolizidin-Alkaloide. Giftige Stoffe nach Pilzbefall der Lupinen: zur Lichtkrankheit führende Substanzen (s. Tüpfel-Hartheu, S. 146).
Vorkommen: höchster Hauptalkaloidgehalt in Bitterlupinensamen bis zu 2,5 % in der Trockensubstanz. Süßlupinen zu Fütterungszwecken bis zu 0,06 % Gesamtalkaloide.

Samen, Schrot und Heu können infolge Verpilzung mit *Phomopsis leptostromiformis* Pilztoxine enthalten [33, 278].

Wirkung: widersprüchliche Angaben, ob bitterer Geschmack und Toxizität korrelieren [141]. Die Aufnahme einzelner bitterer Samen dürfte symptomlos verlaufen. Ansonsten − besonders bei Kindern − nach dem Essen verpilzter Bitterlupinensamen schwere Vergiftungen mit Unruhe, Krämpfen und im Extrem nach Tagen Tod durch Atemlähmung möglich. − Die Lupinenvergiftung (Lupinose) verläuft akut oder chronisch (Benommenheit, Appetitlosigkeit, Leberschädigung). Schafe und Pferde sind besonders, Schweine und Rinder weniger empfindlich. Die Alkaloidwirkung bleibt im Heu erhalten. Durch Pelletierung des Heus keine Lupinose [116]. Abhängigkeit der Pilztoxinwirkung von feuchter Witterung und dem Anteil unausgereifter Samen, die besonders leicht verpilzen (u. a. hoher Wassergehalt).
TD_{min}: Rind (o.) 60 g getrocknete Bitterlupinen / kg KM.

Behandlung der Vergiftung: nach Aufnahme unverpilzter und einiger bitterer Samen, Samen von Zierpflanzen und Süßlupinen: reichlich Flüssigkeit und Aktivkohle. Nach großen Mengen Erbrechen auslösen. Nach Aufnahme von Bitterlupinen- und verpilzten Samen: Erbrechen, anschließend Aktivkohle. Stationäre Einweisung: Magenspülung und symptomatische Therapie. Behandlung der Lupinose: [117].

+ + **Vielblättrige Lupine** − *Lupinus polyphyllus* Lindl. (Tafel XVI a)

Erkennungsmerkmale
Blüten blau, rot, weiß oder rosa, 30 bis 50 cm lange, aufrechte Trauben.
Früchte dichtbehaarte, vielsamige Hülsen.
Blätter 12- bis mehrzählig gefingert, Blättchen lanzettlich, unterseits seidig behaart.
Pflanze 80 bis 120 cm hoch. Ausdauernd.
Blütezeit: Juni bis August.

Verbreitung: Böschungen, Kahlschläge, Waldränder. Verbreitete Zierpflanze.

Giftige Inhaltsstoffe
Bezeichnung: s. Gelbe Lupine, vorige Art.
Vorkommen: vorwiegend in Samen.
Wirkung: s. Gelbe Lupine (hinsichtlich Giftwirkung beim Menschen).

Behandlung der Vergiftung: s. Gelbe Lupine, vorige Art.

T++ **Weißer Steinklee** − *Melilotus alba* Med. (Abb. 47)
Bokharaklee

Erkennungsmerkmale
Blüten weiß, etwa 5 cm lang, in reichblütigen, lang gestielten Trauben.
Früchte elliptische Hülsen, 4 mm lang, querrunzlig, kahl.
Blätter 3zählig, lang gestielt, Blättchen verkehrt eiförmig, gezähnt. Am Grunde der Blätter pfriemliche, ganzrandige Nebenblätter.
Stengel aufrecht, verzweigt.
Pflanze 30 bis 120 cm hoch. Zweijährig.
Blütezeit: Juni bis September.

Abb. 47. Weißer Steinklee − *Melilotus alba.*

Verbreitung: trockene Wegränder, Hügel, Bahndämme. Verbreitet.

Giftige Inhaltsstoffe
Bezeichnung: Melilotosid, Cumarin und Nitrat.
Vorkommen: Melilotosid vorwiegend im Kraut (0,2 %). Beim Trocknen entsteht aus dem Melilotosid das Cumarin (Waldmeistergeruch des

136

Heus). Feuchter, verschimmelter Steinklee bildet aus Cumarin durch bakterielle Einwirkung Dicumarol [138].

Wirkung: Dicumarolvergiftung dürfte für den Menschen entfallen, ebenso Vergiftung durch Cumarin (erst ab 5 g Kopfschmerzen und Erbrechen). − Dicumarolvergiftungen durch verdorbenes Steinkleeheu bei Kaninchen, Rind [255], Schaf, Schwein, Pferd als „Süßkleekrankheit" (sweet clover disease) bekannt: Hemmung der Blutgerinnung, infolgedessen tödliche innere Verblutungen der Tiere nach kleinster Schädigung der Blutgefäße durch Anstoßen, Schlagen usw.
Hemmung der Blutgerinnung beim Rind: 400 mg Dicumarol.
LD_{50}: weibliche Ratten (o.) 293 mg Cumarin / kg KM.

Behandlung der Vergiftung: Vitamin K als Antidot.

T + + **Echter Steinklee** − *Melilotus officinalis* (L.) Pallas
Gelber Steinklee, Honigklee

Erkennungsmerkmale
Blüten gelb, sonst ähnlich der vorigen Art, Weißer Steinklee.

Verbreitung und weitere Angaben: s. Weißer Steinklee, vorige Art.

+ + **Feuer-Bohne** − *Phaseolus coccineus* L.

Erkennungsmerkmale
Wie folgende Art, Garten-Bohne, jedoch mit scharlachroten Blüten, rauhen Hülsen und violetten, dunkel gefleckten Samen. Stets windend.

Verbreitung: Zier- und Gemüsepflanze. Heimat tropisches Amerika.

Giftige Inhaltsstoffe und weitere Angaben: s. folgende Art, jedoch wirken 5 bis 10 rohe Samen beim Menschen schon toxisch.

+ + **Garten-Bohne** − *Phaseolus vulgaris* L.

Erkennungsmerkmale
Blüten weiß oder rosa, in wenigblütigen, gestielten Trauben.
Früchte glatt, gerade, etwa 20 cm lang.
Blätter 3zählig, Teilblättchen breit, eirund, zugespitzt.
Stengel verzweigt, aufrecht (Buschbohne) oder windend (Stangenbohne).
Pflanze 30 bis 400 cm hoch. Einjährig.
Blütezeit: Juni bis September.

Verbreitung: Kulturpflanze. Heimat tropisches Amerika.

Giftige Inhaltsstoffe
Bezeichnung: Eiweißverbindung Phasin (Phytotoxin, Toxalbumin).
Vorkommen: besonders in den unreifen Früchten („grüne Bohnen"); Giftwirkung geht durch Kochen verloren.
Wirkung: Dermatitis („Bohnenkrätze") bei Menschen in Konservenfabriken, die grüne Bohnen verarbeiten. Der Genuß großer Mengen ungekochter grüner Bohnen kann zu Favismus führen (s. Saat-Wicke, S. 141). Gekochte grüne Bohnen sind völlig unschädlich! – Gleiche Erscheinungen bei Rindern, Schweinen und Küken nach massenhaftem Verzehr weißer Bohnen bzw. -schalen.

Behandlung der Vergiftung: bei Dermatitis Hautarzt konsultieren, sonst Erbrechen auslösen, anschließend Aktivkohle und Laxans. Stationäre Behandlung und evtl. symptomatische Therapie.

Verwendung der Pflanze: Bohnenhülsen in Blasen- und Nierentees. Wertvolles Nahrungs- und Futtermittel. Vorhandenes Phythämagglutinin (PHA) wirkt agglutinierend (Erythrozyten) und zellteilungsfördernd (Lymphozytenkulturen).

++ **Weiße Robinie** – *Robinia pseudoacacia* L. (Tafel XXIII b)
Falsche Akazie

Erkennungsmerkmale
Blüten weiß, in etwa 15 cm langen, hängenden Trauben.
Früchte rotbraune, später schwarzbraune, etwa 12 cm lange Hülsen.
Blätter unpaarig gefiedert, mit 9 bis 17 eiförmigen Teilblättchen. Nebenblätter zu Dornen umgebildet.
Stamm mit graubrauner Borke, längs aufreißend.
Pflanze 15 bis 20 m hoch werdender Baum.
Blütezeit: Mai bis Juni.

Verbreitung: Zier- und Forstbaum.

Giftige Inhaltsstoffe
Bezeichnung: Phytotoxin Robin (Protein).
Vorkommen: zu 1,6 % in der Rinde, weniger in Samen und Blättern. Starke Schwankungen im Robingehalt.
Wirkung: Vergiftungen beim Menschen durch Bearbeiten von Robinienholz und Einatmen des Staubes. Kinder vergiften sich besonders durch Kauen von Samen und Rinde. Symptome: Erbrechen, Krämpfe. Angaben über toxische Mengen schwanken in der Literatur zwischen 5 und 30 Samen. – Vorwiegend bei Pferden nach Aufnahme von Rinde und Laub Kolik, Durchfall und Lähmungserscheinungen.

Behandlung der Vergiftung: sofort Erbrechen auslösen, anschließend reichlich Flüssigkeit mit Aktivkohle. Nach Aufnahme größerer Samenmengen stationäre Aufnahme.

+ **Gemeiner Besenginster** – *Sarothamnus scoparius* (L.) Wimm. Tafel XXIV b)

Erkennungsmerkmale
Blüten gelb, bis 2 cm groß, einzeln oder zu 2 hintereinander am Stengel.
Früchte flachgedrückte, an der Naht behaarte Hülsen. Samen dunkelbraun.
Blätter 3zählig, Blättchen etwa 1 cm lang.
Stengel 4kantig, rutenartig, immergrün. Spärlich beblättert.
Pflanze 50 bis 200 cm hoher Strauch.
Blütezeit: Mai bis Juni.

Verbreitung: sandige Wälder, Böschungen, Kahlschläge. Verbreitet, in den Alpen fehlend. Zierpflanze.

Giftige Inhaltsstoffe
Bezeichnung: Chinolizidin-Alkaloid Spartein als Hauptalkaloid, daneben Sarothamnin, Lupanin, 17-Oxospartein u. a.
Vorkommen: Spartein vorwiegend in den Samen (1,5 %), weniger in Sproß (0,8 %) und Blüten (0,3 %), s. auch [334].
Wirkung: beim Menschen nach Aufnahme von mehr als 5 bis 10 Samen meist Magen-Darm-Beschwerden und Übelkeit. – Besonders bei Schafen Vergiftungen nach Aufnahme großer Mengen Besenginsters. Spartein führt zu Erregung und Lähmung.
LD_{min}: Maus (s. c.) 120 mg Spartein / kg KM.

Behandlung der Vergiftung: reichlich Flüssigkeit und Aktivkohle. Nach vielen Samen Erbrechen. Stationäre Aufnahme dürfte kaum erforderlich werden.

+ + **Schnurbaum** – *Sophora japonica* L.

Erkennungsmerkmale
Blüten klein, gelblich-weiß, duftend, in 35 cm langen Rispen.
Früchte 6 cm lange, gestielte Hülsen, fleischig, aufgeblasen, zwischen den Samen eingeschnürt. Samen mit Schleimhülle.
Blätter unpaarig gefiedert, mit 10 bis 16 Blättchen, 25 cm lang.
Pflanze bis 30 m hoher Baum.
Blütezeit: in Mitteleuropa August bis September.
Verbreitung: Heimat Japan, China, Korea. Zierbaum in Parks.

Giftige Inhaltsstoffe
Bezeichnung: vorwiegend Chinolizidin-Alkaloid Lupanin [334].
Vorkommen: vorwiegend in Samen und Rinde.
Wirkung: s. Weiße Robinie, S. 138.

Behandlung der Vergiftung: s. Robinie, S. 139.

+ + **Saubohne** − *Vicia faba* L.
Puffbohne, Pferdebohne

Erkennungsmerkmale
Blüten weiß, Flügel mit schwarzem Fleck; 20 bis 30 mm lang, meist in 4blütigen Trauben.
Früchte dunkelbraune Hülsen, lederartig, samtig behaart, mit 2 bis 5 länglichen, flachgedrückten, ca. 2 cm breiten Samen.
Blätter 1- bis 3paarig gefiedert, Blättchen 3 bis 10 cm lang, blaugrün, stachelspitzig.
Pflanze 50 bis 100 cm hoch. Einjährig.
Blütezeit: Mai bis Juli.

Verbreitung: Kulturpflanze.

Giftige Inhaltsstoffe
Bezeichnung: Alkaloide Vicin, Convicin u. a.; Phasin, s. Garten-Bohne S. 138.
Vorkommen: Alkaloide in Samen (jung 1,1 %, Anstieg auf 2,5 %, Abfall in reifen Samen auf 0,9 % Vicin [214]).
Wirkung: beim Menschen durch rohe Samen Favismus (s. Saat-Wicke) sowie evtl. Allergie durch Einatmen der Pollen. − Bei Tieren Komplikationen durch verpilzte Samen möglich.

Behandlung der Vergiftung: s. Saat-Wicke, folgende Art.

Verwendung der Pflanze: Gemüsepflanze, wichtige Eiweißquelle für die Tierernährung.

+ + **Saat-Wicke** − *Vicia sativa* L. (Abb. 48)

Erkennungsmerkmale
Blüten mit bläulicher Fahne und dunkelroten Flügeln. Einzeln oder zu 2 in den Blattachseln.
Früchte aufrecht, gelbbraun, kurz behaart.
Blätter paarig gefiedert, vorn mit geteilter Ranke, ca. 10 Teilblättchen, über 5 mm breit, verkehrt eiförmig, die unteren tief, die oberen weniger ausgerandet.

140

Abb. 48. Saat-Wicke − *Vicia sativa*.

Pflanze aufsteigend, 30 bis 80 cm hoch. Einjährig.
Blütezeit: Mai bis Juli.

Verbreitung: Schutt, Getreideunkraut, auch Grünfutterpflanze. In Südeuropa Samen zur menschlichen Ernährung.

Giftige Inhaltsstoffe
Bezeichnung: Alkaloide Vicin und Convicin, Faktor für „Lichtkrankheit" (s. S. 146), blausäurehaltige Glycoside Viciamin (Viacimin) u. a.

Vorkommen: Alkaloide und Viciamin vorwiegend in Samen (starke Schwankungen von Jahr zu Jahr sowie in Abhängigkeit vom Alter der Hülsen).

Wirkung: unter den Menschen Südeuropas nach Genuß roher Samen „Bohnenkrankheit" (Favismus = hämolytische Anämie). Diese äußert sich in Krämpfen und blutigen Magen-Darm-Entzündungen mit Todesfolgen. − Unter den Tieren sind Pferd, Rind und Schwein am empfindlichsten. Bei zu hohem Wickschrotgehalt im Geflügelfutter besonders bei Küken Wachstumsminderung und Todesfälle. Krankheitsbilder wie Favismus, s. o.

Behandlung der Vergiftung: bis zu etwa 5 Samen reichlich Flüssigkeit und Aktivkohle. Nach größeren Mengen Erbrechen auslösen und anschließend Gabe von Aktivkohle und Laxans. Falls stationäre Aufnahme erforderlich, symptomatische Therapie. − Bei Lichtkrankheit s. S. 146, wenn wider Erwarten Blausäurevergiftung, s. S. 17.

+ Blauregen − *Wisteria sinensis* (Sims) DC.
Glycinie

Erkennungsmerkmale
Blüten hellviolett, in hängenden, bis 30 cm langen Trauben.
Früchte 10 bis 15 cm lange, dicht samthaarige Hülsen.
Blätter unpaarig gefiedert, mit 7 bis 11 eiförmig-lanzettlichen Blättchen.
Pflanze bis 20 m hoch windender Strauch.
Blütezeit: April bis Juli.

Verbreitung: Zierstrauch an Häusern, Mauern, Spalieren. Heimat China.

Giftige Inhaltsstoffe
Bezeichnung: Glycosid Wistarin.
Vorkommen: in Samen und Hülsen.
Wirkung: ähnlich Goldregen, S. 131, aber entschieden schwächer. − Keine Vergiftungen bei Tieren.
LD_{min}: Kinder (o.) mehr als 10 Samen.

Behandlung der Vergiftung: reichlich Flüssigkeit und Aktivkohle. Bei ca. 5 bis 10 Samen Erbrechen auslösen, anschließend Aktivkohle und Laxans. Nach größeren Mengen Magenspülung und evtl. symptomatische Therapie.

4.31. Buchengewächse − *Fagaceae*

+ Rot-Buche − *Fagus sylvatica* L.

Erkennungsmerkmale
Blüten eingeschlechtig, männliche in Kätzchen, weibliche zu 2 in gestielten Köpfchen. Pflanze einhäusig.
Früchte Bucheckern, scharf 3kantig, glänzend braun, zu 2 bis 3 in holzigen, bräunlichen, weichstacheligen Fruchtbechern.
Blätter oberseits glänzend, wechselständig, spitz eiförmig mit welligem Rand.
Stamm mit glatter grauer Rinde.

Pflanze 40 bis 50 m hoch werdender Baum.
Blütezeit: Mai.

Verbreitung: Waldbaum, besonders in feuchtem Klima. Gemein.

Giftige Inhaltsstoffe
Bezeichnung: hitzeempfindliches Saponin (wahrscheinlich mit Fagin identisch), Oxalsäure.
Vorkommen: Die Giftstoffe kommen besonders in den Bucheckern vor.
Wirkung: wenn Vergiftungen, dann als Magen-Darm-Entzündungen, im Extrem Krämpfe. − Unter den Tieren reagieren Pferde und Kälber am empfindlichsten.
Evtl. Giftwirkung erst durch Pilzbefall durch Liegen auf dem Waldboden.
LD: Mensch (o.) 5 bis 15 g Oxalsäure.

Behandlung der Vergiftung: Aktivkohle, evtl. Erbrechen auslösen.

Verwendung der Pflanze: nach sorgfältiger Reinigung wertvolles, ungiftiges Speiseöl. Aus dem Holz durch Destillation Buchenholzteer als Mittel gegen Husten.

+ **Trauben-Eiche** − *Quercus petraea* (Matt.) Liebl.
Wintereiche

Erkennungsmerkmale
Blüten eingeschlechtig, männliche in Kätzchen, weibliche in Näpfchen.
Früchte (Eicheln) in sehr kurz gestielten Bechern.
Blätter am Grunde keilig in den Stiel laufend, schwach gebuchtet.
Stamm schlanker als der der Stiel-Eiche, Krone regelmäßiger.
Pflanze bis 40 m hoch werdender Baum.
Blütezeit: Mai.

Verbreitung: Waldbaum, felsige Abhänge, Parks.

Giftige Inhaltsstoffe und **Behandlung der Vergiftung:** wie folgende Art, Stiel-Eiche.

+, T++ **Stiel-Eiche** − *Quercus robur* L.
Sommereiche

Erkennungsmerkmale
Ähnlich der vorigen Art, jedoch:
Früchte (Eicheln) in 3 bis 8 cm lang gestielten Bechern.

Blätter sehr kurz gestielt, stark gebuchtet, am Grunde annähernd herzförmig.
Stamm mit knorrigen Ästen, Borke graubraun, rissig.

Verbreitung: Waldbaum. Verbreitet.

Giftige Inhaltsstoffe
Bezeichnung: Catechin-Gerbstoffe.
Vorkommen: vorwiegend in der Rinde, in grünen Eicheln und jungen Blättern (bis zu 15 %). Auch Knospen enthalten Gerbstoffe.
Wirkung: bei Kindern nach Aufnahme großer (grüner) Eichelmengen infolge Reizung der Magenschleimhaut Erbrechen. − Bei Tieren meist wenige Tage nach Eichel- bzw. Eichenblattaufnahme apathisches Verhalten, Verstopfung, später blutiger Durchfall und verstärkte Harnabsonderung. Bei Rindern akut irreversible Leber- und Nierenschäden mit z. T. tödlichem Ausgang [133, 154]. Besondere Gefährdung auch für Pferde, wenig für Schweine. In Mitteleuropa infolge relativ geringen Gerbstoffgehalts der Eicheln gefahrlose Verfütterung − besonders an Schweine.

Behandlung der Vergiftung: beim Menschen reichlich Flüssigkeit und Aktivkohle, beim Tier ölige Abführmittel.

Verwendung der Pflanze: Aufgüsse aus der Rinde. Diese wegen adstringierender Wirkung oral bei Durchfall und Alkaloidvergiftung, äußerlich zu Bädern. In der Veterinärmedizin Eichenrinde gemeinsam mit anderen Substanzen im Ventrasan bei Durchfällen von Kalb und Ferkel.

4.32. Roßkastaniengewächse − *Hippocastanaceae*

+ + **Rote Roßkastanie** − *Aesculus carnea* Hayne
Erkennungsmerkmale
Ähnlich folgender Art, Gemeine Roßkastanie, jedoch mit meist roten Blüten und dornenlosen Früchten.

Verbreitung und weitere Angaben: s. Gemeine Roßkastanie, folgende Art.

+ + **Gemeine Roßkastanie** − *Aesculus hippocastanum* L.
Erkennungsmerkmale
Blüten weiß, mit gelben und roten Flecken, in aufrechten Rispen.
Früchte dornige Kapseln, mit großen, braunen Samen.

144

Blätter 5zählig gefingert, lang gestielt.
Pflanze bis 20 m hoher Baum.
Blütezeit: Mai bis Juni.

Verbreitung: Zierbaum in Parks und Anlagen, Straßenbaum. Heimat Balkan.

Giftige Inhaltsstoffe
Bezeichnung: Hauptsaponinkomplex Aescin (Triterpenglycosidgemisch), der in eine gut wasserlösliche α- und eine schwer lösliche β-Aescin-Fraktion geteilt wird.
Vorkommen: vorwiegend in grünen Schalen und unreifen Früchten.
Wirkung: Vergiftung besonders bei Kindern nach Verzehr unreifer Kastanien: Übelkeit und Enteritis, ferner Bewußtseinsstörungen. − Bei Tieren selten durch unreife Kastanien (aber gehäuft durch *A. glabra* in den USA [235]).
LD_{50}: Ratte (i. v.) 16,8 mg Aescin / kg KM und 1,4 mg β-Aescin / kg KM.
LD_{50}: Ratte (o.) 134 mg β-Aescin / kg KM.

Behandlung der Vergiftung: Flüssigkeit mit Aktivkohle. Wenn stationäre Aufnahme erforderlich, Magenspülung, Überwachung der Nierenfunktion und symptomatische Therapie.

Verwendung der Pflanze: Infolge geringer Toxizität des Aescins ist im Gegensatz zu anderen Saponinen parenterale Applikation gegeben. Kastanienpräparate daher bei Venenentzündungen, Krampfadern, Ödemen und Durchblutungsstörungen. Industrielle Verwendung der Saponine.

4.33. Hartheugewächse − *Hypericaceae*

T + + **Tüpfel-Hartheu** − *Hypericum perforatum* L. (Abb. 49)
Perforiertes Johanniskraut

Erkennungsmerkmale
Blüten goldgelb, strahlig, in Trugdolden.
Früchte 3fächrige Kapseln, eiförmig, 3kantig. Zahlreiche kleine dunkelbraune Samen.
Blätter oval, gegenständig, durchscheinend punktiert (Öldrüsen).
Stengel aufrecht, kahl, 2kantig, markig.
Pflanze 30 bis 60 cm hoch. Ausdauernd.
Blütezeit: Juli bis September.

Abb. 49. Tüpfel-Hartheu –
Hypericum perforatum.

Verbreitung: Wegränder, Bahndämme, Wiesen. Gemein.

Giftige Inhaltsstoffe
Bezeichnung: mit dem Fagopyrin verwandte Anthracenderivate (Hypericin und Pseudohypericin); Alkaloide.
Vorkommen: Hypericin zu 6,1 % vorwiegend in Blüten und Blättern.
Wirkung: keine Erkrankungen beim Menschen. – Weiße und hellhäutige Tiere werden nach Aufnahme der photosensibilisierenden Substanz Hypericin gegenüber dem Licht überempfindlich. Symptome dieser photodynamischen oder Lichtkrankheit: gerötete und geschwollene ungeschützte Hautpartien (Lippen, Augenlider), besonders bei Schafen. Dunkle Tiere bzw. dunkle Hautstellen bleiben reaktionslos. Hartheu-Wirkung bleibt im Heu erhalten.

Behandlung der Vergiftung: keine weitere Hartheu-Verfütterung; Tiere in den Schatten oder in den Stall bringen. Symptomatisch.

Verwendung der Pflanze: Bestandteil harn- und gallefördernder Tees. In einigen Arzneispezialitäten mit antidepressiver Wirkung.

4.34. Schwertliliengewächse — *Iridaceae*
Einkeimblättrige Pflanzen — *Monocotyledonae*

+ + **Wasser-Schwertlilie** — *Iris pseudacorus* L. (Tafel XIIb)
Teichlilie. Geschützt in der BRD.

Erkennungsmerkmale
Blüten leuchtend gelb, in den Achseln der oberen Blätter. Die 3 äußeren Blütenhüllblätter nach außen umgeschlagen, die 3 inneren aufrechtstehend. Die 3 Griffeläste blumenblattartig.
Früchte 3fächrige Kapseln mit braunen Samen.
Blätter breit schwertförmig.
Pflanze 60 bis 100 cm hoch. Ausdauernd, mit Wurzelstock.
Blütezeit: Mai bis Juni.

Verbreitung: Verlandungszonen, Erlenbrüche, Gräben. Verbreitet.

Giftige Inhaltsstoffe
Bezeichnung: scharfschmeckendes Glycosid Iridin.
Vorkommen: in Blättern, Stengeln und Wurzelstöcken. Die Giftwirkung bleibt im Heu erhalten.
Wirkung: bei Kindern nach dem Essen frischer Pflanzen heftiges Brennen im Mund. In schweren Fällen Erbrechen und Durchfall. — Bei Tieren schwere blutige Durchfälle, die bei langer Dauer zum Tode führen können.

Behandlung der Vergiftung: Erbrechen, viel Flüssigkeit und Aktivkohle. Nach großen Mengen stationäre Aufnahme, Magenspülung und evtl. symptomatische Therapie.

4.35. Liliengewächse — *Liliaceae*
Einkeimblättrige Pflanzen – *Monocotyledonae*. Stauden mit Zwiebel, Knolle oder Wurzelstock. Strahlige Blüten mit 6 kronblattartigen Hüllblättern.

+ + + **Herbst-Zeitlose** — *Colchicum autumnale* L. (Abb. 50, Tafel Va)
Michelsblume

Erkennungsmerkmale

Blüten hell-lilarosa, einzeln oder zu 2 aus der tief im Boden liegenden Knolle hervorgehend.

Früchte 5fächrige Kapseln, zuerst grün, dann braun, runzlig. Samen mit klebrigen Anhängseln. Frucht von Laubblättern überragt.

Blätter ähnlich den Tulpenblättern, im Frühjahr mit den Früchten erscheinend, zur Blütezeit eingezogen.

Pflanze bis 40 cm hoch, Blüten 5 bis 20 cm. Ausdauernd.

Blütezeit: September bis Oktober. *Fruchtreife:* Juni.

Verbreitung: feuchte Wiesen. Im Süden verbreitet, im Norden selten oder fehlend. Zierpflanze.

Giftige Inhaltsstoffe

Bezeichnung: über 20 Alkaloide (Hauptwirkstoffe Colchicin, Demecolcin, das an Glucose gebundene Colchicosid [250]).

Vorkommen: in Samen bis 1 % Colchicin und 0,02 % Demecolcin. In der Knolle bis zu 0,05 % Demecolcin. Mit Samenreife Anstieg, mit Höhenlage Abnahme des Alkaloidgehalts.

Wirkung: Kinder erkranken bereits nach 2 bis 3 Samen oder Blüten schwer: Brennen im Mund, Erbrechen, blutiger Durchfall, Schluckbe-

Abb. 50. Herbst-Zeitlose —
Colchicum autumnale.
Knolle und Frucht.

schwerden, Atemnot, Kollaps — oder sterben. Symptome erst mehrere Stunden nach Colchicinaufnahme! — Tiervergiftungen vorwiegend im Frühjahr durch Samen- und im Herbst durch Blütenaufnahme. Pferd und Schwein sind weitaus empfindlicher als Rind und Schaf. Nach etwa 3 Krankheitstagen sterben etwa 50 % der Tiere. Giftwirkung auch im Heu.

LD: Mensch (o.) 2 bis 5 g Samen (~ 20 mg Colchicin); Kind (o.) 1,2 bis 1,5 g Samen (~ 5 mg Colchicin).

Behandlung der Vergiftung: sofortiges Erbrechen, anschließend Aktivkohle und Laxans. Stationäre Aufnahme: Magenspülung, symptomatische Therapie.

Verwendung der Pflanze: Demecolcin gegen Gichtanfälle sowie als Kanzerostatikum (Rückgang von Tumoren). Colchicin als Zellgift (Vervielfältigung des Chromosomensatzes = Polyploidie führt u. a. bei Gemüse- und Getreidearten zu Ertragssteigerungen).

+ + **Maiglöckchen** — *Convallaria majalis* L. (Tafel V b)
Maiblume. Geschützt.

Erkennungsmerkmale
Blüten weiß, halbkugelig glockig, mit zurückgebogenen Zipfeln, in einseitswendigen, nickenden Trauben.
Früchte rote, erbsengroße Beeren mit 2 blauen Samen.
Blätter zu 2 bis 3 an der Spitze des verzweigten Wurzelstocks; nach unten in einen langen Stiel verschmälert.
Pflanze 15 bis 20 cm hoch. Ausdauernd.
Blütezeit: Mai bis Juni.

Verbreitung: Laub- und Kiefernwälder, Gebüsche. Verbreitet, im Norden zerstreut. Zierpflanze in Gärten.

Giftige Inhaltsstoffe
Bezeichnung: Cardenolidglycosidgemisch (etwa 38) mit den Hauptglycosiden Convallatoxol, Convallatoxin und Lokundjosid. Steroidsaponine (Convallamarosid u. a.).

Über neue Cardenolidglycoside s. z. B. [297, 330, 233, 234].

Vorkommen: Herzglycoside hauptsächlich in Blüten (bis zu 0,4 %), daneben in Blättern, Beeren und Wurzeln (jahreszeitliche Unterschiede). Pflanzen der Länder Westeuropas enthalten Convallatoxol als Hauptglycosid, die Osteuropas Lokundjosid.
Wirkung: Glycoside ähnlich den Fingerhut-Glycosiden, s. S. 198. Convallamarosid besitzt Saponinwirkung: starke Reiz- und abführende

Wirkung auf das Verdauungssystem. Besonders Kinder sind durch Essen der roten Beeren oder Saugen an den Blüten gefährdet. − Bei Enten und Gänsen Todesfälle durch Fressen der ganzen Pflanze; schwere Vergiftungen bei Schweinen durch Pflanzenaufnahme bei Waldmast.

LD_{50}: Ratte (i. p.) 3,4 mg und Katze (i. v.) 0,08 mg Convallatoxin / kg KM. LD_{min}: Ratte (i. v.) 38 mg Convallatoxol / kg KM.

Behandlung der Vergiftung: bis zu etwa 5 Beeren Aktivkohle und reichlich Flüssigkeit (bisweilen auch bei dieser Menge schon kurzfristige Herzarrhythmien); nach größeren Mengen Magenspülung und gegebenenfalls symptomatische Therapie.

+ + **Kaiserkrone** − *Fritillaria imperialis* L. (Tafel Xb)

Erkennungsmerkmale
Blüten gelb oder orange bis feuerrot, groß, glockig. Doldig an der Spitze des Stengels, von einem Blattschopf überragt.
Früchte scharf 6kantige Kapseln, 4 cm lang, mit braunen Samen.
Blätter länglich bis lineal-lanzettlich, quirlig.
Stengel dichtblättrig, aufrecht.
Pflanze 60 bis 100 cm hoch. Einige Formen mit starkem Geruch. Ausdauernd. Zwiebel 8 bis 12 cm breit, weiß.
Blütezeit: April bis Mai.

Verbreitung: Heimat Persien bis Westhimalaja. Zierpflanze.

Giftige Inhaltsstoffe
Bezeichnung: Steroid-Alkaloide Imperialin, Verticin, Verticinon und Isobaimonidin [319].
Vorkommen: vorwiegend in der Zwiebel.
Wirkung: besonders bei Kindern durch Essen der Zwiebel Erbrechen, Krämpfe, Herz-Kreislauf-Beschwerden. − Bei Tieren kaum Vergiftungen.

Behandlung der Vergiftung: Aktivkohle, Laxans; nach größeren Mengen zuvor Erbrechen, falls nicht schon erfolgt. Nach stationärer Aufnahme Magenspülung und evtl. symptomatische Therapie (Herz-Kreislauf).

+ + **Schachblume** − *Fritillaria meleagris* L.
Geschützt in der BRD.

Erkennungsmerkmale
Blüten weiß und rotbraun schachbrettartig gefleckt, glockig, zu 1 oder 2, überhängend, 4 cm lang, 3 cm breit.

Früchte kugelige Kapseln, stumpfkantig, etwa 15 mm lang.
Blätter zu 4 bis 5 am Stengel, linealisch, rinnig, graugrün.
Pflanze 15 bis 30 cm hoch. Ausdauernd, mit Zwiebel.
Blütezeit: Mai.

Verbreitung: nasse Flachmoorwiesen. Selten. Zierpflanze.

Giftige Inhaltsstoffe und **Behandlung der Vergiftung:** s. Kaiserkrone, vorige Art.

+ **Salomonssiegel** − *Polygonatum odoratum* (Mill) Druce (Tafel XX a)
Wenigblütige Weißwurz

Erkennungsmerkmale
Blüten weiß, glockig, mit 6 grünen Zipfeln, zu 1 bis 2 an einem Stiel in den Blattachseln hängend.
Früchte dunkelblaue, bereifte Beeren, ca. 13 mm breit.
Blätter eiförmig, zugespitzt, wechselständig, 2zeilig am Stengel.
Stengel aufrecht, oben überhängend, kantig.
Pflanze dem Maiglöckchen ähnlich, 15 bis 45 cm hoch. Ausdauernd.
Blütezeit: Mai bis Juni.

Verbreitung: trockene, lichte Wälder. Zerstreut.

Giftige Inhaltsstoffe
Bezeichnung: vorwiegend Steroidsaponine (Diosgenin als Steroidsapogenin).
Vorkommen: vorwiegend in unreifen, aber auch in reifen Beeren sowie in der gesamten Pflanze.
Wirkung: Kinder erkranken durch reife und unreife Beeren: Übelkeit, Durchfall. Nach extrem hohen Mengen Herzrhythmusstörungen. − Vergiftungen bei Tieren kaum zu erwarten.

Behandlung der Vergiftung: In den weitaus meisten Fällen reichen Aktivkohle und Laxans aus; Erbrechen.

+ **Garten-Tulpe** − *Tulipa gesneriana* L.

Erkennungsmerkmale
Blüten aufrecht, glockig, rot, weiß, gelb oder bunt.
Blätter 3 bis 5 cm breit, linealisch.
Pflanze 20 bis 60 cm hoch, mit braunen Zwiebeln.
Blütezeit: März bis Mai.

Verbreitung: Zierpflanze. Bastard aus westasiatischen Arten.

Giftige Inhaltsstoffe
Bezeichnung: Tuliposide (Glycoside).

Vorkommen: in der gesamten Pflanze, besonders in der Zwiebel.
Wirkung: Aconitin-ähnlich, s. S. 179, aber mit bedeutend geringerer Wirkung. Nach Aufnahme von etwa 5 Zwiebeln und mehr treten Magen-Darm-Erkrankungen auf. Im Vordergrund stehen jedoch Hauterkrankungen, wie Ekzeme an Händen und Hautpartien nach Berührung von Tulpenzwiebeln oder Pflanzensaft („Tulpenkrätze", Tulpendermatitis). Betroffen sind besonders Menschen, die beruflich (z.B. in Gärtnereien) häufig mit Tulpenzwiebeln Kontakt haben.

Behandlung der Vergiftung: zur Behandlung der Dermatitis Hautarzt konsultieren. Nach oraler Aufnahme dürften Erbrechen und anschließende Gabe von Aktivkohle in den meisten Fällen ausreichend sein.

+ + **Meerzwiebel** − *Urginea maritima* (L.) Bak. (Abb. 51)
Rote und weiße Varietät

Die als „Bulbus scillae" bekannte Zwiebel führt des öfteren zu der irrtümlichen Bezeichnung der Meerzwiebel als *Scilla maritima*; der Gattungsname *Scilla* trifft für diese Pflanze jedoch nicht zu.

Erkennungsmerkmale
Blüten weißlich oder rot, am Kiel grünlich bis purpur, 8 mm breit, in endständigen, reichblütigen, bis 40 cm langen, aufrechten Trauben.
Früchte kugelige, 3furchige Kapseln.
Blätter 10 bis 20, breit lanzettlich, graugrün, kahl, nach der Blüte erscheinend.
Zwiebel über 15 cm breit, ca. 2,5 kg schwer, mit roten und weißen Schuppen aus dem Boden ragend, innere Schalen sehr schleimig, bitter. Zwiebelsaft scharf.
Stengel aufrecht, rot überlaufen.
Pflanze 50 bis 100 cm hoch. Ausdauernd.
Blütezeit: Juli bis August.

Verbreitung: Heimat Mittelmeergebiet, an sandigen Meeresufern. Zuweilen als Zimmerpflanze.

Giftige Inhaltsstoffe
Bezeichnung: vorwiegend aus dem Primärglycosid Glucoscillaren A durch leichte Glucoseabspaltung das Sekundärglycosid Scillaren A, aus diesem durch weitere Zuckerabspaltungen über das Proscillaridin das Scillaridin A als Aglycon. Daneben Glucoscillaren B bzw. Scillaren B. Scilla-Glycoside besitzen die Bufadienolid-Struktur (s. S. 13). Die rote Form enthält das Hauptglycosid Scillirosid.

Vorkommen: Die als „Bulbus scillae" bezeichnete Zwiebel enthält bis zu 2 % Primärglycoside.

Wirkung: durch Zimmerkultivierung der Pflanze Vergiftungen besonders bei Kindern durch Essen der Zwiebel: Erbrechen, Durchfall, Herz-Kreislauf-Komplikationen.

LD: Kaninchen (o.) 1,5 g Zwiebel; Ratte (o.) 0,1 bis 0,2 mg Scillirosid / kg KM. LD_{50}: Katze (i. v.) 0,14 mg Proscillaridin A / kg KM; Kaninchen (i. v.) 170 µg Scillaren / kg KM. LD_{min}: Ratte (i. v.) 12 mg Ge-

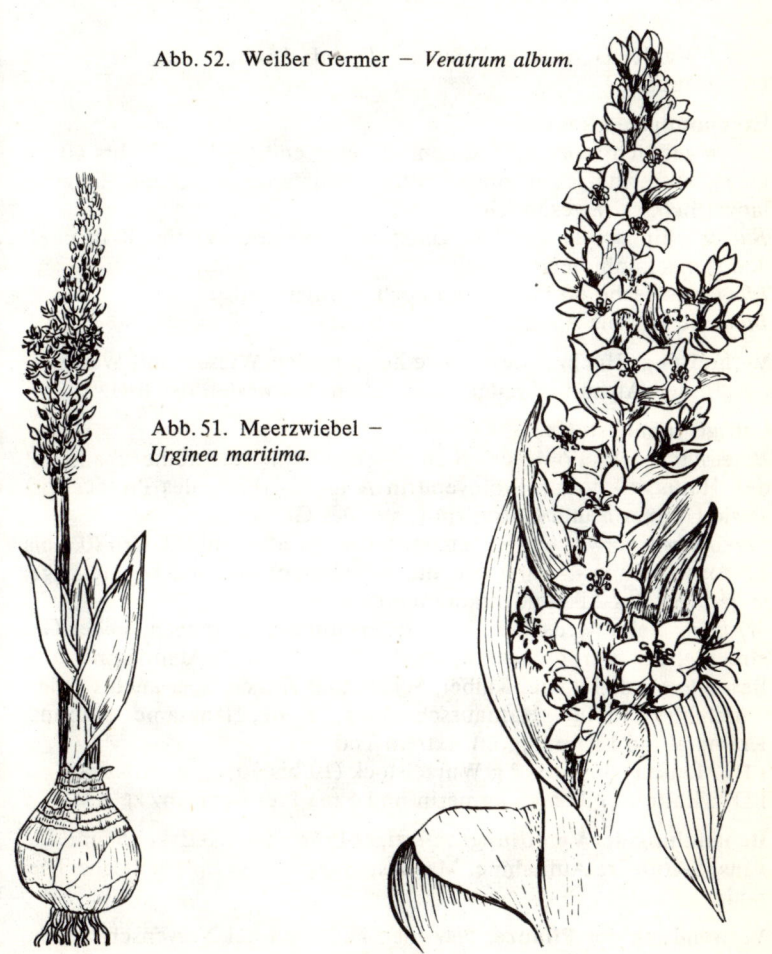

Abb. 52. Weißer Germer – *Veratrum album.*

Abb. 51. Meerzwiebel – *Urginea maritima.*

misch aus Scillaren A und B/kg KM; Kaninchen (i. v.) 140 µg Scillaren B/kg KM.

Behandlung der Vergiftung: sofortiges Erbrechen mit anschließender Gabe von Aktivkohle und Laxans. Nach stationärer Aufnahme Magenspülung und symptomatische Therapie (Herz-Kreislauf).

Verwendung der Pflanze: Zur Arzneimittelherstellung (Herz-Kreislauf) wird meistens nur die weiße Varietät genutzt (Proscillaridine). Scillirosid der roten Form als Rattengift.

+ + + **Weißer Germer** − *Veratrum album* L. (Abb. 52)
Läusewurzel

Erkennungsmerkmale
Blüten gelblich-weiß, in Trauben, die eine endständige, 30 bis 60 cm lange, aufrechte Rispe bilden. Blütenhüllblätter abstehend, länglich lanzettlich, spitz gezähnelt.
Blätter elliptisch-lanzettlich, ganzrandig, wechselständig, Blattscheiden stengelumhüllend.
Pflanze aufrecht, 60 bis 120 cm hoch. Ausdauernd.
Blütezeit: Juli bis August.

Verbreitung: Hochgebirgspflanze auf feuchten Wiesen und Waldstellen. In den Alpen verbreitet, sonst selten: Südwesten der BRD.

Giftige Inhaltsstoffe
Bezeichnung: Alkaloide der Steroidgruppe (Cholestanreihe u. a.): mit den Hauptwirkstoffen Protoveratrin A und B (Ester des Protoverins) sowie Germerin und Germitrin (Ester des Germins).
Vorkommen: vorwiegend in Wurzelstöcken (1,6 %) und Blättern (0,5 bis 1,5 %); witterungs-, jahreszeit- und standortabhängig (je höhere Lage, je geringer das Alkaloidvorkommen).
Wirkung: beim Menschen Brennen in Mund und Rachen, später Gastroenteritis, Blutdruckabfall, im Extrem Tod durch Atemlähmung. − Besonders anfällig sind Kälber, Schafe und Ziegen, aber auch Rinder: Durchfall, erhöhte Harnausscheidung, Kolik, langsame Atmung, Krämpfe und Lähmung, im Extrem Tod.
LD: Mensch (o.) 1 bis 2 g Wurzelstock (10 bis 30 mg Alkaloide).
LD_{50}: Ratte (o.) 30 mg Germerin und 5 mg Protoveratrin/kg KM.

Behandlung der Vergiftung: sofortiges Erbrechen, Aktivkohle und Laxans. Stationäre Aufnahme: Magenspülung und symptomatische Therapie.

Verwendung der Pflanze: bisweilen äußerlich bei Nervenschmerzen.

In der Veterinärmedizin vereinzelt gemeinsam mit anderen Arznei-mitteln zur Anregung der Wiederkäuerverdauung.

4.36. Leingewächse — *Linaceae*

T + + + **Saat-Lein** — *Linum usitatissimum* L. (Abb. 53)
Flachs

Erkennungsmerkmale
Blüten himmelblau, in lockeren Trugdolden. 5 Kelch- und Blumen-kronblätter. Blüten 2 bis 3 cm breit, nur vormittags geöffnet.

Abb. 53. Saat-Lein — *Linum usitatissimum.*

Früchte fast kugelige Kapseln. Samen flach, elliptisch, braun, glänzend.

Blätter wechselständig, lanzettlich, 3nervig.

Stengel aufrecht, einfach.

Pflanze 30 bis 60 cm hoch. Einjährig.

Verbreitung: Kulturpflanze.

Giftige Inhaltsstoffe

Bezeichnung: blausäurehaltige Glycoside Linamarin und Lotaustralin.

Vorkommen: besonders in Keimpflanzen und Samen (0,5 %).

Wirkung: keine Vergiftungen beim Menschen. − Bei den Tieren Blausäurevergiftung nach nasser Verfütterung von Leinsamen bzw. Ölkuchen und Extraktionsschrot. Trockene Verabreichung ungefährlich! Blausäurevergiftung unter Krämpfen und Lähmungen. Im Extrem Tod innerhalb weniger Sekunden. Jedoch dürfte die freiwerdende Blausäuremenge in den seltensten Fällen zur akuten Vergiftung ausreichen.

Behandlung der Vergiftung: falls Blausäureintoxikation, schnellste tierärztliche Behandlung (s. S. 17).

Verwendung der Pflanze: Samen in zerkleinerter Form als Laxans (Auszüge schleimlösend und schmerzlindernd). Pflanze zur Fasergewinnung, Öl als Speise-, Arzneiöl und Grundstoff für Farben und Firnisse.

4.37. Brechnußgewächse − *Loganiaceae*

+ + + **Gelber Jasmin** − *Gelsemium sempervirens* Ait.

Erkennungsmerkmale

Blüten leuchtend gelb, wohlriechend, 3 cm breit, glockig.

Früchte dünne, abgeflachte Kapseln, 2 cm lang, an der Spitze kurz geschnäbelt.

Blätter gegenständig, kurz gestielt, lanzettlich, bis 7 cm lang, glattrandig.

Pflanzen sind windende Sträucher.

Verbreitung: Heimat Südstaaten der USA. Als Zierpflanze kultiviert. Beliebte Zimmerpflanze.

Giftige Inhaltsstoffe

Bezeichnung: Indol-Alkaloide Gelsemin, Sempervirin und andere atropin- und strychninartige Alkaloide.

Vorkommen: besonders in der Rinde des Wurzelstocks (0,5 %), aber auch in den Blüten.

Wirkung: schwere Erkrankungen und Todesfälle bei Kindern durch Saugen an den Blüten. Wurzelinhaltsstoffe wurden als Scharfstoff benutzt, um den gewässerten Alkohol „hochprozentig" schmecken zu lassen (USA: Zeit der Prohibition). Auch Massenvergiftungen durch Ginzubereitung (statt Ingwer Gelsemium-Wurzel). Die Vergifteten erstarren bei völligem Bewußtsein mit offenen Augen („gläserner Sarg"). − Demgegenüber grasen Rinder und Pferde geringe Pflanzenmengen, ohne zu erkranken.

LD_{min}: Mensch (o.) 5 mg getrocknete Wurzel / kg KM. LD_{50}: Kaninchen (s. c.) 100 µg Gelsemin / kg KM.

Behandlung der Vergiftung: sofort Erbrechen auslösen, anschließend Aktivkohle mit viel warmem Tee. Nach stationärer Aufnahme Magenspülung, evtl. intensivtherapeutische Behandlung erforderlich.

+ + + **Brechnuß** − *Strychnos nux-vomica* L. (Abb. 54)

Erkennungsmerkmale
Blüten strahlig, in endständigen, locker gebüschelten Blütenständen.
Früchte graugelbe, orangengroße Beeren, hartschalig. Fleisch gallertartig. Samen bis zu 5, scheibenförmig, radial gestreift, 3 bis 5 mm dick.

Abb. 54. Brechnuß − *Strychnos nux-vomica.*
Blühender Zweig, Samen und aufgeschnittene Beere.

Getrocknet hart, grau, von einem seidenglänzenden Haarmantel überzogen.

Blätter breit eiförmig, zugespitzt.

Pflanze ein kleiner Baum.

Verbreitung: Indien bis Nordaustralien.

Giftige Inhaltsstoffe

Bezeichnung: sehr bitter schmeckende Alkaloide Strychnin und Brucin als Hauptalkaloide (monoterpenoide Indol-Alkaloide) weitere Nebenalkaloide.

Vorkommen: vorwiegend in der Rinde (8 %) und in den Samen (bis zu 5 %), in den Blättern etwa 2 %.

Wirkung: Gefahr durch Essen der Samen, die oft in indischen und afrikanischen Schmuckketten enthalten sind. Durch diese Ketten ist, besonders im Sommer bei schwitzender Haut, eine perkutane Strychninresorption möglich [309]. Ausgesprochenes Krampfgift. Tod infolge Erstickung (Atemlähmung). Brucin hat nur 1/10 der Strychninwirkung.

LD: Mensch (o.) 100 bis 300 mg, Kind 10 bis 20 mg und Kleinkind 5 mg Strychnin. LD_{50}: Hund (i. v.) 8 mg Brucin / kg KM.

Behandlung der Vergiftung: sofortiges Erbrechen, Aktivkohle und Laxans. Wegen der zu erwartenden spezifischen Symptomatik schnellste stationäre Aufnahme erforderlich. Prognose günstig, wenn die ersten 2 Stunden der Vergiftung überstanden.

+ + + **Strychnos toxifera** Schomburgk

Erkennungsmerkmale ähnlich der vorigen Art, *St. nux-vomica.*

Verbreitung: tropisches Südamerika.

Giftige Inhaltsstoffe

Bezeichnung: monoterpenoide Indol-Alkaloide, die monomer wie Strychnin oder dimer wie C-Toxiferin I (Bis-Indol-Alkaloid) vorkommen. (Die u. g. *Chondodendron*-Arten enthalten u. a. (+)-Tubocurarin = Bis-Benzylisochinolin-Alkaloid.)

Wirkung: s. *Strychnos nux-vomica*, vorige Art.

Behandlung der Vergiftung: s. *Strychnos nux-vomica.*

Verwendung der Pflanze: (+)-Tubocurarin und aus Strychnin synthetisierte Präparate als Muskelrelaxantien bei Operationen.

Extrakte beider sowie anderer *Strychnos*-Arten werden von den Indianern Südamerikas als wirksamstes Pfeilgift (Curare) verwendet. Die damit getöteten

Wildtiere können vom Menschen gegessen werden, da die Curare-Alkaloide nur äußerst langsam resorbiert werden. Aufbewahrung der Extrakte meistens in ausgehöhlten Flaschenkürbissen (Calebassen-Curare). Unter Tuben- oder Topfcurare versteht man in Bambusröhren oder Tontöpfen aufbewahrte Extrakte aus *Chondodendron*-Arten *(Menispermaceae)*.

4.38. Mistelgewächse — *Loranthaceae*

+ + **Laubholz-Mistel** — *Viscum album* L. (Abb. 55)

Erkennungsmerkmale

Blüten eingeschlechtig, in den Achseln der Zweige. Pflanze zweihäusig.

Früchte weiße Beeren mit je 1 weißen Samen, verschleimend, klebrig.

Blätter immergrün, lederartig, vorn abgerundet, über der Mitte am breitesten.

Zweige gelbgrün, unten holzig.

Pflanze 20 bis 50 cm hoch. Kugelförmig in den Baumkronen wachsend. Ausdauernd.

Blütezeit: Februar bis April. *Fruchtzeit:* im darauffolgenden Winter.

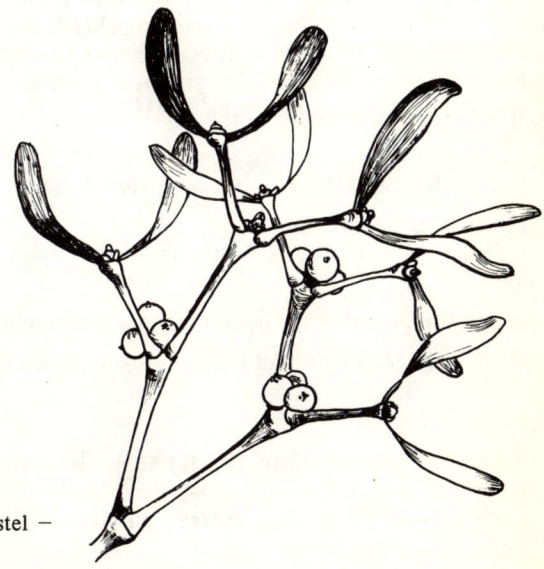

Abb. 55. Laubholz-Mistel —
Viscum album.

Verbreitung: Halbschmarotzer auf Laubbäumen mit weichem Holz. Zerstreut.

Giftige Inhaltsstoffe
Bezeichnung: Viscotoxin A_2, A_3, B und andere basische Proteingemische (ausschließlich Aminosäuren). Toxisches Lektin.
Vorkommen: in Sproßteilen. Nach niedrigen Wintertemperaturen höherer Gehalt an Giftstoffen möglich.
Wirkung: beim Menschen Vergiftungen durch Beerenaufnahme: Reizung der Schleimhäute, Übelkeit, Brechdurchfälle und extremes Kältegefühl. Atmung zunächst beschleunigt, dann verlangsamt.
LD_{50}: Ratte (i. v.) 0,26 mg und Maus (i. p.) 0,5 mg Viscotoxinkomplex / kg KM. LD: Katze (i. v.) 0,1 mg Viscotoxinkomplex / kg KM.

Behandlung der Vergiftung: reichlich Flüssigkeit mit Aktivkohle. Erbrechen nach ca. 5 bis 10 Beeren auslösen; nach Aufnahme größerer Mengen Magenspülung, evtl. stationäre Beobachtung (Herz-Kreislauf).

Verwendung der Pflanze: Säfte und Perlen zur Blutdrucksenkung (Wirkung zweifelhaft). Bei Gelenkerkrankungen und Schmerzzuständen im Bereich der Wirbelsäule Anwendung weiterer Präparate (z. B. Iskador, Plenosol u. a.). Therapeutische Wirkung dieser Pharmaka gegen Krebs umstritten [180]. (Zur Tumorhemmung liegen Tierversuche vor; Einfluß auf humane Tumoren: [111]). Zur Bedeutung der im Pflanzen- und Tierreich weit verbreiteten Lektine als zuckerbindende Proteine hinsichtlich von Blutgruppenspezifitäten und zur Erkennung von Zelloberflächenstrukturen: [295].

+ + **Nadelholz-Mistel** − *Viscum laxum* Boiss. et Reuter

Erkennungsmerkmale
Ähnlich der vorigen Art, Laubholz-Mistel, jedoch mit grünlichen Samen.

Verbreitung: Halbschmarotzer auf Nadelbäumen. Zerstreut.

Giftige Inhaltsstoffe und weitere Angaben: s. Laubholz-Mistel.

4.39. Paternosterbaumgewächse − *Meliaceae*

+ + + **Persischer Flieder** − *Melia azedarach* L.
Chinesischer Holunder

Erkennungsmerkmale

Blüten violett, klein, in großen, endständigen Trauben, mit Flieder-duft.

Früchte runzlige, gelbe Beeren, 1 cm breit, überwinternd.

Blätter mehrfach gefiedert, mit unregelmäßig eingeschnittenen, zarten Fiedern, gezähntem Blattrand, wechselständig, bis 1 m lang.

Pflanze bis 12 m hoher Baum oder Strauch mit rötlichem Holz.

Verbreitung: Ziergehölz der Subtropen, auch in Südeuropa kulti-viert.

Giftige Inhaltsstoffe

Bezeichnung: Alkaloid Azadarin und Triterpenbitterstoffe (vorwiegend Protolimonide).

Vorkommen: besonders in Blüten, bisweilen auch in Früchten und Wurzeln.

Wirkung: besonders bei Kindern starke Brechdurchfälle und Krämpfe durch Aufnahme von Samen, die z. B. aus indischen oder afrikani-schen Schmuckketten stammen. Im Extrem Todesfälle nach 6 bis 8 Früchten.

LD_{50}: Maus (i. p.) 1,5 g Triterpenbitterstoffe / kg KM [299].

Behandlung der Vergiftung: sofortiges Erbrechen, anschließend Ak-tivkohle und Laxans. Schnellste stationäre Einweisung: symptomati-sche Therapie.

4.40. Ölbaumgewächse − *Oleaceae*

+ + **Gemeiner Liguster** − *Ligustrum vulgare* L. (Tafel XIV b)
Rainweide, Zaunriegel

Erkennungsmerkmale

Blüten weiß, klein, 4teilig, in reichblütigen, aufrechten Rispen, end-ständig, mit unangenehmem Geruch.

Früchte kugelige, schwarze, glänzende Steinbeeren, erbsengroß. Samen violett.

Blätter gegenständig oder zu 3, kurz gestielt, lederartig, länglich-lan-zettlich, sommergrün.

Pflanze 1 bis 4 m hoher, dichtbuschiger Strauch.

Blütezeit: Juni bis Juli.

Verbreitung: Gehölze, Hecken. Verbreitet, im Norden selten. Häufige Zierpflanze, auch an Spielplätzen.

Giftige Inhaltsstoffe
Bezeichnung: Saponine und Bitterstoffe aus der Reihe der Secoiridoide (Monoterpenderivate).
Vorkommen: vorwiegend in Beeren und Blättern.
Wirkung: starke Magen-Darm-Entzündungen und Durchfall, besonders nach Beerenaufnahme durch Kinder. In schweren Fällen auch Herz-Kreislauf-Beschwerden. Keine neueren Angaben zu Todesfällen. Beim Heckenschneiden evtl. Dermatitis. − Bei Tieren keine Intoxikationen unter mitteleuropäischen Verhältnissen bekannt.

Behandlung der Vergiftung: obwohl in Einzelfällen noch bis zu 10 Beeren symptomlos vertragen wurden, Aktivkohle und Laxans. Bei größeren Mengen Erbrechen, anschließend Aktivkohle. Nach massiver Aufnahme Magenspülung und symptomatische Therapie.

4.41. Sauerkleegewächse − *Oxalidaceae*

+ Wald-Sauerklee − *Oxalis acetosella* L. (Abb. 56)

Erkennungsmerkmale
Blüten weiß-rötlich, geadert, am Grunde mit gelbem Fleck, 5zählig. Blüten einzeln, Stiele länger als die Blattstiele.
Früchte eiförmige, zugespitzte Kapseln, mit grubigen Samen.
Blätter grundständig, zart, 3teilig, lang gestielt, dem Kleeblatt ähnlich.
Pflanze 5 bis 12 cm hoch. Ausdauernd.
Blütezeit: April bis Mai.

Verbreitung: schattige Laub- und Mischwälder. Verbreitet.

Giftige Inhaltsstoffe
Bezeichnung: Oxalsäure und Oxalate (z. B. Kalium- und Calciumoxalat).
Vorkommen: etwa gleiche Konzentrationen in allen Pflanzenteilen.
Wirkung: Vergiftungen beim Menschen kaum zu befürchten (Wirkung s. Kleiner Ampfer, S. 175). − Unter den Tieren meistens nur bei Schafen nach größeren Mengen Vergiftungen.

Behandlung der Vergiftung: den Tieren in Wasser aufgeschwemmten, gelöschten Kalk verabreichen.

+ Europäischer Sauerklee − *Oxalis fontana* Bunge (Abb. 57)
(= *Oxalis europaea* Jordan)

Erkennungsmerkmale
Blüten gelb, 5zählig, 1 cm breit.
Früchte 5fächrige Kapseln, meist kahl.
Blätter 3teilig, kleeartig, ca. 12 mm breit, ohne Nebenblätter.
Stengel aufrecht, beblättert, an unterirdischen Ausläufern.
Pflanze 10 bis 30 cm hoch. Einjährig oder ausdauernd.
Blütezeit: Juni bis Oktober.

Verbreitung: bebauter Boden, Schutt. Verbreitet.

Giftige Inhaltsstoffe und weitere Angaben: wie vorige Art.

4.42. Pfingstrosengewächse — *Paeoniaceae*

+ **Garten-Pfingstrose** — *Paeonia officinalis* L. (Tafel XIX a)

Erkennungsmerkmale
Blüten mit meist 5 roten Kronblättern und zahlreichen Staubblättern, 12 bis 15 cm breit, auf langem, beblättertem Stiel. Zierpflanzen häufig mit gefüllten Blüten, auch weiß oder rosa.
Früchte Balgfrüchte, 3- oder 5teilig, mit runden Samen.

Abb. 57. Europäischer Sauerklee — *Oxalis fontana*.

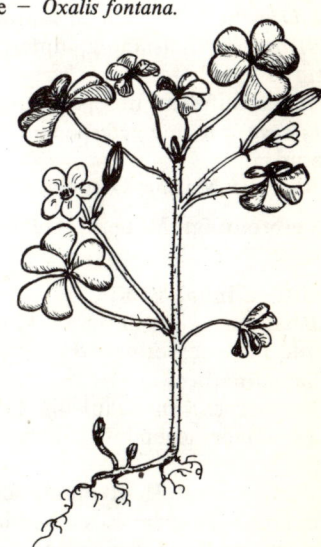
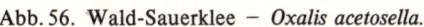

Abb. 56. Wald-Sauerklee — *Oxalis acetosella*.

Blätter doppelt 3zählig mit gelappten Abschnitten.
Pflanze 50 bis 100 cm hohe Staude.
Blütezeit: Mai bis Juni.

Verbreitung: Zierpflanze in Gärten und Anlagen. Heimat Mittelmeergebiet.

Giftige Inhaltsstoffe
Bezeichnung: Peregrinin.
Vorkommen: in gesamter Pflanze.
Wirkung: nach Aufnahme großer Mengen von Blüten oder Samen Erbrechen und Durchfall möglich.

Behandlung der Vergiftung: Flüssigkeit mit Aktivkohle dürfte in den meisten Fällen ausreichend sein.

4.43. Mohngewächse − *Papaveraceae*

++ **Großes Schöllkraut** − *Chelidonium majus* L. (Abb. 58)

Erkennungsmerkmale
Blüten gelb, ca. 2 cm breit, in wenigblütigen Dolden. 4 Blumenkronblätter, die 2 Kelchblätter fallen früh ab.
Früchte Schoten, Samen schwarzbraun mit weißer Schwiele.
Blätter wechselständig, untere buchtig fiederteilig, obere fiederspaltig.
Stengel aufrecht, unregelmäßig gabelästig.
Pflanze mit orangefarbenem Milchsaft. 30 bis 70 cm hoch. Ausdauernd.
Blütezeit: Mai bis Oktober.

Verbreitung: Mauern, Gebüsche, Schutt, in Robinienforsten. Gemein.

Giftige Inhaltsstoffe
Bezeichnung: im bitteren Milchsaft Alkaloide (Benzophenanthridin- und Protoberberinabkömmlinge): Berberin, Chelidonin, Chelerythrin, Sanguinarin u. a.
Vorkommen: im Kraut bis zu 0,6 % Alkaloide, in der Wurzel bis zu 2,0 % (vorwiegend Chelidonin). Getrocknetes Schöllkraut ist ungiftig.
Wirkung: nach Hautkontakt schwere Hautentzündungen. Milchsaftaufnahme besonders durch Kinder: Reizung der Verdauungswege, Erbrechen und beschleunigte Atmung, evtl. Nierenschäden. − Durch Tiere

Abb. 58. Großes Schöllkraut −
Chelidonium majus.

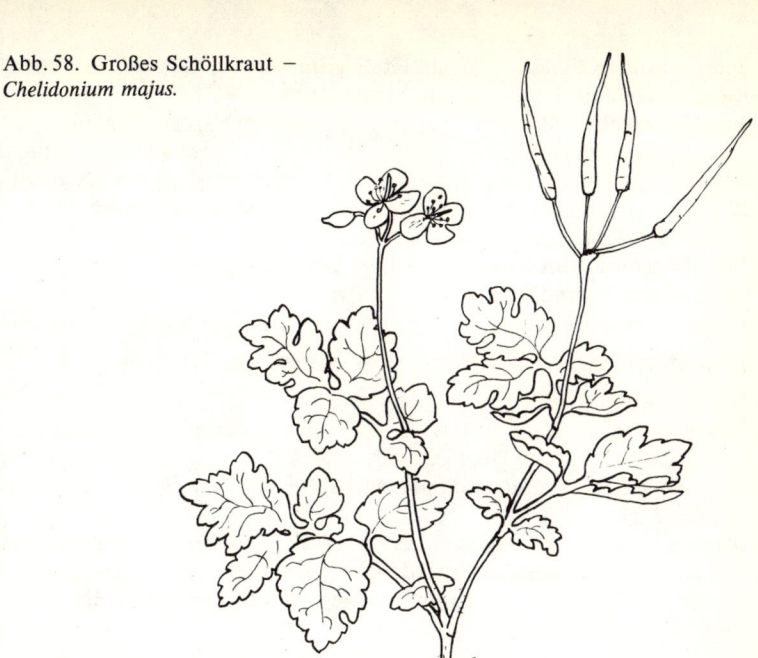

selten Pflanzenaufnahme wegen des unangenehmen Geschmacks. Todesfälle bei Rindern!
LD: Ratte (s. c.) 300 mg Chelidonin / kg KM.

Behandlung der Vergiftung: bei intensiver Hautentzündung Hautarzt
konsultieren. Bei oraler Aufnahme Erbrechen auslösen, anschließend
Aktivkohle und Laxans. Bei stationärer Aufnahme evtl. Magenspülung, sonst Beobachtung und symptomatische Therapie (Nierenfunktion!).

Verwendung der Pflanze: als Bestandteil von Teesorten zur Behandlung von Gallen- und Lebererkrankungen. Spasmolytische Eigenschaften von Schöllkraut-Extrakten.

+ + **Klatsch-Mohn** − *Papaver rhoeas* L.

Erkennungsmerkmale
Blüten scharlachrot, am Grunde der 4 Blumenkronblätter weißberan-

dete, schwarze Flecken. Kelchblätter grün, borstig behaart, abfallend. Blütenstiele abstehend behaart.
Früchte verkehrt eiförmige Kapseln mit ca. 10 Narbenstrahlen, 1 cm lang, etwas weniger breit.
Blätter einfach oder doppelt fiederspaltig mit grob gesägten Abschnitten; die oberen sitzend, die unteren in den Stiel verschmälert.
Stengel aufrecht, einfach oder verzweigt.
Pflanze mit weißem Milchsaft. 25 bis 90 cm hoch. Einjährig oder einjährig-überwinternd.
Blütezeit: Mai bis Juli.

Verbreitung: Äcker, Wegränder, Ruderalstellen. Verbreitet.

Giftige Inhaltsstoffe
Bezeichnung: Alkaloide Rhoeadin A, D und E, deren Giftwirkung umstritten ist, Blausäureglycosid.
Vorkommen: Rhoeadine während der Blütezeit vorwiegend im Milchsaft (0,03 %).
Wirkung: durch den Milchsaft vereinzelt bei Kindern Blähungen, blutige Durchfälle, Atembeschwerden und Krämpfe. − Infolge geringer Pflanzenaufnahme bei Rindern, Pferden, Schweinen und Schafen nur leichte Vergiftungen.

Behandlung der Vergiftung: Erbrechen, anschließend Aktivkohle und Laxans. Falls stationäre Aufnahme erforderlich wird, Magenspülung. Symptomatische Therapie (Überwachung: besonders Atmung).

+ + + **Schlaf-Mohn** − *Papaver somniferum* L.

Erkennungsmerkmale
Blüten weiß oder violett, 4 Blumenkronblätter, am Grunde mit schwarzen Flecken. 6 bis 10 cm breit.
Früchte einzelne Kapseln auf langem Stiel, 5 cm lang, 4 cm breit, Samen blaugrau.
Blätter blaugrün, ungeteilt, stengelumfassend.
Pflanze mit weißem Milchsaft. 40 bis 150 cm hoch. Einjährig.
Blütezeit: Juni bis August.

Verbreitung: Kultur- und Zierpflanze. Oft verwildert. Zwei Drittel der Weltopiumerzeugung im „Goldenen Dreieck" (nordöstlich von Rangun in Burma).

Giftige Inhaltsstoffe
Bezeichnung: Eingedickter Milchsaft stellt das „Opium", ein Gemisch aus über 40 Alkaloiden dar. Morphinan-Typ (Isochinolingruppe):

(−)-Morphin = Morphium (12 % im Opium), Thebain, Codein. Hauptalkaloid des Benzylisochinolin-Typs: Papaverin. Narcotin und Narcein zählen zum Phthalidisochinolin-Typ. Heroin aus Morphin durch
Diacetylierung.

Vorkommen: Besonders in halbreifen, eben gelb werdenden Kapseln ist
der Milchsaft angereichert (maximal 0,6 % Gesamtalkaloide; im
Opium dagegen 25 %). Reife Kapseln und Samen − somit auch das
Mohnöl − sind frei vom Morphinan-Typ. Durch Züchtung morphinar-
mer, aber thebainreicher Mohnsorten − Thebain kann in nicht narko-
tisch wirkendes Codein verwandelt werden − will man den Opium-
mißbrauch einschränken.

Wirkung: beim Menschen Vergiftungen durch den Milchsaft − besonders aus unreifen Pflanzen − möglich. Im Vordergrund steht jedoch
die mißbräuchliche Morphiumaufnahme. Akute Symptome: verlangsamte Atmung, Schwächerwerden der Herztätigkeit, Tod durch Atemlähmung. Bei andauernder Morphinaufnahme kommt es zur Gewöhnung und schließlich zur Sucht (Morphiumsucht, Morphinismus). Der
Morphiummißbrauch führt zur Abmagerung, Verstopfung, Schlaflo-
sigkeit. Schließlich nehmen die Urteils-, Willenskraft und die geistigen Interessen bis zum völligen körperlichen und geistigen Verfall
ab. − Vergiftungen bei Tieren durch Aufnahme unreifen Mohnstrohs
oder unreifer Kapseln mit dem Häcksel. Auch beim Tier Gewöhnung
an das Morphium.

LD: Mensch (o.) 2 bis 3 g Opium, 50 bis 75 mg Heroin, 300 mg Morphin und 550 mg Codein. LD_{50}: Maus (i. v.) 199 mg Morphin, 32 mg Papaverin und Ratten (i. p.) 750 mg Narcotin / kg KM.

Behandlung der Vergiftung: reichlich Aktivkohleaufschwemmung
trinken. Stationäre Einweisung und Magenspülung. Symptomatische
Therapie: Morphinantagonisten, evtl. Beatmung über Tage. Bei Mor-
phinisten Entziehungskur.

Verwendung der Pflanze: Das Morphin wurde 1806 als erstes Alkaloid
isoliert und ist wegen seiner schmerzstillenden Wirkung bekannt. In-
zwischen existiert eine Anzahl synthetischer Morphinersatzmittel, obwohl Morphin weiterhin in vielen Fällen ein nicht zu ersetzendes
Schmerzmittel (Analgetikum) darstellt. Anwendung auch bei extre-
men Durchfällen. Papaverin als Spasmolytikum, Codein wirkt husten-
stillend. Aus den Samen gewonnenes Mohnöl ist ein wertvolles Speiseöl.

4.44. Kermesbeerengewächse — *Phytolaccaceae*

+ + **Kermesbeere** — *Phytolacca americana* L. (Tafel XIX b)
Amerikanischer Nachtschatten

Erkennungsmerkmale
Blüten weiß, dicht gedrängt in aufrechten Trauben.
Früchte kugelige, 6- bis 10rippige, glänzende, violett-schwarze Beeren
auf 1 bis 2 cm langen Stielen.
Blätter eiförmig bis lanzettlich.
Wurzel rübenförmig.
Pflanze 1 bis 3 m hohes Kraut. Ausdauernd.
Blütezeit: Juli bis August.

Verbreitung: Heimat Nordamerika. Zierpflanze in Gärten und Anlagen.

Giftige Inhaltsstoffe
Bezeichnung: Phytolaccatoxin und andere Triterpensaponine sowie
Phytomitogene (Glycoproteine mit hohem Gehalt an Aminosäure Cystein).
Vorkommen: im Wurzelstock, geringere Konzentrationen in den Beeren, Blättern und Rinde.
Wirkung: nach Beerenaufnahme (Verwechslung mit Brombeeren!)
Nesselfieber; in schweren Fällen zentralnervöse Symptome, evtl.
Atemlähmung. Die Symptome dürften durch das Phytolaccatoxin bedingt sein. Toxizität beruht vorwiegend auf den Phytomitogenen, die
eine pathologische Veränderung des Blutbildes bedingen [194]. —
Kaum Vergiftungen bei Tieren unter mitteleuropäischen Verhältnissen.

Behandlung der Vergiftung: Erbrechen oder Magenspülung bei Kleinkindern nach der Aufnahme weniger Früchte. Stationäre Beobachtung. Symptomatische Therapie (Atmung, Blutbild). Bei Erwachsenen
Erbrechen und Aktivkohle. Nach größeren Mengen Magenspülung.

4.45. Süßgräser — *Poaceae*
Einkeimblättrige Pflanzen — *Monocotyledonae*

T + + + **Taumel-Lolch** — *Lolium temulentum* L. (Abb. 59)
Taumel-Weidelgras

Erkennungsmerkmale
Ährchen 5- bis 7blütig, eine bis zu 30 cm lange, unterbrochene Ähre
bildend. Ährchen mit der Schmalseite der Hauptachse anliegend.

Hüllspelzen grannenlos, 7nervig, so lang oder länger als das Ährchen. Deckspelze mit steifer, gerader Granne, 5nervig, knorpelig.
Pflanze 30 bis 80 cm hoch, aufrecht, graugrün. Einjährig.
Blütezeit: Mai bis Juli.

Verbreitung: Getreideäcker. Zerstreut.

Giftige Inhaltsstoffe
Bezeichnung: Alkaloide Temulin (Pyridinstruktur) und Perlolin (Chinolinstruktur), vereinzelt gering blausäurehaltige Verbindungen. Nach einigen Angaben [177, 251, 183] toxische Inhaltsstoffe infolge Pilzbe-

Abb. 59. Taumel-Lolch – *Lolium temulentum.*

falls: Mycotoxine Lolitrem A und B; nach [281] entstehen die Mycotoxine Penitrem A und B = Tremortin nach Pilzbefall mit *Penicillium verrucosum* var. *cyclopium*.

Vorkommen: Temulin vorwiegend in reifen Früchten (0,05 %). Evtl. entsteht auch Temulin erst nach Pilzbefall (aber auch giftige Früchte ohne Pilzbefall wurden gefunden!).

Wirkung: beim Menschen kaum noch Vergiftungen infolge besserer Saatgutreinigungsverfahren. – Auch bei Tieren in Mitteleuropa kaum noch Intoxikationen. Das Krankheitsbild (Temulismus) äußert sich in Taumeln, Lähmungen, Krämpfen; in schweren Fällen Tod durch Atemlähmung. Besonders anfällig sind Pferde, Schweine und Geflügel, aber auch Schafe werden betroffen.
LD: Katze 0,25 g Temulin / kg KM.

Behandlung der Vergiftung: symptomatisch.

4.46. Knöterichgewächse – *Polygonaceae*

T + + **Echter Buchweizen** – *Fagopyrum esculentum* Moench (Abb. 60)
Heidegrütze

Erkennungsmerkmale
Blüten weiß-rosa-rot, in Scheintrauben, Blütenhülle 3 bis 4 mm.
Früchte 4 bis 6 mm, kastanienbraun, 3seitig kantig, zuerst glänzend, später glanzlos.
Blätter herzpfeilförmig, zugespitzt, untere lang gestielt, obere fast sitzend.
Stengel aufrecht, wenig verzweigt, zuletzt rot.
Pflanze 15 bis 60 cm hoch. Einjährig.
Blütezeit: Juli bis Oktober.

Verbreitung: Heimat Zentralasien. In Mitteleuropa stellenweise als Kulturpflanze angebaut, verwildert.

Giftige Inhaltsstoffe
Bezeichnung: Fagopyrin als Anthracenderivat, das dem Hypericin des Tüpfel-Hartheus, s. S. 146, sehr nahe steht; unbekannter Giftstoff.
Vorkommen: Fagopyrin, vorwiegend in Blütenblättern und Samenschalen.
Wirkung: bei Menschen in Mitteleuropa keine Vergiftungen. – Bei Tieren Fagopyrismus (eine Lichtkrankheit mit gleichen Erscheinungen wie beim Tüpfel-Harthreu, s. S. 146).

Behandlung der Vergiftung: s. Tüpfel-Harthreu.

Abb. 60. Echter Buch-
weizen − *Fagopyrum es-
culentum.*

Verwendung der Pflanze: zur Behandlung von Hämorrhagien; als Ad-
juvans.

+ **Pfeffer-Knöterich** − *Polygonum hydropiper* L. (Abb. 61)
Wasserpfeffer

Erkennungsmerkmale
Blüten grün, unscheinbar, in locker überhängenden Scheinähren.

Abb. 61. Pfeffer-Knöterich − *Polygonum hydropiper.*

Blätter länglich, lanzettlich, beiderseits verschmälert, wechselständig. Geschmack scharf.
Pflanze aufrecht, verästelt, 30 bis 50 cm hoch. Einjährig.
Blütezeit: Juli bis September.

Verbreitung: feuchte Waldstellen, Gräben, Ufer. Verbreitet.

Giftige Inhaltsstoffe
Bezeichnung: Polyketide Persicarin und Persicarin-7-methylether, Isotadeonal (Sesquiterpen).
Wirkung: vereinzelt bei Kindern durch Kauen der Blätter unterschiedlich verlaufende Magen-Darm-Entzündungen und evtl. Harnwegsreizungen. − Auch bei Tieren sind Vergiftungen selten.

Behandlung der Vergiftung: Reichlich Flüssigkeit und Aktivkohle sind in den weitaus meisten Fällen ausreichend.

Verwendung der Pflanze: noch als Antihämorrhagikum.

++ **Medizinal-Rhabarber** − *Rheum palmatum* L.

Erkennungsmerkmale
Blüten bräunlich-rot, in beblätterten Rispen. Blütenstiele fast stielrund.
Blätter groß, gelappt, mit spitzen Zipfeln, lang gestielt.
Pflanze bis 3 m hoch. Ausdauernd (20 bis 30 Jahre).
Blütezeit: Mai bis Juni.

Verbreitung: Heimat Tibet, China. Zierpflanze in Parkanlagen oder als Arzneipflanze angebaut.

Giftige Inhaltsstoffe
Bezeichnung: freie und glycosidisch gebundene Anthracenderivate wie Aloemodin, Chrysophanol, Emodin, Physcion und Rhein sowie deren Anthrone und Dianthrone. Oxalsäure.
Vorkommen: Anthracenderivate in der Wurzel (3 bis 12 %), aber auch in Blättern, wenig in den Stengeln.
Wirkung: Vergiftungen vorwiegend bei Kindern durch Essen von Blättern: Brennen in Mund und Kehle, Magenbeschwerden, Erbrechen, Schwäche, im Extrem Koma. − Keine Vergiftungen bei Tieren bekannt.

Behandlung der Vergiftung: Erbrechen, anschließend Aktivkohle. Nach Aufnahme größerer Mengen stationäre Behandlung. Symptomatische Therapie (auf Calciumgehalt achten, Kontrolle der Nierenfunktion).

Verwendung der Pflanze: Abführmittel; verdauungsfördernde und appetitanregende Präparate.

+ **Gemeiner Rhabarber** − *Rheum rhabarbarum* L.

Erkennungsmerkmale
Blütenhülle grünlich, in Rispen, auf dicken, nur unten beblätterten Stielen.
Früchte eiförmige Nüßchen, nach oben schmaler, beiderseits ausgerandet.
Blätter groß, eiförmig, länger als breit, am Rande stark gewellt, mit gefurchten, dicken Stielen und großen Tuten.
Pflanze 1 bis 3 m hoch. Ausdauernd.
Blütezeit: Mai bis Juni.

Verbreitung: Gemüse, Arznei- und Zierpflanze. Heimat Ostasien.

Giftige Inhaltsstoffe
Bezeichnung: s. Medizinal-Rhabarber, aber geringere Konzentrationen der toxischen Inhaltsstoffe.
Vorkommen: in Blättern (bis zu 1,5 % Anthracenderivate) und in den Wurzeln.
Wirkung: nach dem Essen großer Rhabarbermengen Calciummangel durch die Oxalsäure (Calciumoxalatbildung) möglich. − Bei Tieren selten Vergiftungen.

Behandlung der Vergiftung: evtl. Calciumzufuhr.

Verwendung der Pflanze: Anwendung in Abführmitteln statt Medizinal-Rhabarber gilt infolge schwächerer Wirkung als Verfälschung.

+ **Sauer-Ampfer** − *Rumex acetosa* L. (Abb. 62)

Erkennungsmerkmale
Blüten klein, grünlich, eingeschlechtig, in lockeren Rispen. Blütenhülle 6blättrig, bei der Fruchtreife rot gefärbt.
Früchte 3kantige, dunkelbraune Nußfrüchte, von flügelartigen Blütenhüllblättern umschlossen.
Blätter wechselständig, pfeil- oder spießförmig, die unteren lang, die oberen kurz gestielt oder sitzend. Am Grunde eine häutige, geschlitzte Tute. Blätter mit säuerlichem Geschmack.
Stengel bis zu den Blütenrispen unverzweigt.
Pflanze 30 bis 100 cm hoch. Ausdauernd.
Blütezeit: Mai bis Juni.

Verbreitung: Wiesen, Wegränder, Grasplätze, Wälder. Gemein.

Giftige Inhaltsstoffe und **Behandlung der Vergiftung**: s. Kleiner Ampfer.

+ **Kleiner Ampfer** − *Rumex acetosella* L.

Erkennungsmerkmale
Blüten unscheinbar, etwas quirlig in Scheintrauben.
Blätter spießförmig bis lanzettlich-lineal, einfach oder geteilt, wie der Stengel oft rot überlaufen.
Stengel einfach oder verzweigt.
Pflanze aufrecht, 5 bis 25 cm hoch. Geselliges Vorkommen. Ausdauernd.
Blütezeit: Mai bis August.

Verbreitung: trockene Wiesen, Bahndämme, Sandfelder. Gemein.

Abb. 62. Sauer-Amp-
fer – *Rumex acetosa.*

Giftige Inhaltsstoffe
Bezeichnung: toxische Konzentrationen von Oxalaten und freier Oxalsäure.

Vorkommen: in Blättern bis zu 1,5 % gebundene und über 1 % freie
Oxalsäure.
Wirkung: besonders bei Kindern nach dem Essen vieler Blätter Erbre-
chen und Durchfall, evtl. Herz-Kreislauf-Beschwerden. – Unter den
Tieren sind besonders Schafe anfällig.

LD$_{min}$: Mensch (o.) 5 bis 15 g Oxalsäure. LD$_{50}$: Maus (i. v.) 57 mg Oxalsäure / kg KM.

Behandlung der Vergiftung: Aktivkohle, Laxans, evtl. Calciumzufuhr.

4.47. Primelgewächse − *Primulaceae*
+ + **Alpenveilchen** − *Cyclamen persicum* Mill.

Erkennungsmerkmale
Blüten mit 5 nach hinten gebogenen Blumenkronblättern mit glatten, gefransten oder gewellten Rändern. Blütenstengel ca. 20 cm lang.
Blätter grundständig, herzförmig, auf langen, rötlichen Stielen. Blätter dunkelgrün mit hellen Nerven und Flecken.
Pflanze mit unterirdischer Knolle. Bis 30 cm hoch. Ausdauernd.
Blütezeit: Dezember bis April.

Verbreitung: beliebte Zimmerpflanze.

Giftige Inhaltsstoffe
Bezeichnung: Triterpensaponine, u. a. Cyclamin.
Vorkommen: besonders im Wurzelstock (Knolle).
Wirkung: nach dem Essen geringer Mengen (0,2 g) der Knolle durch Kinder Magen-Darm-Beschwerden und Krämpfe. Empfindliche Personen nach dem Hantieren mit Knollen, z. B. in Gärtnereien, Kribbeln in den Händen. LD: Erwachsener (o.) ca. 8 g.

Behandlung der Vergiftung: Konsultation des Hautarztes. Bei Aufnahme Erbrechen, anschließend Aktivkohle und Laxans. Stationäre Einweisung nach größeren Mengen; Magenspülung, symptomatische Therapie.

+ **Hohe Primel** − *Primula elatior* (L.) Hill
Hohe Schlüsselblume, Waldprimel. Geschützt in der DDR.

Erkennungsmerkmale
Blüten hellgelb, mit flachem Saum und dunkler geflecktem Schlund, doldig angeordnet auf langem Stiel. Geruchlos.
Früchte Kapseln, etwa so lang wie die Kelche.
Blätter runzlig, allmählich in den Stiel verschmälert.
Pflanze 15 bis 30 cm hoch. Ausdauernd.
Blütezeit: März bis Mai.
Verbreitung: Laubwälder, Wiesen. Im Süden verbreitet, im Norden selten.

Giftige Inhaltsstoffe
Wie Wiesen-Primel s. S. 178, jedoch in geringerer Konzentration.

Behandlung der Vergiftung: falls erforderlich, Hautarzt konsultieren. Bei innerer Aufnahme Aktivkohle und reichlich Flüssigkeit, evtl. zuvor Erbrechen auslösen.

++ **Becher-Primel** − *Primula obconica* Hance (Abb. 63)
Gift-Primel.

Erkennungsmerkmale
Blüten 5zählig, weiß, rosa, rot oder violett, doldig, auf hohem Schaft. Kelch trichterförmig, zur Fruchtzeit vergrößert.
Blätter lang gestielt, herzförmig, lappig gezähnt, drüsenhaarig, in grundständigen Rosetten.
Pflanze krautig, bis 30 cm hoch.
Blütezeit: als Zimmerpflanze im Winter.

Verbreitung: Heimat Tibet. Zimmerpflanze.

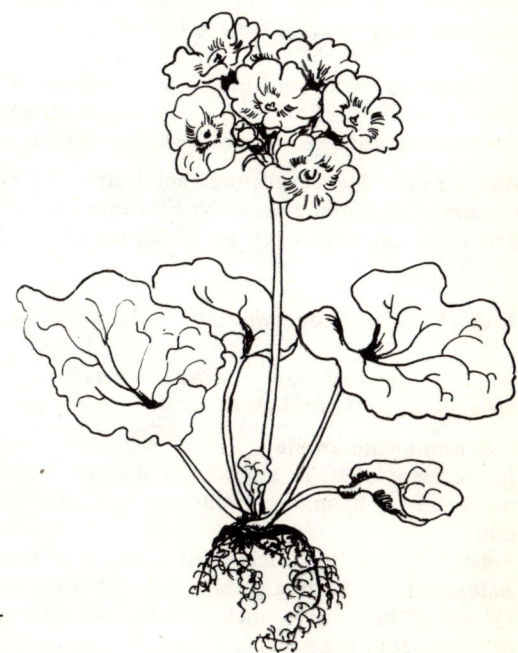

Abb. 63. Becher-Primel − *Primula obconica.*

Giftige Inhaltsstoffe und **Behandlung der Vergiftung**: wie Wiesen-Primel.

++ **Wiesen-Primel** − *Primula veris* L. (Tafel XXb)
Wiesen-Schlüsselblume. Geschützt in der DDR.

Erkennungsmerkmale
Blüten dottergelb, mit glockig vertieftem Saum, Schlund rot gefleckt. Doldig angeordnet auf langem Stiel. Kelch bauchig. Wohlriechend.
Früchte Kapseln, halb so lang wie die Kelche.
Blätter runzlig, Blattspreite vom Stiel fast herzförmig abgesetzt.
Pflanze 10 bis 30 cm hoch. Ausdauernd.
Blütezeit: April bis Juni.

Verbreitung: trockene Wiesen, Böschungen. Kalkhold. Verbreitet, im Nordwesten der BRD selten.

Giftige Inhaltsstoffe
Bezeichnung: Protoprimulagenin A als Hauptaglycon (Triterpensaponin).
Vorkommen: vorwiegend in Wurzeln (bis zu 10 %), weniger in Kelchblättern. Starke Schwankungen im Gehalt in Abhängigkeit vom Standort.
Wirkung: besonders bei Kindern nach Saugen an Blüten Magen-Darm-Störungen. Durch Berührung der Pflanze bei empfindlichen Personen „Primeldermatitis". − Kaum Vergiftungen bei Tieren.

Behandlung der Vergiftung: bei Dermatitis Hautarzt konsultieren. Bei oraler Aufnahme reichlich Flüssigkeit und Aktivkohle. Nach größeren Mengen Erbrechen oder Magenspülung.

4.48. Hahnenfußgewächse − *Ranunculaceae*

+++ **Blauer Eisenhut** − *Aconitum napellus* L. (Tafel I a)
Mönchskappe, Sturmhut. Geschützt. Noch weitere Arten.

Erkennungsmerkmale
Blüten blauviolett, in aufrechten, dichten Trauben. Das oberste Blumenkronblatt helmartig, breiter als hoch, die übrigen 4 paarweise darunter.
Früchte 3teilige Balgfrüchte mit je 10 bis 15 schwarzen Samen.
Blätter tief handförmig geteilt, mit 3zipfligen Abschnitten.
Pflanze 50 bis 150 cm hoch, aufrecht. Ausdauernd.
Blütezeit: Juni bis August.

Verbreitung: Bachufer, Wälder, nur im Gebirge, kalkhold. Zerstreut. Zierpflanze.

Giftige Inhaltsstoffe
Bezeichnung: stark toxisches Norditerpen-Esteralkaloid Aconitin (C_{19}-Diterpenskelett) als Hauptalkaloid neben gering toxischem Napellin (unverestertes, echtes C_{19}-Diterpen-Alkaloid). Chemie der Diterpen-Alkaloide: [280].

Vorkommen: Alkaloide hauptsächlich in der Knolle, besonders im Winter, aber auch in übrigen Pflanzenteilen (1 %). Abnahme der Giftwirkung durch Lagerung der Pflanze.

Wirkung: Aconitin zählt zu den wirksamsten Pflanzengiften. Beim Menschen nach dem Essen von Blättern als Salat Übelkeit, Erbrechen, evtl. sofort Kammerflimmern, Krämpfe und beschleunigte – später verlangsamte – Atmung. Der Tod tritt infolge von Atemlähmung ein. – Von den Tieren werden Rinder, Schafe, Ziegen und Pferde betroffen. Aconitin wird u. a. zu Aconin hydrolisiert, das 1/500 der Aconitintoxizität besitzt.

TD_{min}: Mensch (o.) 0,2 g Wurzel/kg KM. LD: Mensch (o.) 5 mg Aconitin/kg KM = etwa 2 bis 4 g Wurzel; Pferd (o.) 3 mg Aconitin/kg KM. LD_{50}: Maus (i. v.) 0,17 mg; (i. p.) 0,33 mg und (o.) 1 mg Aconitin/kg KM.

Behandlung der Vergiftung: sofortiges Erbrechen, Aktivkohle. Stationäre Aufnahme und Magenspülung. Symptomatische Therapie (besondere Beachtung: Krampfneigung, evtl. Kammerflimmern und die Atmung).

Verwendung der Pflanze: noch in schmerzstillenden Präparaten; besonders bei Neuralgien.

+ Christophskraut – *Actaea spicata* L. (Abb. 64)

Erkennungsmerkmale
Blüten weißlich, in vielblütigen Trauben.
Früchte eiförmige, glänzend schwarze Beeren, gestielt.
Blätter 3zählig bis gefiedert, mit gesägtem Blattrand.
Pflanze 30 bis 60 cm hoch. Ausdauernd.
Blütezeit: Mai bis Juni.

Verbreitung: krautreiche Buchen- und Tannenwälder, Gebüsche, kalkhold. In den Alpen und im Alpenvorland verbreitet, sonst zerstreut.

Giftige Inhaltsstoffe
Bezeichnung: stickstofffreies Protoanemonin (Lacton).

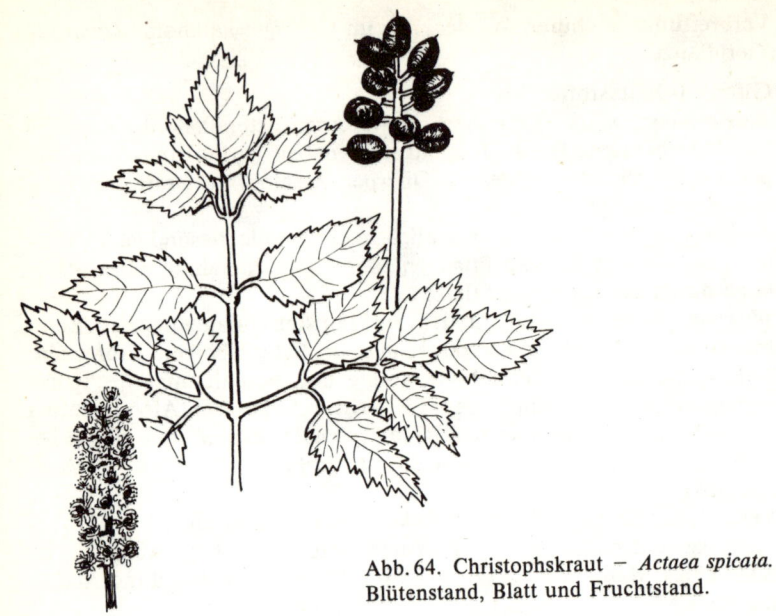

Abb. 64. Christophskraut − *Actaea spicata*.
Blütenstand, Blatt und Fruchtstand.

Vorkommen: gesamte Pflanze, einschließlich Wurzelstock.
Wirkung: besonders bei Kindern nach Beerenaufnahme Gastroenteritis; geringe kardiale Symptomatik möglich. Hautrötungen bei empfindlichen Personen nach Berührung der Pflanze. − Vergiftungen bei Tieren unbekannt.

Behandlung der Vergiftung: reichlich Flüssigkeit mit aufgeschwemmter Aktivkohle − evtl. zuvor Erbrechen − dürfte in den weitaus meisten Fällen ausreichend sein. Bei intensiver Hautrötung Hautarzt konsultieren.

++ **Frühlings-Adonisröschen** − *Adonis vernalis* L. (Tafel I b)
Teufelsauge. Geschützt.

Erkennungsmerkmale
Blüten zitronengelb, 4 bis 8 cm breit. 10 bis 20 glänzende Blumenkronblätter. Kelchblätter flaumhaarig.
Früchte mit hakenförmigem Schnabel, eine Kugel bildend.
Blätter fiedrig zerschlitzt, mit linealischen Zipfeln.

180

Pflanze aufrecht, 10 bis 40 cm hoch. Ausdauernd.
Blütezeit: April bis Juni.

Verbreitung: Kiefernwald. Kalkhold. Selten: Brandenburg, Bayern, Rheinland; zerstreut in Thüringen.

Giftige Inhaltsstoffe
Bezeichnung: Adonitoxin (Aglycon Adonitoxigenin), Cymarin u. a. vom Cardenolid-Typ, s. S. 13. Erstmalige Isolierung von Disacchariden des Adonitoxigenins: [335].
Vorkommen: im Kraut.
Wirkung: beim Menschen Übelkeit, Erbrechen, Durchfälle, Herz-Kreislauf-Wirkung. — Bei Tieren Vergiftungen infolge des scharfen Pflanzengeschmacks selten. Im Extrem Tod durch Herzversagen.
LD: Meerschwein (i. v.) 5 bis 9 mg der einzelnen Glycoside, Hund (i. v.) 0,7 bis 1,25 mg / kg KM. LD_{min}: Katze (i. v.) 191 µg Adonitoxin / kg KM.

Behandlung der Vergiftung: sofortiges Erbrechen, dann reichlich Flüssigkeit mit Aktivkohle. Nach stationärer Aufnahme Magenspülung und symptomatische Therapie (Herz-Kreislauf!).

Verwendung der Pflanze: homöopathische Arzneimittel.

+ **Busch-Windröschen** — *Anemone nemorosa* L.
Waldhähnchen, Wasserhähnchen

Erkennungsmerkmale
Blüten weiß, oft rötlich überlaufen. 5 bis 7 Blumenkronblätter. Blüten strahlig, 15 bis 40 mm breit.
Blätter lang gestielt, grundständig. Wie die am Stengel befindlichen Hochblätter 3teilig.
Pflanze 10 bis 25 cm hoch. Ausdauernd.
Blütezeit: März bis Mai.

Verbreitung: krautreiche Wälder, Wiesen, Gebüsche. Gemein.

Giftige Inhaltsstoffe und **Behandlung der Vergiftung:** s. Wiesen-Kuhschelle, S. 185, jedoch geringere Konzentration der Giftstoffe.

+ **Sumpf-Dotterblume** — *Caltha palustris* L. (Tafel III b)
Eierblume, Schmerblume Kuhblume

Erkennungsmerkmale
Blüten gelb, ca. 4 cm breit. 5 glänzende Blumenkronblätter, zahlreiche Staubblätter. Kugelige Blütenknospen, außen grün.
Früchte 8teilige Balgfrüchte mit zahlreichen Samen.

Blätter herznierenförmig, die unteren lang, die oberen kurz gestielt, dunkelgrün, fettig glänzend, fleischig.
Stengel dick, hohl, aufsteigend.
Pflanze 15 bis 30 cm hoch. Ausdauernd.
Blütezeit: April bis Juni.

Verbreitung: sumpfige Wiesen, Gräben. Gemein.

Giftige Inhaltsstoffe
Bezeichnung: Protoanemonin.
Vorkommen: in der gesamten Pflanze.
Wirkung: nach Kontakt Hautreizung möglich. Nach dem Verzehr der Blätter als Salat Erkrankungen, s. Wiesen-Kuhschelle, S. 185. – Unter Tieren Vergiftungen bei Schafen und Ziegen. Wegen des scharfen Geschmacks der Pflanzen aber meist nur geringe Aufnahme.

Behandlung der Vergiftung: s. Wiesen-Kuhschelle, wegen geringerer Symptomatik aber kaum stationäre Einweisung erforderlich. Bei intensiver Hautreizung Hautarzt konsultieren.

+ **Gemeine Waldrebe** – *Clematis vitalba* L.
Noch weitere Arten als Zierpflanzen mit auffallend großen blauen, weißen, gelben oder rötlichen Blüten (Tafel IV a).

Erkennungsmerkmale
Blüten weißlich, in blattachselständigen Rispen. 2 cm breit. 4 Blütenhüllblätter, beiderseits filzig behaart.
Früchte mit zottigem Schnabel.
Blätter gegenständig, meist 5zählig gefiedert.
Stengel kantig.
Pflanze 1 bis 5 m hoch kletternder Strauch.
Blütezeit: Juli bis September.

Verbreitung: Gebüsche, Auwälder, Hecken. Kalkhold. Verbreitet, im Norden selten.

Giftige Inhaltsstoffe
Bezeichnung: Protoanemonin, Anemonin und Saponin.
Vorkommen und *Wirkung:* s. Wiesen-Kuhschelle, S. 185, aber schwächer.

Behandlung der Vergiftung: reichlich Aktivkohle, nach Aufnahme größerer Pflanzenmengen zuvor Erbrechen auslösen.

T++ **Feld-Rittersporn** – *Consolida regalis* S. F. Gray (Abb. 65)
Hafergiftblume

Erkennungsmerkmale

Blüten blau, in lockeren, armblütigen Trauben. Helmartig verwachsene Blumenkronblätter mit langem Sporn.

Früchte 2 cm lange Balgfrüchte.

Blätter in schmal linealische Abschnitte geteilt.

Pflanze 20 bis 25 cm hoch. Einjährig oder einjährig überwinternd.

Blütezeit: Mai bis August.

Abb. 65. Feld-Rittersporn –
Consolida regalis.

Verbreitung: auf kalkhaltigen und nährstoffreichen Äckern. Verbreitet, in den Alpen fehlend.

Giftige Inhaltsstoffe

Bezeichnung: außer dem Hauptalkaloid Ajaconin (C_{20}-Diterpenskelett) noch die Nebenalkaloide Aconitin und Napellin.

183

Vorkommen: Alkaloide in Blüten und Samen (1 %).
Wirkung: Beim Menschen sind Vergiftungen kaum zu erwarten. − Nach Aufnahme größerer Pflanzenmengen bei Rindern Speichelfluß und Bewegungsstörungen. Im Extrem Atemlähmung möglich.

Behandlung der Vergiftung: symptomatisch.

+ **Hoher Rittersporn** − *Delphinium elatum* L. (Hybride: Tafel VII b)

Erkennungsmerkmale
Blüten blau oder weiß, gespornt, in lockerer, aufrechter Traube.
Blätter handförmig 3- bis 7teilig, Teilblättchen stark gesägt. Wechselständig.
Pflanze 80 bis 150 cm hoch. Ausdauernd.
Blütezeit: Juni bis Juli.

Verbreitung: Hochgebirge, selten. Zierpflanze.

Giftige Inhaltsstoffe
Bezeichnung: Diterpen-Alkaloide Ajaconin und Delcosin sowie Eisenhut-Alkaloide.
Vorkommen: vorwiegend in Samen und jungen Pflanzen.
Wirkung: besonders bei Kindern durch Berührung der Blätter Dermatitis. Nach dem Essen der Samen Magenreizung und zentrale Symptome. − Bei Tieren nur vereinzelt Vergiftungen (Pferde).

Behandlung der Vergiftung: reichlich Flüssigkeit und Aktivkohle, evtl. vorher Erbrechen auslösen. Bei Dermatitis Hautarzt konsultieren.

+ + **Schwarze Nieswurz** − *Helleborus niger* L. (Tafel XI b)
Christrose, Schneerose. Geschützt in der BRD.
Noch weitere Nieswurz-Arten.

Erkennungsmerkmale
Blüten weiß, außen oft rötlich, flach ausgebreitet, 7 cm breit.
Früchte vielsamige Balgfrüchte.
Blätter handförmig 7- bis 9teilig, ledrig, lang gestielt, grundständig.
Stengel blattlos, nur mit 2 bis 3 eiförmigen Deckblättern.
Wurzelstock: schwarzbraun.
Pflanze 15 bis 30 cm hoch. Ausdauernd.
Blütezeit: Dezember bis März.

Verbreitung: subalpine Buchen- und Kiefernwälder, kalkhold. Selten: nur Alpen. Zierpflanze in Gärten und Anlagen.

Giftige Inhaltsstoffe

Bezeichnung: Saponingemisch Helleborin (meist Steroidsaponine) und Protoanemonin, angeblich auch das Glycosid Hellebrin (widersprüchliche Angaben) vom Bufadienolid-Typ (s. S. 13).

Vorkommen: toxische Stoffe vorwiegend in Blättern, Samen und Wurzeln.

Wirkung: schwere Vergiftung bei Kindern nach Samenaufnahme. Starkes Erbrechen und Durchfälle, Reizungen der Mund- und Rachenschleimhäute. Herz-Kreislauf-Komplikationen evtl. nur als Folge des starken Flüssigkeitsverlustes durch Erbrechen und Durchfall. − Unter den Tieren können Pferde, Schafe und Rinder erkranken. Letztere scheiden die Giftstoffe mit der Milch aus, die beim Menschen zu Erkrankungen führen kann. Wirkung nach Trocknung der Pflanzenteile unverändert.

LD: Katze (i. v.) 0,1 mg Hellebrin / kg KM (niedriger als für Strophanthin: 0,16 mg). LD_{50}: Katze (o.) 104 mg Hellebrin / kg KM. LD_{min}: Kaninchen (i. v.) 1,9 mg Helleborin / kg KM.

Behandlung der Vergiftung: Aktivkohle und Laxans. Evtl. stationäre Beobachtung und symptomatische Therapie.

Verwendung der Pflanze: homöopathische Arzneimittel. Früher als Wurmmittel.

+ + **Wiesen-Kuhschelle** − *Pulsatilla pratensis* (L.) Mill.
Küchenschelle. Geschützt.

Erkennungsmerkmale

Blüten dunkelviolett, nickend, glockig, Staubbeutel fast so lang wie die Krone.

Früchte lang federig behaart.

Blätter grundständig, seidenhaarig, 3fach fiederteilig, Zipfel lineal. Unterhalb der Blüten 3fingerig geteilte Hüllblätter.

Pflanze 8 bis 50 cm hoch. Ausdauernd.

Blütezeit: April bis Mai.

Verbreitung: sonnige Hügel, sandige, trockene Wälder. Kalkhold. Selten in der DDR, in der BRD nur im Norden. Zierpflanze.

Giftige Inhaltsstoffe

Bezeichnung: Protoanemonin, das zu geruchlosem Anemonin dimerisiert; Saponin.

Vorkommen: Protoanemonin im Kraut, geringe Mengen Saponin (0,5 %) vorwiegend in der Wurzel.

Wirkung: vorwiegend bei Kindern durch Essen der Blätter und Früchte

Reizung der Verdauungswege und Nieren; Erbrechen, Durchfälle, evtl. Krämpfe. − Vom Tier werden selten beachtliche Pflanzenmengen aufgenommen. Durch Trocknung der Pflanze wird die Giftwirkung abgeschwächt.

LD: Hund (o.) 20 mg Anemonin / kg KM.

Behandlung der Vergiftung: Erbrechen, anschließend Aktivkohle. Falls stationäre Einweisung, Magenspülung. Evtl. symptomatische Therapie (Beachtung: Krämpfe, Nierenfunktion).

++ **Echte Kuhschelle** − *Pulsatilla vulgaris* Mill. (Tafel XXI a)
Gemeine Küchenschelle, Wolfspfote. Geschützt.

Erkennungsmerkmale
Ähnlich der vorigen Art, jedoch:
Blüten hellviolett, aufrecht. Staubbeutel wesentlich kürzer als die Blumenkrone.
Pflanze 5 bis 20 cm hoch. Ausdauernd.
Blütezeit: März bis Mai.

Verbreitung: sonnige Abhänge, trockene Hügel. Zerstreut, in den Alpen fehlend. Zierpflanze.

Giftige Inhaltsstoffe und **Behandlung der Vergiftung:** wie vorige Art, Wiesen-Kuhschelle.

+ **Knolliger Hahnenfuß** − *Ranunculus bulbosus* L. (Abb. 66)

Erkennungsmerkmale
Blüten goldgelb, strahlig, ca. 2 cm breit. 5 Kelchblätter nach unten geschlagen, 5 Blumenkronblätter. Blütenstiele gefurcht.
Blätter 3teilig, Mittelabschnitt der grundständigen Blätter gestielt.
Stengel aufrecht, am Grunde knollig verdickt.
Pflanze 10 bis 30 cm hoch. Ausdauernd.
Blütezeit: Mai bis Juni.

Verbreitung: trockene Wiesen, Wegränder. Gemein.

Giftige Inhaltsstoffe: wie Gift-Hahnenfuß, meist jedoch in gefahrloser Konzentration.

Behandlung der Vergiftung: s. Gemeine Waldrebe, S. 182.

++ **Gift-Hahnenfuß** − *Ranunculus sceleratus* L. (Abb. 67)
Giftranunkel

Abb. 66. Knolliger Hahnenfuß – *Ranunculus bulbosus.*

Erkennungsmerkmale
Blüten blaßgelb, strahlig, 4 bis 10 mm breit. 5 Blumenkronblätter, etwa
so lang wie der Kelch.
Früchte bilden ährenförmige Köpfe.
Blätter handförmig geteilt, untere lang gestielt, obere sitzend, meist
3teilig.
Stengel aufrecht, röhrig, ästig, reichblütig.

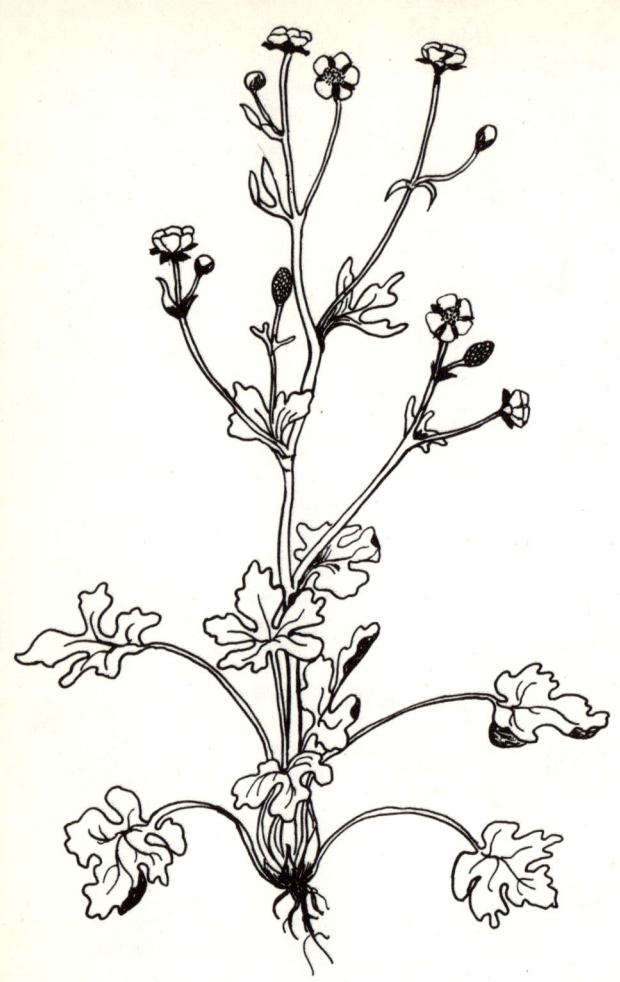

Abb. 67. Gift-Hahnenfuß − *Ranunculus sceleratus.*

Pflanze 20 bis 60 cm hoch. Einjährig.
Blütezeit: Juni bis Oktober.

Verbreitung: Teichufer, Sumpfwiesen, sehr feuchte Äcker. Verbreitet.

188

Giftige Inhaltsstoffe
Bezeichnung: Glycosid Ranunculin, daraus freigesetztes Protoanemonin und hieraus entstehendes Anemonin. Saponine, bisweilen blausäurehaltige Verbindungen.
Vorkommen: Ranunculin im Kraut. Protoanemonin bis zu 2,5 % in der blühenden Pflanze [269].
Wirkung: Vergiftungen vereinzelt bei Kindern durch Verzehr frischer Pflanzen (Badewiesen!) als Schleimhautentzündungen, Durchfall. Nierenschäden und schwere zentrale Symptomatik möglich. Aber auch Hautkontakt mit frisch geschnittenen Pflanzen kann zu „Wiesen-Dermatitis" führen. − Bei Tieren tödliche Vergiftungen nur bei massenhaftem Vorkommen im Weidegras. Als Heu ungiftig.

Behandlung der Vergiftung: Erbrechen mit anschließender Verabreichung von viel Flüssigkeit mit aufgeschwemmter Aktivkohle. Bei stationärer Aufnahme evtl. Magenspülung und weitere symptomatische Therapie. Bei Dermatitis Hautarzt konsultieren.

4.49. Kreuzdorngewächse − *Rhamnaceae*

+ + **Faulbaum** − *Frangula alnus* Mill. (Tafel X a)
Pulverbaum

Erkennungsmerkmale
Blüten weißlich-grün, 5zählig, zu 2 bis 10 in blattachselständigen Trugdolden.
Früchte zuerst grüne, dann rote, später schwarze, beerenartige Steinfrüchte, erbsengroß. Alle Reifestadien gleichzeitig am Strauch.
Blätter wechselständig, ganzrandig, beiderseits der Mittelrippe mit 6 bis 8 Seitennerven.
Pflanze 1 bis 4 m hoher Strauch oder Baum.
Blütezeit: Mai bis Juni; *Fruchtzeit:* August bis September.

Verbreitung: feuchte Wälder, Gebüsche. Verbreitet.

Giftige Inhaltsstoffe
Bezeichnung: Vorwiegend Anthronglycoside (Anthracenderivate) wie Glucofrangulin A und B, die als Aglycon das Emodin enthalten.
Vorkommen: in unreifen Früchten, frischer Rinde und Blättern (1,2 % Anthracenderivate; vorwiegend Anthronglycoside), nach einjähriger Lagerung in der Rinde 4 bis 8 % Anthracenderivate (vorwiegend Anthrachinone).
Wirkung: besonders nach unreifen Früchten Vergiftungserscheinungen

als Magen-Darm-Reizungen (Anthronwirkung). − Rinder erkranken durch Beweiden des gesamten Strauches.

Behandlung der Vergiftung: reichlich Flüssigkeit und Aktivkohle. Nach etwa 5 bis 10 Früchten Erbrechen, anschließend Aktivkohle. Nach größeren Mengen Magenspülung und sicherheitshalber stationäre Beobachtung.

Verwendung der Pflanze: Rinde nach einjähriger Lagerung in Abführmitteln (Laxantien: Anthrachinonwirkung).

+ **Echter Kreuzdorn** − *Rhamnus cathartica* L. (Abb. 68)
Hirschdorn, Hexendorn

Erkennungsmerkmale
Ähnlich der vorigen Art, Faulbaum, jedoch:
Blätter gegenständig oder gebüschelt, Blattrand fein gesägt, 2 bis 3 Paar Seitennerven.
Zweige meist in Dornen endend.

Verbreitung: Gebüsche, lichte Wälder. Verbreitet, im Norden zerstreut.

Abb. 68. Echter Kreuzdorn − *Rhamnus cathartica.*

190

Giftige Inhaltsstoffe
Bezeichnung: s. Faulbaum, vorige Art, aber geringere Konzentrationen [287].
Wirkung: wie Faulbaum, aber schwächer.

Behandlung der Vergiftung: bis zu etwa 10 Beeren Aktivkohle und reichlich Flüssigkeit meist ausreichend. Nach größeren Mengen Erbrechen auslösen oder Magenspülung.

4.50. Rosengewächse − *Rosaceae*

(+) **Gemeine Zwergmispel** − *Cotoneaster integerrimus* Med.
und mehrere Arten als bodenbedeckende oder aufrechte Ziersträucher

Erkennungsmerkmale
Blüten rötlich-weiß, 5 mm breit, zu 2 bis 10 in den Blattachseln.
Früchte kugelige, erbsengroße, rote Beeren mit steinhartem Kerngehäuse.
Blätter rundlich-eiförmig, ganzrandig.
Pflanze 50 bis 150 cm hoher Strauch.
Blütezeit: April bis Mai. *Fruchtreife:* ab Juli.

Verbreitung: felsige Hänge, auf Kalk. Im Süden zerstreut. Häufiger Zierstrauch in Anlagen und Gärten.

Giftige Inhaltsstoffe
Bezeichnung: Blausäurehaltiges Glycosid Prunasin, Amygdalin.
Vorkommen: Prunasin in Blättern, Blüten, Rinde. Amygdalin in Früchten. Aber äußerst geringer Gehalt im Vergleich zu anderen Pflanzen mit diesen Inhaltsstoffen (erst 20 mg Blausäure / 100 g frischen Pflanzenmaterials sind gefährlich).
Wirkung: häufige Aufnahme der Früchte durch Kinder, aber 10 bis 20 Früchte sind meist wirkungslos. Maximal geringe Magen-Darm-Beschwerden zu erwarten. Erst nach sehr vielen Früchten kann eine Symptomatik der Blausäurevergiftung in abgeschwächter Form auftreten.

Behandlung der Vergiftung: Normalerweise genügen reichlich Flüssigkeit und Aktivkohle. Falls wider Erwarten Blausäuresymptomatik, s. S. 17.

+ **Quitte** − *Cydonia oblonga* Mill. (Abb. 69)

Erkennungsmerkmale
Blüten weiß bis rosa, ca. 4 cm breit.

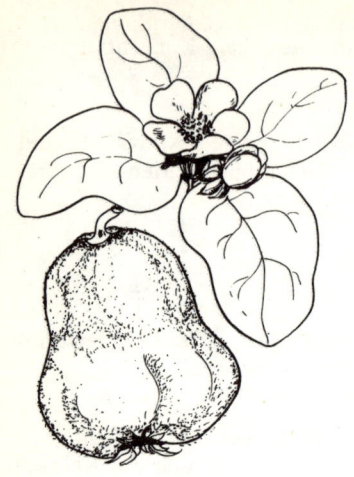

Abb. 69. Quitte – *Cydonia oblonga*.

Früchte gelb, apfel- oder birnenförmig, filzig behaart. Samen (Kerne) oft miteinander verklebt.
Blätter eiförmig, ganzrandig, vorn abgerundete Nebenblätter.
Pflanze 3 bis 6 m hoher Baum.
Blütezeit: Mai bis Juni.

Verbreitung: als Obst- und Zierbaum in Gärten. Heimat Südwestasien.

Giftige Inhaltsstoffe
Bezeichnung: Blausäureglycosid Amygdalin.
Vorkommen: in Samen (1 %) und Blättern.
Wirkung: Trotz Gefährlichkeit der Blausäure dürften in den weitaus meisten Fällen geringe Mengen unzerkleinerter Samen zu keiner Symptomatik führen (wenn Gefahr, dann durch Zerbeißen der Samen!). – Kaum Vergiftungen bei Tieren, vereinzelt nur bei Schweinen durch Zerkauen der Kerne.

Behandlung der Vergiftung: falls wider Erwarten Blausäuresymptomatik, s. S. 17.

Verwendung der Pflanze: Schleimstoffe frischer Früchte als Abführmittel und Salbengrundlage.

+ + **Kirschlorbeer** – *Prunus laurocerasus* L. (Abb. 70)
Lorbeerkirsche

192

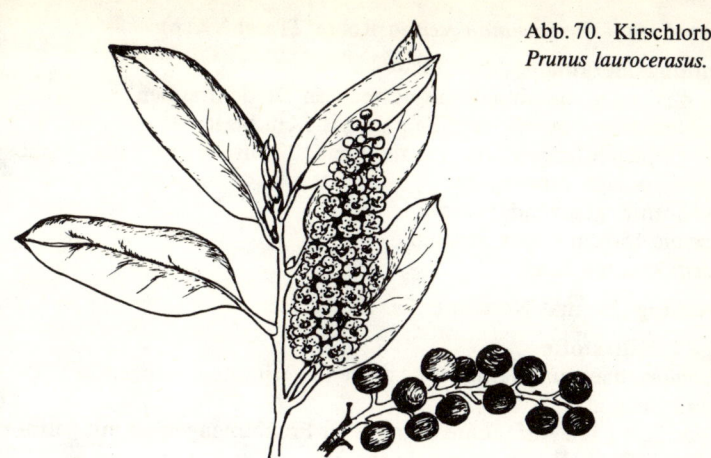

Abb. 70. Kirschlorbeer –
Prunus laurocerasus.

Erkennungsmerkmale

Blüten weiß, Kronblätter 3 mm lang; in 12 cm langen, aufrechten Trauben.

Früchte kugelig-eiförmige Steinfrüchte; zuerst grün, dann dunkelrot, später schwarz, glänzend.

Blätter verkehrt eiförmig-lanzettlich, 8 bis 15 cm lang, am Rande umgebogen, lederartig, oberseits glänzend, immergrün.

Pflanze meist als Strauch, seltener 3 bis 6 m hoher Baum.

Blütezeit: April bis Mai.

Verbreitung: Heimat nördliches und östliches Mittelmeergebiet, Kaukasus. Zierstrauch.

Giftige Inhaltsstoffe

Bezeichnung: blausäurehaltiges Glycosid Prunasin.

Vorkommen: vorwiegend in Blättern (1,0 bis 1,5 %), in Samen 0,16 %.

Wirkung: Aufnahme bzw. Zerkauen von Blättern führt zu Schleimhautreizungen (Mund, Magen-Darm-Trakt). Im Extrem – besonders große Blatt- und Samenaufnahme – Blausäureintoxikation möglich.

Behandlung der Vergiftung: meist reichlich Flüssigkeit und Aktivkohle ausreichend. Sicherheitshalber stationäre Beobachtung. Falls wider Erwarten Blausäuresymptomatik, s. S. 17.

Verwendung der Pflanze: in einigen Ländern noch als Droge.

+ **Feuerdorn** – *Pyracantha coccinea* Roem. (Tafel XXIb)

Erkennungsmerkmale
Blüten weiß oder rötlich-gelb, in aufrechten Doldentrauben.
Früchte leuchtend orange-rote Beeren, bis 1 cm breit.
Blätter elliptisch-lanzettlich, 15 mm breit, 20 bis 40 mm lang, dicht feinkerbig gesägt, immergrün.
Zweige dornig, glänzend, rotbraun.
Pflanze bis 150 cm hoher Strauch.
Blütezeit: Mai bis Juni.

Verbreitung: Heimat Nordamerika. Zierstrauch.

Giftige Inhaltsstoffe
Bezeichnung: blausäurehaltige Glycoside in geringsten Mengen in Blättern und Samen.
Wirkung: Erst nach Aufnahme sehr großer Fruchtmengen ist mit geringen Magen-Darm-Beschwerden zu rechnen.

Behandlung der Vergiftung: nach 5 bis 10 Beeren reichlich Flüssigkeit und Aktivkohle; nach größeren Mengen Erbrechen auslösen, anschließend Gabe von Aktivkohle.

+ **Eberesche** – *Sorbus aucuparia* L.
Vogelbeere

Erkennungsmerkmale
Blüten weiß, in Schirmrispen.
Früchte orangerote, erbsengroße Beeren.
Blätter aus 11 bis 15 stachelspitzig gezähnten Fiederblättchen zusammengesetzt.
Pflanze 3 bis 15 m hoher Baum oder Strauch.
Blütezeit: Mai bis Juni.

Verbreitung: Gebüsche, Waldränder. Verbreitet. Auch Zierbaum.

Giftige Inhaltsstoffe
Bezeichnung: geringe Mengen blausäurehaltiger Glycoside, Parasorbinsäure (Lacton der 5-Hydroxy-2-Hexensäure); untoxische Sorbinsäure entsteht aus Parasorbinsäure.
Vorkommen: Parasorbinsäure vorwiegend in Früchten, blausäurehaltige Glycoside in Samen [171].
Wirkung: erst nach vielen, besonders unreifen Beeren Magen-Darm-Beschwerden durch die Parasorbinsäure. Vergiftungen durch die blausäurehaltigen Glycoside höchstens durch Zerkauen vieler Samen. – Keine Vergiftungen bei Tieren.

Behandlung der Vergiftung: in den meisten Fällen reichlich Flüssigkeit mit Aktivkohle ausreichend. Falls wider Erwarten Blausäuresymptomatik, s. S. 17.

Verwendung der Pflanze: harntreibende und geringe laxierende Wirkung. Sorbinsäure zur Lebensmittelstabilisierung.

4.51. Rautengewächse – *Rutaceae*

+ **Diptam** – *Dictamnus albus* L. (Abb. 71)
Geschützt.

Erkennungsmerkmale
Blüten 3 cm breit, in aufrechten Trauben, rosa, dunkel geadert, 5 zugespitzte Kronblätter.
Früchte kurz gestielte, 5teilige Kapseln mit schwarzen, glänzenden Samen.

Abb. 71. Diptam – *Dictamnus albus.*

Blätter unpaarig gefiedert, 9 bis 11 schief längliche Blättchen, von Öl-
drüsen durchscheinend punktiert, zitronen- oder zimtartiger Duft.
Pflanze 60 bis 120 cm hoch. Ausdauernd.
Blütezeit: Mai bis Juni.

Verbreitung: wärmeliebende Gebüsche. Kalkliebend. Selten. Zierpflanze.

Giftige Inhaltsstoffe
Bezeichnung: Bitterstoff, Saponin, Dictamnin (Chinolin-Alkaloid).
Vorkommen: Dictamnin in der Wurzelrinde, alle übrigen Stoffe in der
gesamten Pflanze.
Wirkung: bei empfindlichen Menschen durch Berührung der Pflanze
Allergien. − Keine Vergiftungen bei Tieren bekannt.

Behandlung der Vergiftung: Hautarzt konsultieren. Falls orale Aufnahme, reichlich Flüssigkeit und Aktivkohle.

4.52. Braunwurzgewächse − *Scrophulariaceae*

+ + + **Wollhaariger Fingerhut** − *Digitalis lanata* Ehrh.

Erkennungsmerkmale
Blüten mit gelb-brauner Kronröhre, Unterlippe weißlich, sehr groß;
braunrot geadert, wollig behaart.
Blätter lineal-lanzettlich, sitzend, kahl.
Blütezeit: Juni bis Juli.

Verbreitung: Heimat Südosteuropa. In warmen Gegenden angebaut.

Giftige Inhaltsstoffe
Bezeichnung: über 60 Glycoside mit Cardenolidstruktur: vorwiegend
Lanatosid A und C neben den Lanatosiden B, D, E u. a. [239, 240] als
Primärglycoside.

Aus den Primärglycosiden A und B entstehen die Sekundärglycoside Acetyldi-
gitoxin und Acetylgitoxin, aus Lanatosid C das therapeutisch bedeutungsvolle
Sekundärglycosid Digoxin (Aglycon: Digoxigenin).

Vorkommen: Glycoside in Blättern (1 %! s. dagegen Roter Fingerhut)
und in den Samen.

Über Cardenolid-Bildung und -Biotransformation in Zellkulturen des Wollhaa-
rigen Fingerhuts: [184, 114].

Wirkung: Vergiftungsmöglichkeiten durch Aussaugen von Blüten und

Aufnahme von Blättern. Symptome: s. Roter Fingerhut, folgende Art.

Infolge vorwiegender Anwendung der therapeutisch wirksamen Herzglycoside in Arzneifertigwaren kommen Vergiftungen beim Menschen überwiegend durch Überdosierung vor [206, 124]. Fragen zur Resorptions-, Abklingquote (z. B. Verlängerung bei Niereninsuffizienz), Kumulation usw. sind der umfangreichen Fachliteratur zu entnehmen [123, 125, 168].

− Vereinzelt Todesfälle bei Schweinen nach irrtümlicher Verfütterung der Blätter.
TD: Mensch ab 1 bis 2 ng Digoxin / ml Blutserum [203].
LD_{50}: Ratte (i. p.) 11 mg Digoxin / kg KM.

Behandlung der Vergiftung: s. Roter Fingerhut, folgende Art.

Verwendung der Pflanze: als Ausgangsbasis zur Arzneimittelgewinnung (z. B. Digoxin in Dilanacin), aber auch Verwendung von Lanatosid A, C sowie des Gemisches aus A, B und C zur Herz-Kreislauf-Behandlung.

+ + + **Roter Fingerhut** − *Digitalis purpurea* L. (Tafel VIII b)
Waldglocke. Noch weitere, gelbblühende Arten: *D. lutea, D. grandiflora.*

Erkennungsmerkmale
Blüten lila-rot, innen mit weiß umrandeten, dunklen Flecken. Kronröhre bis 5 cm lang, glockig, 2lippig, hängend, in einseitswendigen Trauben, endständig. Zierpflanzen auch weiß oder rosa.
Früchte 2fächrige, drüsige Kapseln mit zahlreichen braunen Samen.
Blätter wechselständig, grundständige lang gestielt, stengelständige sitzend. Blattrand gekerbt. Unterseits graufilzig.
Stengel aufrecht, unverzweigt.
Pflanze 40 bis 150 cm hoch. Zwei- oder mehrjährig.
Blütezeit: Juni bis August.

Verbreitung: Kahlschläge. Kalkmeidend. Westlich verbreitet, östlich zerstreut, im Norden und in den Alpen fehlend. Zierpflanze.

Giftige Inhaltsstoffe
Bezeichnung: Cardenolidglycoside Purpureaglycosid A, B u. a. als Primärglycoside.

Aus diesen Primärglycosiden entstehen durch Abspaltung von Zucker (Glucose) die Sekundärglycoside Digitoxin und Gitoxin. Weitere Zuckerabspaltung führt zu den Aglyconen (Genuinen) Digitoxigenin und Gitoxigenin. Die Blattdroge enthält neben den herzwirksamen Glycosiden noch Steroidsaponine (Digitonin, Gitonin u. a.) sowie Digitanolglycoside (Diginin, Digipurpurin u. a.).

Vorkommen: Glycoside in Samen (0,75 %) und Blättern (0,3 %). Der Gehalt wird entscheidend beeinflußt von Bodenverhältnissen, Standort und Tageszeit (nachmittags höhere Glycosidgehalte als morgens). Droge trocken und verschlossen aufbewahren, da Glycosidspaltung durch Feuchtigkeit eintritt.

Wirkung: Infolge möglicher Verwechslung der Blätter mit Beinwell, der als Tee getrunken wird, ereignen sich schwere Vergiftungen [130]. Symptome: zunächst Erbrechen und Durchfall. Schnell kann die auf die Herzmuskulatur und -reizleitungssysteme gerichtete Hauptwirkung mit letztlich systolischem Herzstillstand eintreten. Kinder kommen auch durch Aussaugen der attraktiven Blüten zu Schaden, während die Aufnahme der bitteren Blätter meist gering bleibt, weil schnell spontanes Erbrechen erfolgt.

Vergiftungen beim Menschen kommen jedoch vorwiegend infolge Überdosierung fingerhuthaltiger Medikamente vor [206]. Fragen zur Resorptions- und Abklingquote (z. B. Verlängerung bei schweren Leberschäden), Kumulation, Standarddosis des Digitoxins [192] usw. sind der umfangreichen Fachliteratur zu entnehmen [46, 248].

– Pferde, Schafe und Enten reagieren am empfindlichsten, während Rinder sehr resistent sind, da in den Vormägen eine Giftspaltung zu unwirksamen Verbindungen erfolgt.

LD: Mensch (o.) Gesamtglycoside aus 2 bis 5 g Blättern bzw. weniger als 0,15 mg Digitoxin. Frosch (Lymphsack) 3,65 µg Digitoxin und 6,0 µg Gitoxin / kg KM. LD_{min}: Hund (o.) 180 mg und (i. v.) 4 mg Gesamtglycoside / kg KM.

Behandlung der Vergiftung: sofort Aktivkohle und Laxans, dann unbedingt stationäre Aufnahme: Magenspülung und symptomatische Therapie.

Zu den weitestgehend ineffektiven Entgiftungsverfahren wie Hämodialyse, forcierte Diurese u. a. sowie der bewährten Antikörpertherapie s. Spezialliteratur [179, 329].

Verwendung der Pflanze: Blätter allein sind offizinell! Da die synthetische Darstellung der Herzglycoside sehr teuer ist, dient noch immer die Pflanze – jedoch vorwiegend *Digitalis lanata* – als billige Ausgangsbasis zur Arzneimittelgewinnung. Digitoxin zur Behandlung des insuffizienten Herzens.

Auch aus einigen der über 50 monoterpenoiden Indol-Alkaloide aus *Rauwolfia serpentina* [312, 119] werden Arzneimittel (z.B. Rausedan, Rauwocomb) zur Behandlung des Bluthochdrucks und von Herzrhythmusstörungen hergestellt. Aus den *Strophanthus*-Arten *St. gratus* und *St. kombe*, die etwa 30 Cardenolidglycoside mit vorwiegend g- und k-Strophanthin enthalten, werden Arzneimittel

(z. B. Strophanthin) zur Behandlung von Herz-Kreislauf-Erkrankungen gewonnen.

++ **Gottes-Gnadenkraut** − *Gratiola officinale* (Abb.72)
Gichtkraut

Erkennungsmerkmale
Blüten weißlich, 2lippig mit 5 Zipfeln, lang gestielt in den Blattachseln.
Früchte 4klappige Kapseln.
Blätter gegenständig, halbstengelumfassend, lanzettlich, drüsig punktiert, Blattrand gesägt.
Stengel aufsteigend, oben 4kantig.
Pflanze 15 bis 30 cm hoch. Ausdauernd.
Blütezeit: Juli bis August.

Verbreitung: Ufer, Gräben, kalkarme Sumpfwiesen. Selten, in den Alpen und in Thüringen fehlend.

Giftige Inhaltsstoffe
Bezeichnung: Glycosid Gratiosid (Gratiolin), das als Aglycon den tetrazyklischen Triterpenbitterstoff Gratiogenin enthält. Außerdem Cucurbitacine E und I (s. auch Weiße Zaunrübe, S. 113).
Vorkommen: besonders in Blättern und Stengeln (bis zu 0,1 %).
Wirkung: Vergiftungen beim Menschen vorwiegend durch zu hohe Gnadenkraut-Aufnahme mit Kräutertee: zuerst erregend, dann lähmend; vorwiegend aber nur Übelkeit, Erbrechen und blutiger Durchfall.

Abb. 72. Gottes-Gnadenkraut − *Gratiola officinalis.*

Behandlung der Vergiftung: Aktivkohle und Laxans; Erbrechen nach größeren Mengen; stationäre Beobachtung und symptomatische Therapie.

Verwendung der Pflanze: in harntreibenden und abführenden Tees.

4.53. Bittereschengewächse − *Simaroubaceae*

+ **Götterbaum** − *Ailanthus altissima* (Mill.) Swingle

Erkennungsmerkmale
Blüten grünlichgelb bis weiß, in Rispen.
Früchte sich zur Reifezeit in stark geflügelte Teilfrüchte aufgliedernd.
Blätter einfach gefiedert, mit buchtig gezähnten Blättchen.
30 bis 40 cm lang.
Pflanze bis 25 m hoher Baum.
Blütezeit: Juli.

Verbreitung: Heimat Ostasien. Zierbaum in Mitteleuropa.

Giftige Inhaltsstoffe
Bezeichnung: Ailanthin und Quassin als stickstofffreies Bitterstoffgemisch auf Triterpenbasis; Indol-Alkaloide [322].
Vorkommen: Bitterstoffe in Sproß und Blüten, Alkaloide in der Wurzel.
Wirkung: beim Menschen vorwiegend Dermatitis beim Berühren von Blättern und Blüten. Nach Aufnahme Übelkeit, Schweißausbruch, taubes Gefühl in den Gliedern. − Bei Tieren kaum Vergiftungen.

Behandlung der Vergiftung: Hautarzt konsultieren. Meist aber schnelles Abklingen der Dermatitis. Nach Aufnahme reichlich Flüssigkeit und Aktivkohle, evtl. zuvor Erbrechen auslösen.

4.54. Nachtschattengewächse − *Solanaceae*

+ + + **Schwarze Tollkirsche** − *Atropa bella-donna* L. (Tafel II a)
Tollbeere, Wutbeere

Erkennungsmerkmale
Blüten braunviolett, Kronröhre etwa 3 cm lang, glockig, nickend, 5zipflig. Blütenstiele etwa 2 cm lang.
Früchte glänzend schwarze Beeren, mit violettem Saft, kirschgroß.

Blätter wechselständig, ganzrandig, lanzettlich.
Stengel aufrecht, breit verzweigt, drüsig behaart.
Pflanze 50 bis 150 cm hoch. Ausdauernd.
Blütezeit: Juni bis September.

Verbreitung: Bergwälder, Kahlschläge. Kalkhold. Zerstreut, im Norden selten, im Nordwesten der BRD fehlend.

Giftige Inhaltsstoffe
Bezeichnung: Alkaloide L-Hyoscyamin, Atropin (D, L-Hyoscyamin), Scopolamin, Belladonin und andere Tropan-Alkaloide.
Vorkommen: höchster Gesamtalkaloidgehalt in Blättern (1,30 %), gefolgt von Samen (0,85 %) und Wurzeln (0,80 %); niedrige Scopolaminmengen. Starke Abhängigkeit des Alkaloidgehaltes von der Gegend. L-Hyoscyamin durch Trocknung z. T. in Atropin verwandelt.
Wirkung: Atropin wirkt in kleinen Dosen erregend, in großen lähmend auf das Zentralnervensystem. Die Tätigkeit der Speicheldrüsen (trockener Mund) und Schweißdrüsen wird stark gehemmt. Besonders bei Kindern Vergiftungen nach dem Verzehr der „Kirschen", auch durch Aussaugen der Blüten. Symptome: bereits nach 15 bis 30 Minuten schnelle Atmung, zunehmende Aufregung, die in Tobsucht („Tollkirsche") ausarten kann, Durst, Verstopfung und Lähmung, im Extrem Tod durch Atemlähmung. − Tiere sind gegenüber diesen Alkaloiden weniger empfindlich als Menschen. Am meisten gefährdet sind Rind, Pferd und Schaf, aber selten Vergiftungen.
LD: Kind (o.) 3 bis 5 Beeren; Erwachsener (o.) ab ca. 10 Beeren oder 100 mg Atropin; Erwachsener (s. c.) 1 mg Scopolamin. LD_{50}: Maus (i. p.) 22 mg Belladonna-Extrakt / kg KM und Maus (i. v.) 81 mg D-Hyoscyamin, 95 mg L-Hyoscyamin, 154 mg Scopolamin / kg KM. Ratte (o.) 622 mg Atropin / kg KM.

Behandlung der Vergiftung: sofort Erbrechen auslösen, anschließend reichlich Flüssigkeit mit Aktivkohle; stationäre Einweisung: Magenspülung und symptomatische Therapie.

Verwendung der Pflanze: Alkaloide (Parasympathikolytika) in vielen Arzneimitteln: zur Pupillenerweiterung, als Spasmolytikum, als Antidot bei spezifischen Vergiftungen, zur Prämedikation vor Operationen.

(+) **Paprika** − *Capsicum annuum* L.
Viele Unterarten mit unterschiedlichen Früchten.

Erkennungsmerkmale
Blüten weiß, radförmig, zu 1 bis 3 in den Blattachseln, nickend.

Früchte rote, gelbe oder grüne, hohle Beeren mit flachen, gelben Samen.

Blätter oberseits glänzend, lanzettlich, ganzrandig.

Stengel aufrecht, verzweigt.

Pflanze 20 bis 50 cm hoch, einjährig.

Blütezeit: Juni bis September.

Verbreitung: Heimat tropisches und subtropisches Amerika. In warmen Gegenden Europas seit dem 16. Jahrhundert kultiviert.

Giftige Inhaltsstoffe

Bezeichnung: Alkaloid Capsaicin (als Benzylamin-Typ = Gruppe der Phenylalkylamin-Alkaloide), das zu den scharf schmeckenden Substanzen (Capsaicinoide) zählt; Capsicidin (Steroidsaponingemisch).

Vorkommen: Capsaicinoide vorwiegend in den Früchten von Gewürzpaprika (bis zu 1,5%), Gehalte der Früchte von Gemüse- und Tomatenpaprika geringer.

Wirkung: Im Vordergrund stehen starke Schleimhautreizungen (Mund, Rachen, Magen).

Behandlung der Vergiftung: reichlich Flüssigkeit und Aktivkohle; evtl. Erbrechen und symptomatische Therapie.

Verwendung der Pflanze: Arzneimittel: zur Behandlung von Nervenschmerzen und Rheuma, Capsicumpflaster; als Stomachikum (verdauungsfördernd). Gewürz.

+ + + **Gemeiner Stechapfel** − *Datura stramonium* L. (Abb. 73) Asthmakraut

Erkennungsmerkmale

Blüten weiß-hellviolett, einzeln zwischen den Gabeln des Stengels. Kronröhre trichterig, 5zipflig. Kelch eine 5zipflige Röhre (Trompetenform).

Früchte 4klappige, stachlige Kapseln, walnußgroß. Samen schwarz.

Blätter gestielt, unregelmäßig buchtig gezähnt.

Pflanze aufrecht, gabelästig, 20 bis 100 cm hoch. Einjährig.

Blütezeit: Juli bis August.

Verbreitung: Gartenland, Schutt. Zerstreut, in den Alpen fehlend.

Giftige Inhaltsstoffe

Bezeichnung: Hauptalkaloid-L-Hyoscyamin, daneben Atropin und Scopolamin.

Vorkommen: in Blättern 0,6% und Samen 0,5%, vor der Blüte höchster Gehalt. Viele Varietäten der Pflanze mit unterschiedlichen Alkaloidgehalten.

Abb. 73. Gemeiner Stechapfel − *Datura stramonium*.

Wirkung: bisweilen bei Kindern Vergiftungen durch Samenverwechslung mit Kümmel oder Mohn. Schwere Vergiftungen auch durch Saugen an den Blüten. Bei Erwachsenen Vergiftungen durch übermäßiges Rauchen von Asthmazigaretten [191] oder durch Pflanzensaft [256]. Symptome s. Tollkirsche. − Bei Pferden und Rindern Vergiftungen durch Sojaschrot mit 0,3 % und mehr Stechapfelsamen. Geflügel relativ unempfindlich. Beziehungen zur Arthrogrypose bei Ferkeln, zur Toxizität bei Schweinen und Rindern [221, 337, 211].
LD: Kind (o.) 15 bis 20 Stechapfelsamen.

Behandlung der Vergiftung: s. Tollkirsche, S. 201.

Verwendung der Pflanze: gegen asthmatische Erkrankungen (Asthma-Zigaretten), sonst s. Tollkirsche.

203

+ + + **Schwarzes Bilsenkraut** − *Hyoscyamus niger* L. (Tafel XII a)
Zigeunerkraut, Hühnertod

Erkennungsmerkmale
Blüten schmutzig-gelb mit violetten Adern und violettem Schlund.
Kronröhre trichterig, ungleich 5zipflig. Blüten einseitswendig, ge-
knäult am Stengel, fast ungestielt.
Früchte 2fächrige Kapseln mit nierenförmigen, braun-schwarzen Sa-
men.
Blätter buchtig gezähnt, grundständige gestielt, stengelständige halb-
stengelumfassend.
Stengel aufrecht, bis oben beblättert, wie die Blätter und Kelche kleb-
rig-zottig behaart.
Pflanze 30 bis 60 cm hoch. Ein- oder zweijährig.
Blütezeit: Juni bis Oktober.

Verbreitung: Wegränder, Schutt. Zerstreut.

Giftige Inhaltsstoffe
Bezeichnung: vorwiegend die Tropan-Alkaloide L-Hyoscyamin und Sco-
polamin.
Vorkommen: vorwiegend in Blättern (0,04 bis 0,08 %).
Wirkung: s. Tollkirsche, S. 201, Tiervergiftungen selten.
LD: Kind (o.) etwa 15 Samen (Verwechslung mit Mohnsamen).

Behandlung der Vergiftung: s. Tollkirsche, S. 201.

Verwendung der Pflanze: etwa wie Tollkirsche.

+ **Bocksdorn** − *Lycium barbarum* L. (Tafel XVI b)

Erkennungsmerkmale
Blüten rot-lila, trichterig, 10 bis 15 mm breit.
Früchte rote, hängende Beeren, meist zu 2; 10 bis 15 mm lang, 5 bis
8 mm breit.
Blätter lanzettlich, in den Stiel verschmälert, graugrün.
Zweige rutenförmig, hängend, mit Dornen.
Pflanze 1 bis 3 m hoher Strauch.
Blütezeit: Juni bis September.

Verbreitung: Gebüsche, Zäune, als Hecken. Verbreitet, in den Alpen
fehlend.

Giftige Inhaltsstoffe
Bezeichnung: entweder Alkaloid Hyoscyamin [88] oder stickstoffhaltige
Glycoside [41].

Vorkommen: in der gesamten Pflanze.
Wirkung: besonders bei Kindern durch Beerenaufnahme lokale Reizerscheinungen. Schwache Tollkirschen-Wirkung, s. S. 201. – Kaum Vergiftungen bei Tieren.

Behandlung der Vergiftung: bei 5 bis 10 Beeren Aktivkohle und Laxans; zuvor Erbrechen. Im Extrem wie bei Tollkirsche, S. 201.

+ + **Giftbeere** − *Nicandra physaloides* (L.) Gaertn. (Tafel XVIII a)

Erkennungsmerkmale
Blüten glockig, hellblau, am Grunde weiß, 3 bis 4 cm breit.
Früchte 3- bis 5fächrige trockene Beeren, von einem aufgeblasenen Kelch umhüllt.
Blätter länglich, buchtig gezähnt, vielgestaltig.
Pflanze 30 bis 100 cm hoch. Einjährig.
Blütezeit: Juli bis Oktober.

Verbreitung: Heimat Peru. Zierpflanze, selten Schuttstellen.

Giftige Inhaltsstoffe
Bezeichnung: Pyrrolizidin-Alkaloide.
Vorkommen: vorwiegend in Wurzeln und Beeren.
Wirkung: beim Menschen nach Beerenaufnahme im Extrem Vergiftungen wie durch Tollkirsche, meist aber Magen-Darm-Erkrankungen, Durchfall und geringe zentrale Symptomatik.

Behandlung der Vergiftung: Aktivkohle und Laxans. Bei mehr als etwa 5 Beeren Erbrechen. Nach größeren Mengen stationäre Aufnahme und Magenspülung zu empfehlen.

+ + + **Virginischer Tabak** − *Nicotiana tabacum* L. (Tafel XVIII b)

Erkennungsmerkmale
Blüten rötlich, trichterig, bis 5,5 cm lang. 5zipfliger flacher Saum.
Früchte zugespitzte Kapseln.
Blätter wechselständig, ganzrandig, die unteren elliptisch, herablaufend, die oberen lanzettlich, meist sitzend.
Stengel aufrecht, krautig, wie alle grünen Teile drüsig behaart.
Pflanze 75 bis 300 cm hoch. Einjährig.
Blütezeit: Juni bis September.

Verbreitung: Kulturpflanze. Heimat Südamerika.

Giftige Inhaltsstoffe
Bezeichnung: Hauptalkaloid Nicotin, Anabasin und viele andere Nebenalkaloide.

Vorkommen: In allen Teilen, außer den reifen Samen. Nicotin im Blatt 5 bis 14%, variiert mit Tabaksorte und Standort.

Wirkung: zunächst Erregung, dann Lähmung zentraler und peripherer Nerven; insofern Wirkung auf Herz, Auge und Verdauungssystem. Tod durch Atemlähmung. Rauchen bei offenen Wunden (z. B. nach Zahnextraktionen) kann tödlich sein. Chronische Schäden durch Nicotinmißbrauch als Durchblutungs- („Raucherbein") und Herz-Kreislauf-Störungen. − Bei Rindern, Schafen und Ziegen bisweilen Vergiftungen durch Blattaufnahme. Anabasin führt zu Arthrogrypose (kongenitale Mißbildung) bei Ferkeln.

LD_{min}: Mensch (o.) 40 bis 80 mg Nicotin (etwa Gehalt einer halben Zigarre) und Ratte (o.) 10 mg Anabasin / kg KM.

Behandlung der Vergiftung: sofortiges Erbrechen, anschließend Aktivkohle und Laxans. Frischluft. Stationäre Behandlung: Magenspülung, symptomatische Therapie (Herz-Kreislauf).

+ **Laternenblume** − *Physalis alkekengi* L. (Abb. 74)
Judenkirsche, Blasenkirsche, Lampionpflanze

Erkennungsmerkmale
Blüten weißlich, radförmig, einzeln oder zu 2 in den Blattachseln.
Früchte kirschgroße, saftige Beeren, die von orangeroten, aufgeblasenen Kelchen umhüllt werden.
Blätter lang gestielt, lanzettlich, die oberen paarweise.

Abb. 74. Laternenblume − *Physalis alkekengi.*
Stengel mit Blüten und Früchten, eine Beere freigelegt.

Pflanze 50 bis 70 cm hoch. Ausdauernd.
Blütezeit: Juli bis August.

Verbreitung: Heimat Japan. Zierpflanze, teilweise verwildert.

Giftige Inhaltsstoffe
Bezeichnung: Physaline A, B, C = Bitterstoffe (C-28-Steroide mit der Struktur eines 9gliedrigen Rings), Pyrrolidin- und Tropan-Alkaloide.
Vorkommen: Physaline vorwiegend in der grünen Pflanze, weniger in der Frucht. Alkaloide nur im Rhizom.
Wirkung: beim Menschen lokale Reizerscheinungen durch Blätter und große Mengen unreifer Früchte. − Keine Vergiftungen bei Tieren.

Behandlung der Vergiftung: Gabe von Aktivkohle dürfte in den meisten Fällen ausreichend sein. Evtl. Erbrechen.

+ + + **Glockenbilsenkraut** − *Scopolia carniolica* Jacq.
Tollkraut

Erkennungsmerkmale
Blüten einzeln, glockig, lang gestielt, 3 cm lang, außen braunrot, innen olivgrün.
Früchte runde Deckelkapseln mit 3 bis 4 mm langen Samen.
Blätter wechselständig, mattgrün, lanzettlich.
Pflanze 50 cm hoch, mit kräftigem Wurzelstock. Ausdauernd.
Blütezeit: April bis Juni.

Verbreitung: in schattigen Laubwäldern und Schluchten der Ostalpen und Ostkarpaten, in höheren Gebirgslagen.

Giftige Inhaltsstoffe
Bezeichnung: Alkaloide L-Hyoscyamin, Atropin (D, L-Hyoscyamin), Scopolamin und andere Tropan-Alkaloide.
Vorkommen: in allen Teilen, vorwiegend in der Wurzel. Gesamtalkaloide 0,3 bis 0,8 % (davon fallen auf Hyoscyamin 0,4, auf Atropin 0,03 % und auf Scopolamin Spuren). Höchster Gehalt zu Beginn der Blütezeit und während der Fruchtentwicklung.
Wirkung: s. Tollkirsche.

Behandlung der Vergiftung: s. Tollkirsche, S. 201.

+ + **Bittersüßer Nachtschatten** − *Solanum dulcamara* L.
(Tafel XXV a)

Erkennungsmerkmale
Blüten violett, radförmig, 5zipflig. Gelbe Staubblätter kegelförmig zusammenneigend. Blüten 15 mm breit, in lockeren Rispen.

Früchte rote Beeren, eiförmig, 13 mm lang, hängend.
Blätter herzeiförmig, z. T. mit 1 Paar seitlich abstehenden Lappen.
Stengel windend, unten holzig, oben kantig.
Pflanze 30 bis 150 cm hoch. Ausdauernd.
Blütezeit: Juni bis August.

Verbreitung: feuchte Gebüsche, Ufer, Mauern. Verbreitet.

Giftige Inhaltsstoffe
Bezeichnung: Steroid-Alkaloide Soladulcin und Solasonin vom Spirosolanol-Typ (Vorstufen sind die Triterpene Cycloartenol, 24-Dihydrolanosterol u. a.) [332].
Vorkommen: höchster Gehalt vor der Blüte und in unreifen Beeren. 0,11 bis 0,5 % Solasodin (Aglycon des Solasonins) in Blättern [326].
Wirkung: bei Kindern Vergiftungen besonders durch Beeren. Symptome: s. Schwarzer Nachtschatten, aber schwächer. − Rinder erkranken durch Beerenaufnahme.
LD: Kind (o.) 30 bis 40 unreife Beeren (aber auch schon nach 10 Beeren Todesfälle!)

Behandlung der Vergiftung: wie Schwarzer Nachtschatten, wenn auch meist geringere Symptome.

+ + + **Schwarzer Nachtschatten** − *Solanum nigrum* L. em. Mill. (Abb. 75)

Erkennungsmerkmale
Blüten weiß, radförmig, 5zipflig, 10 mm breit. Gelbe Staubbeutel. Anordnung in doldigen Wickeln zu 3 bis 10.
Früchte schwarze Beeren mit gelben Samen, meist glänzend, erbsengroß.
Blätter wechselständig, eiförmig zugespitzt, buchtig gezähnt.
Stengel aufrecht, verzweigt, krautig.
Pflanze 10 bis 80 cm hoch. Einjährig. Frostempfindlich.
Blütezeit: Juni bis Oktober.

Verbreitung: Äcker, Gärten, Schutt, Kahlschläge. Gemein.

Giftige Inhaltsstoffe
Bezeichnung: Hauptsteroid-Alkaloide Solasonin und α-Solamargin. Alle diese Verbindungen enthalten Solasodin als Aglycon, das sich zu Sexual-(Progesteron) und Nebennierenrindenhormonen (Corticoide) umbauen läßt. Steroidhormonsynthese aus Mikroorganismen: [336]. Viel Nitrat.
Vorkommen: Samen unreifer Früchte haben den höchsten Alkaloid-,

Abb. 75. Schwarzer Nacht-
schatten − *Solanum nigrum.*

Stengel den höchsten Nitratgehalt (meist geringerer Alkaloid- als Nitratgehalt). Konzentration ist abhängig von Jahreszeit, Temperatur und Niederschlagsmenge.

Wirkung: bei Kindern schwere Erkrankungen durch unausgereifte Beeren: Reizung des Verdauungskanals, Erbrechen, Durchfall, Hautausschläge, Lähmungen und im Extrem Tod durch Herzstillstand. − Besonders erkranken Rinder, Pferde und Schweine durch Grünfutter mit hohem Nachtschattenanteil. Dabei dürfte überwiegend die Vergiftung durch Nitrat / Nitrit (s. Comfrey, S. 88) im Vordergrund stehen. Durch Silierung des Futters werden sowohl der Nitrat- als auch der Alkaloidgehalt erniedrigt.

TD: Kinder (o.) ca. 10 unreife Beeren.

Behandlung der Vergiftung: bei ca. 3 bis 7 Beeren Aktivkohle und reichlich Flüssigkeit, evtl. vor Verabreichung Erbrechen auslösen. Ab 8 Beeren stationäre Aufnahme: Magenspülung, symptomische Therapie. Bei Tieren nach Nitrat / Nitrit-Vergiftung s. S. 17.

+ + **Korallenkirsche** − *Solanum pseudocapsicum* L. (Tafel XXVb)

Erkennungsmerkmale

Blüten weiß oder lila, radförmig, nickend, ca. 12 mm breit.
Früchte kirschgroße, kugelige oder verlängerte rote oder violette, glänzende Beeren.
Blätter länglich lanzettlich, etwas ausgeschweift, gegenständig.
Pflanze 30 bis 60 cm hoher Strauch mit grünen Ästen.
Blütezeit: Juni bis August; *Fruchtzeit:* September bis Oktober.

Verbreitung: Heimat tropisches Amerika. Zimmerpflanze.

Giftige Inhaltsstoffe

Bezeichnung: Solanocapsin und andere Alkaloide.
Wirkung: besonders nach Beerenaufnahme schwere Magen-Darm-Symptomatik, Kreislaufbeschwerden und im Extrem Atemlähmung (in älterer Literatur 1 Todesfall nach 3 bis 5 Beeren).

Behandlung der Vergiftung: sofort reichlich Flüssigkeit und Aktivkohle, ab etwa 3 Beeren Erbrechen und anschließend Aktivkohle. Stationäre Beobachtung. Nach größeren Mengen Magenspülung und evtl. symptomatische Therapie.

Kartoffel − *Solanum tuberosum* L.
+ + + im Ausnahmefall

Erkennungsmerkmale

Blüten weiß oder violett, in Wickeln. Blumenkrone radförmig.
Früchte kugelige, grüne Beeren, kirschgroß.
Blätter fiederteilig, kleine und große Blättchen abwechselnd.
Stengel aufrecht, krautig, ästig. Grundachse mit Knollen.
Pflanze 40 bis 120 cm hoch.
Blütezeit: Juli bis Oktober.

Verbreitung: Kulturpflanze. Im 16. Jahrhundert aus Chile nach Europa eingeführt.

Giftige Inhaltsstoffe

Bezeichnung: Steroid-Alkaloid α-Solanin mit dem Aglycon Solanidin; Toxine, die durch Pilz- und Bakterienbefall entstehen können.
Vorkommen: vorwiegend in unreifen Beeren (1 %), in Blüten und im Kraut 0,5 % Solanin. In verschimmelten Kartoffeln und Keimen bis zu 5 % Solanin. Über Gehalte an Steroid-Alkaloiden in Kartoffelsorten, Wildkartoffeln [272], in Kartoffelchips zwischen 9,5 und 72,0 mg / 100 g [304]. Knollen, Beeren und Kraut sind im Herbst (ohne starken Pilzbefall) am alkaloidärmsten.
Wirkung: beim Menschen keine Vergiftungen durch einwandfreie

Knollen, deren Solaningehalt etwa bei 7 mg / 100 g liegt. Knollen mit mehr als 20 mg Alkaloid / 100 g können zu gesundheitlichen Schäden führen (Massenvergiftung bei 78 Schulkindern durch Kartoffeln mit 33,3 mg Alkaloid [255]). Vorsicht ist auch beim Verzehr ergrünter und gekeimter Knollen geboten (erhöhter Solaningehalt). Bei Kindern Vergiftungen durch Verzehr unreifer Beeren. Symptome: Reizung der Verdauungswege und Auflösung roter Blutkörperchen (Hämolyse) infolge Saponinwirkung des Solanins, weiter Durchfall, Krämpfe, Lähmung und Hautausschläge, besonders an den Beinen. Im Extrem Tod durch Atemlähmung. – Vergiftungen bei Rind, Schwein und Pferd. Erkrankungsursachen: zu 50 % gekeimte Kartoffeln, zu 30 % Kartoffelkraut, Rest faulige und verschimmelte Kartoffeln (neben Solanin Pilz- und Bakterientoxine). Auch zur Tierernährung nur einwandfreie Kartoffeln! Kraut ausgereift zur Silage bzw. Mischsilage.

LD_{50}: Maus (i. p.) 32 mg und Ratte (i. p.) 75 mg Solanin / kg KM [139].

Behandlung der Vergiftung: sofortiges Erbrechen, anschließend Aktivkohle und Laxans. Nach stationärer Aufnahme Magenspülung und symptomatische Therapie.

Verwendung der Pflanze: unter Beachtung o. g. Hinweise wichtiges Nahrungs- und Futtermittel.

4.55. Eibengewächse – *Taxaceae*
Nacktsamige Pflanzen – *Gymnospermae*

+ + + **Beeren-Eibe** – *Taxus baccata* L. (Tafel XXVII a)
Geschützt.

Erkennungsmerkmale
Blüten unscheinbar, eingeschlechtig. Staubblüten als gelbliche Kätzchen in den Achseln der Nadeln (bereits im Herbst erkennbar), weibliche Blüten auf kleinen, schuppigen Stielen. Pflanze zweihäusig.
Samen hart, von einem rotfleischigen, bereiften Becher umgeben. Erbsengroß.
Nadeln immergrün, flach, oberseits glänzend, unterseits matt, 20 bis 30 mm lang, 2 mm breit, stachelspitzig. Anordnung 2zeilig.
Stamm mit langfaseriger, brauner Borke.
Pflanze bis 15 m hoher Baum oder Strauch.
Blütezeit: März bis April, Samenreife ab August.

Verbreitung: wild in Gebirgwäldern, selten. Zierstrauch in Gärten und Anlagen, auf Friedhöfen.

14*

Giftige Inhaltsstoffe
Bezeichnung: Alkaloid Taxin (Gemisch aus Taxin A, B, C u. a.; physi-
kalisch-chemische Charakterisierung: [261]), daneben geringe Mengen
blausäurehaltiger Verbindungen (Taxiphyllin) und Ephedrin (Alka-
loid).
Vorkommen: höchster Alkaloidgehalt in den Nadeln mit 0,6 bis 2,0 %.
Auch der Samen ist mit 1 % Taxin stark giftig, während der fleischige
Samenmantel ungiftig ist! Alkaloidgehalt abhängig von der Jahreszeit;
Trocknung ohne Einfluß auf die Alkaloidkonzentration.
Höchster Blausäuregehalt in alten Nadeln, in jungen geringer (etwa
20 mg Blausäure / kg Nadeln).
Wirkung: Vergiftungen besonders bei Kindern durch Samenaufnahme.
Symptome: sehr schnelles Erbrechen, Durchfall, verlangsamte Herztä-
tigkeit und Atmung, in schweren Fällen Tod infolge Atemlähmung. In
nicht tödlichen Fällen starke Magen-Darm-Entzündungen und Nie-
renschädigung. − Unter den Tieren brechen die empfindlichen Pferde
5 Minuten nach Pflanzenaufnahme ohne vorherige Krankheitserschei-
nung tot zusammen. Rinder vertragen entschieden mehr und verenden
bisweilen erst 2 Tage nach der Pflanzenaufnahme, ohne zwischenzeit-
lich zu erkranken. Symptome s. o., bisweilen starker Rückgang der
Milchmenge.
LD: Mensch (o.) Aufguß aus etwa 75 Eibennadeln; Maus (o.) 400 mg
Ephedrin / kg KM.

Behandlung der Vergiftung: sofortiges Erbrechen mit anschließender
Verabreichung von Aktivkohle und Abführmittel. Stationäre Beobach-
tung. Magenspülung nach mehr als 3 bis 5 Samen. Symptomatische
Therapie.

4.56. Seidelbastgewächse − *Thymelaeaceae*

+ + + **Gemeiner Seidelbast** − *Daphne mezereum* L. (Tafel VII a)
Kellerhals. Geschützt! Noch weitere Arten: *D. cneorum, D. laureola,
D. striata.*

Erkennungsmerkmale
Blüten rosa-rot, 4zipflig, schon vor den Blättern erscheinend. Zu 3 in
dichter Folge an den Zweigen sitzend.
Früchte 1samige, rote, ovale Beeren, erbsengroß.
Blätter kurz gestielt, lanzettlich, ganzrandig.
Äste grau-hellbraun, wenig verzweigt.

Pflanze 40 bis 120 cm hoher Strauch.
Blütezeit: März bis April.

Verbreitung: Laubwälder, Gebüsche. Kalkhold. Zerstreut. Im Norden der DDR selten, im Norden der BRD fehlend. Zierstrauch.

Giftige Inhaltsstoffe
Bezeichnung: Diterpen Mezerein.
Vorkommen: vorwiegend in der Rinde und in den Früchten.
Wirkung: Besonders die Beerenaufnahme führt zu Übelkeit, Krämpfen, Kreislaufkollaps und Nierenschäden. Auch Todesfälle. Durch Einwirkung der Pflanze auf die Haut Schwellungen und Entzündungen. Eine kokarzinogene Wirkung des Mezereins liegt ebenfalls vor [181]. − Unter den Tieren sind Rind, Schwein und Pferd gefährdet.
LD: Kind (o.) 5 bis 10, Erwachsene über 10 Beeren. Schwein (o.) 3 bis 5 Beeren; Pferd (o.) 30 g Rinde.

Behandlung der Vergiftung: sofort Erbrechen auslösen, anschließend reichlich Flüssigkeit mit Aktivkohle, Laxans. Stationäre Beobachtung. Magenspülung, symptomatische Therapie (Herz-Kreislauf). Bei intensiven Hautentzündungen Hautarzt konsultieren.

4.57. Einbeerengewächse − *Trilliaceae*
Einkeimblättrige Pflanzen − *Monocotyledonae*

+ **Einbeere** − *Paris quadrifolia* L. (Abb. 76)
Wolfsbeere, Sauauge

Erkennungsmerkmale
Blüten grünlich, endständig. 8 oder 10 lineal-pfriemliche Blumenkronblätter. Kelchblätter lanzettlich.
Frucht eine blauschwarze, kugelige Beere, kirschgroß.
Blätter zu 4, quirlständig, genähert, netznervig, verkehrt eirund, zugespitzt.
Pflanze 15 bis 30 cm hoch. Ausdauernd.
Blütezeit: Mai bis Juni.

Verbreitung: feuchte, schattige Laubwälder. Zerstreut, im Süden verbreitet.

Giftige Inhaltsstoffe
Bezeichnung: Steroidsaponine Paridin und Paristyphnin.
Vorkommen: vorwiegend in Wurzeln und Beeren.
Wirkung: beim Menschen nach Beerenaufnahme (trotz unangenehmen

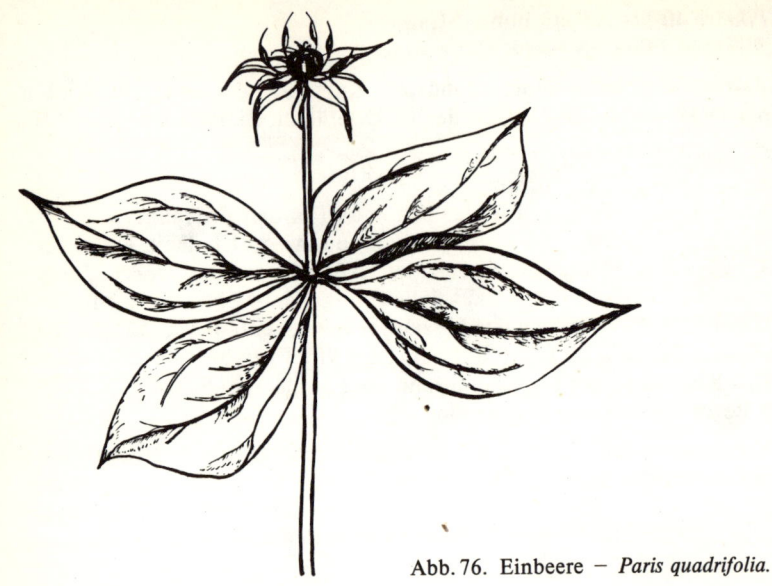

Abb. 76. Einbeere – *Paris quadrifolia.*

Geschmacks Verwechslung mit Heidelbeeren!) Erbrechen und Durchfall. Zentrale Symptome nach größeren Mengen. – Vergiftungen beim Geflügel.

Behandlung der Vergiftung: Aktivkohle, Laxans. Nach ca. 5 bis 10 Beeren Erbrechen auslösen, falls nicht schon erfolgt. Wenn erforderlich, Magenspülung und symptomatische Therapie.

4.58. Brennesselgewächse – *Urticaceae*

+ **Große Brennessel** – *Urtica dioica* L.

Erkennungsmerkmale
Blüten in Rispen, hängend. Pflanze zweihäusig.
Blätter oberseits dunkler, am Grunde herzförmig, lang zugespitzt, grob gesägt, wie die gesamte Pflanze mit Brennhaaren und anderen kurzen Haaren besetzt.
Pflanze 60 bis 150 cm hoch. Ausdauernd.
Blütezeit: Juli bis Oktober.

214

Verbreitung: Laubwälder, Gebüsche, Wiesen, Grabenränder. Auf stickstoffreichen Böden. Gemein.

Giftige Inhaltsstoffe
Bezeichnung: Nesselgiftstoff (vorwiegend 5-Hydroxytryptamin als Bestandteil des komplexen Giftes), geringe Mengen Ameisensäure.
Vorkommen: vorwiegend im Kraut.
Wirkung: bei empfindlichen Personen Dermatitis nach Berühren der Brennhaare. − Nach Aufnahme einer anderen Nesselart zeigten Hunde Erbrechen und Muskelschwäche [165]. Sonst kaum Vergiftungen bei Tieren.

Behandlung der Vergiftung: falls erforderlich, Hautarzt konsultieren.

Verwendung der Pflanze: Diuretikum; in Rheumatees.

4.59. Eisenkrautgewächse − *Verbenaceae*

+ + + **Wandelröschen** − *Lantana camara* L. (Tafel XIII b)

Erkennungsmerkmale
Blüten in doldigen Köpfchen, lang gestielt. Blütenfarbe wandelt von anfangs Orangegelb in Dunkelkarminrot, bei anderen Formen von Rosa in Feuerrot bis Lila.
Früchte blauschwarz, beerenartig, mit hartem Kern, fleischig, 8 mm.
Blätter gegenständig oder quirlig, länglich oval, zugespitzt, runzlig, Blattrand gezähnt.
Pflanze 30 bis 90 cm hoher Strauch.
Blütezeit: Juni bis September. *Fruchtzeit:* September−Oktober.

Verbreitung: tropisches Südamerika. Zierpflanze in Schloßgärten, Parks. Auch Topfpflanze.

Giftige Inhaltsstoffe
Bezeichnung: toxische Triterpene Lantaden A und B.
Vorkommen: besonders in den Beeren und im Kraut.
Wirkung: bei Kindern durch grüne Beeren Erbrechen, Durchfall, Leberschäden und im Extrem Todesfälle. Durch Berühren der Blätter häufig Allergien. − Tiere sind in Mitteleuropa kaum gefährdet. In anderen Ländern besonders bei Rindern und Schafen Todesfälle vorwiegend durch Leberschäden (weitere Literatur zu Tiervergiftungen: [255, 301, 302]).

Behandlung der Vergiftung: bei Allergien Hautarzt konsultieren.

Nach Aufnahme bis zu 5 Beeren Erbrechen auslösen, dann Aktivkohle und Laxans. Bei mehr als 5 Beeren möglichst bis zu 90 Minuten danach Magenspülung, da andernfalls symptomloser Verlauf unwahrscheinlich. Stationäre Einweisung erforderlich. Symptomatische Therapie.

4.60. Weinrebengewächse – *Vitaceae*

+ **Wilder Wein** – *Parthenocissus inserta* (Kerner) Fritsch (Abb. 77) Fünfblättrige Zaunrebe

Erkennungsmerkmale
Blüten unscheinbar, in Trugdolden an den Zweigenden.

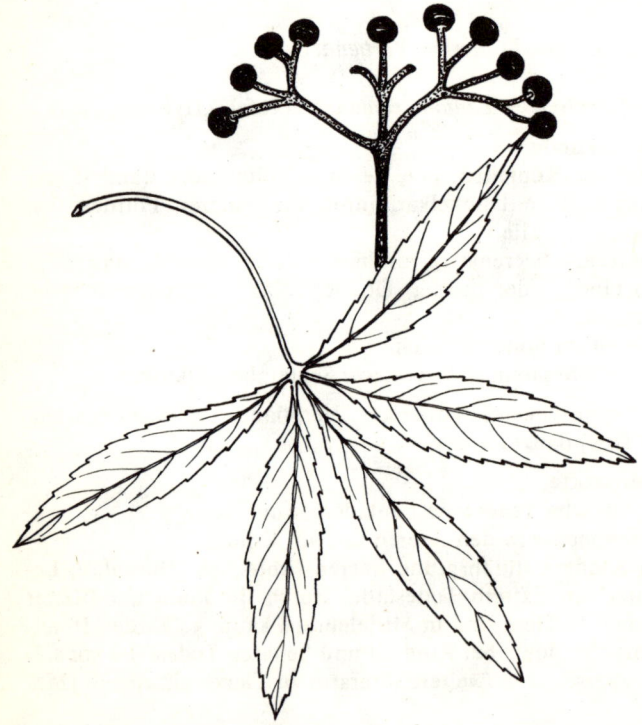

Abb. 77. Wilder Wein – *Parthenocissus inserta*.

Früchte blaue, fleischige Beeren mit 1 bis 3 hartschaligen Samen, erbsengroß.

Blätter 5- bis 7zählig gefingert, lang gestielt, wechselständig, Blättchen mit gezähntem Rand. Im Herbst Rotfärbung.

Pflanze bis 10 m hoher Strauch, mit Haftscheiben kletternd.

Blütezeit: Juli bis August.

Verbreitung: Heimat Nordamerika. Zierstrauch an Häusern, Zäunen.

Giftige Inhaltsstoffe

Bezeichnung: wahrscheinlich nur Oxalsäure.

Vorkommen: in den Beeren.

Wirkung nach größeren Beerenmengen Gastroenteritis. – Bei Tieren kaum Vergiftungen.

Behandlung der Vergiftung: In den weitaus meisten Fällen reicht Aktivkohle aus.

+ **Kletterwein** – *Parthenocissus tricuspidata* (Sieb. et Zucc.) Planch. (Abb. 78)

Dreilappige Zaunrebe

Erkennungsmerkmale

Ähnlich der vorigen Art, Wilder Wein, jedoch 3lappige Blätter.

Verbreitung: und weitere Angaben: s. Wilder Wein.

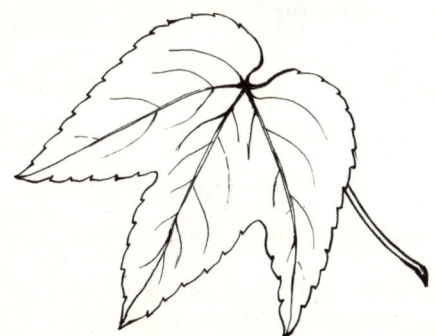

Abb. 78. Kletterwein – *Parthenocissus tricuspidata.*

217

Literatur

Lehrbücher, zusammenfassende Darstellungen

1. Aichele, D., u. Mitarb.: Moos- und Farnpflanzen. Kosmos-Verlag, Stuttgart 1967.
2. Ainsworth, G. C., u. Mitarb.: The Fungi. 4 Bände. New York, London 1965−1973.
3. Alfermann, A. W., u. Mitarb.: Int. Symposium Plant Cell Culture. München 1978.
− Arzneimittelverzeichnis der DDR: s. Autorenkollektiv.
4. Auterhoff, H., u. Mitarb.: Lehrbuch der Pharmazeutischen Chemie. Wiss. Verlagsgesellschaft mbH, Stuttgart 1983.
5. Autorenkollektiv: Arzneimittelverzeichnis der DDR 1986. Teil 1. VEB Verlag Volk und Gesundheit, Berlin 1986.
6. Autorenkollektiv: Urania-Pflanzenreich. 4 Bände: Niedere und Höhere Pflanzen. Urania-Verlag, Leipzig, Jena, Berlin 1971 ff.
7. Bentz, H., u. Mitarb.: Grundlagen der Pharmakognosie. VEB Gustav Fischer Verlag, Jena 1977.
8. Bentz, H.: Veterinärmedizinische Pharmakologie. VEB Gustav Fischer Verlag, Jena 1982.
9. Berger, K.: Mykologisches Wörterbuch. Gustav Fischer Verlag, Jena 1980.
10. Beringer, K.: Der Meskalinrausch. Springer Verlag, Berlin 1927 (Reprint 1969).
11. Bianchini, F., u. Mitarb.: Der große Heilpflanzenatlas. BLV Verlagsgesellschaft, München, Bern, Wien 1978.
12. Bickerich-Stoll, K.: Pilze sicher bestimmt. Urania-Verlag, Leipzig, Jena, Berlin 1984.
13. Böhme, H., u. Mitarb.: Schnelle medizinische Hilfe. VEB Verlag Volk und Gesundheit, Berlin 1981.
14. Braun, H., u. Mitarb.: Heilpflanzen-Lexikon für Ärzte und Apotheker. Anwendung, Wirkung, Toxikologie. Gustav Fischer Verlag, Stuttgart 1987.
15. Braun, W.: Dermatologie. Ein Lehrbuch für Studenten. VEB Verlag Volk und Gesundheit, Berlin 1983.
16. Bresinsky, A., u. Mitarb.: Giftpilze. Ein Handbuch für Apotheker, Ärzte und Biologen. Wiss. Verlagsgesellschaft mbH, Stuttgart 1985.
17. Bundesverband der Pharmazeutischen Industrie e. V., Frankfurt (M.). Rote Liste. Editio Cantor, Aulendorf (Württ.) 1986.

218

18. Cetto, B.: Der große Pilzführer. BLV Verlagsgesellschaft, München, Bern, Wien 1978.

19. Czygan, F.-C.: Biogene Arzneistoffe. Entwicklung auf dem Gebiet der Pharmazeutischen Biologie, Phytochemie u. Phytotherapie. Verlag F. Vieweg und Sohn, Braunschweig 1984.

20. Daunderer, M., u. Mitarb.: Erste Hilfe bei Vergiftungen. Springer Verlag, Berlin, Heidelberg, New York 1979.

21. Daunderer, M.: Klinische Toxikologie. Band IV. Ecomed Verlagsgesellschaft mbH, Landsberg, München 1983.

22. David, D.: Wörterbuch der Medizin. VEB Verlag Volk und Gesundheit, Berlin 1984.

23. Debelmas, A. M., u. Mitarb.: Guide des plantes dangereuses. Maloine, Paris 1978.

24. Ehrendorfer, F.: Liste der Gefäßpflanzen Mitteleuropas. Fischer Verlag, Stuttgart 1973.

25. Eiselt, M. G., u. Mitarb.: Laubgehölze. Neumann Verlag, Leipzig, Radebeul 1977.

26. Eisenbrand, G.: Nitrosoverbindungen in Nahrung und Umwelt. Wiss. Verlagsgesellschaft mbH, Stuttgart 1981.

27. Elstner, P., u. Mitarb.: Wörterbuch der präventiven Toxikologie. Verlag Tribüne, Berlin 1985.

28. Encke, F., u. Mitarb.: Zander−Handwörterbuch der Pflanzennamen. VEB Deutscher Landwirtschaftsverlag, Berlin 1980.

29. Engel, F.: Pilzwanderungen. Eine Pilzkunde für jedermann. A. Ziemsen Verlag, Wittenberg 1979.

30. Engler, A.: Syllabus der Pflanzenfamilien. Gebr. Borntraeger, Berlin-Nikolassee 1954 (Band 1) und 1964 (Band 2).

31. Ettl, H.: Grundriß der allgemeinen Algologie. VEB Gustav Fischer Verlag, Jena 1980.

32. Everist, S. L.: Poisonous plants of Australia. Angus & Robertson, Sydney 1974.

33. Faust, V., u. Mitarb.: Drogengefahr. Früherkennung−Rauschwirkung−Folgen. Hippokrates Verlag, Stuttgart 1982.

34. Fiechter, A.: Advances in Biochemical Engineering. Vol. 16. Plant Cell Cultures I. Springer Verlag, Berlin (West), Heidelberg, New York 1980.

35. Fittkau, S.: Kompendium der organischen Chemie. VEB Gustav Fischer Verlag, Jena 1980.

36. Flammer, R., u. Mitarb.: Giftpilze−Pilzgifte. Erkennung und Behandlung von Pilzvergiftungen. Kosmos, Franckh'sche Verlagshandlung, Stuttgart 1983.

37. Forth, W., u. Mitarb.: Allgemeine und spezielle Pharmakologie und Toxikologie. Wissenschaftsverlag Bibliogr. Inst., Mannheim, Wien, Zürich 1983.

38. Foryth, A. A.: British poisonous plants. London 1968.

39. Frimmer, M.: Pharmakologie und Toxikologie. F. K. Schattauer Verlag Stuttgart 1986.

40. Frohne, D., u. Mitarb.: Systematik des Pflanzenreiches. Gustav Fischer Verlag, Stuttgart, New York 1985.

41. Dies.: Giftpflanzen. Wiss. Verlagsgesellschaft mbH, Stuttgart 1987.
42. Gäumann, E.: Die Pilze. Birkhäuser Verlag, Basel, Stuttgart 1964.
43. Gessner, O., und G. Orzechowski: Gift- und Arzneipflanzen von Mitteleuropa. C. Winter Universitätsverlag, Heidelberg 1974.
44. Hapke, H.-J.: Toxikologie für Veterinärmediziner. F. Enke Verlag, Stuttgart 1975.
45. Hardin, J. W., u. Mitarb.: Human poisoning from native and cultivated plants. Durham, N. C., Duke Univ. Tr. 1974.
46. Haustein, K.-O.: 200 Jahre Digitalis – Stand und Perspektive. Ergebnisse der experimentellen Medizin. Bd. 47. VEB Verlag Volk und Gesundheit, Berlin 1987.
47. Hecker, E., u. Mitarb.: Cocarcinogenesis and biological effects of tumor promoters. Vol. 7. Raven Press, New York 1982.
48. Hegi, G.: Illustrierte Flora von Mitteleuropa. 6 Bände. Verlag P. Parey, Berlin, Hamburg 1980 ff.
49. Ders.: Alpenflora. Die wichtigeren Alpenpflanzen Bayerns, Österreichs und der Schweiz. Verlag P. Parey, Berlin, Hamburg 1977.
50. Hegnauer, R.: Chemotaxonomie der Pflanzen. Birkhäuser Verlag, Basel, Stuttgart 1962–1986.
51. Hennig, B.: Ein praktischer Ratgeber für den Pilzsammler. VEB Gustav Fischer Verlag, Jena 1979.
52. Hesse, E.: Rausch-, Schlaf- und Genußgifte. F. Enke Verlag, Stuttgart 1974.
53. Hesse, M.: Alkaloidchemie. Band 9. Georg Thieme, Stuttgart 1978.
54. Heydel, E., u. Mitarb.: Taschenbuch der Arzneimittelsicherheit. VEB Verlag Volk und Gesundheit, Berlin 1983.
55. Keeler, R. F., u. Mitarb.: Effects of poisonous plants on livestock. Academic Press, New York, London 1978.
56. Kingsbury, J. M.: Poisonous plants of the United States and Canada. Prentice-Hall Inc., Englewood Cliffs, N. J. 1964.
57. Koch, H.: Leitfaden der Medizinischen Mykologie. VEB Gustav Fischer Verlag, Jena 1981.
58. Körner, W.: Drogen-Reader. Fischer Taschenbuchverlag, Frankfurt (Main) 1981.
59. Kreuzer, A.: Jugend-Rauschdrogen. Kriminalität. Akademische Verlagsgesellschaft, Wiesbaden 1978.
60. Krienke, E. G., u. Mitarb.: Vergiftungen im Kindesalter. F. Enke Verlag, Stuttgart 1980.
61. Kurata, H.: Toxigenic Fungi. Their Toxins an Health Hazard. Elsevier Science Publishers, Amsterdam 1984.
62. Kuschinsky, G., u. Mitarb.: Kurzes Lehrbuch der Pharmakologie und Toxikologie. Georg Thieme, Stuttgart 1986.
63. Leuenberger, H.: Zauberdrogen. H. Goverts Verlag, Stuttgart 1969.
64. Lindner, E.: Toxikologie der Nahrungsmittel. Georg Thieme, Stuttgart 1979.
65. Ludewig, R., und K. Lohs: Akute Vergiftungen. Ratgeber für toxikologische Notfälle. 7. Aufl. VEB Gustav Fischer Verlag, Jena 1987.
66. Magee, P. N.: Nitrosamines and Human Cancer. Banbury Report 12. Cold Spring Harbor, New York 1982.

67. Markwardt, F., u. Mitarb.: Medizinische Pharmakologie. Band 1−2. VEB Georg Thieme, Leipzig 1985.
68. Martinetz, D.: Arsenik, Curare, Coffein. Gifte in unserer Welt. Urania-Verlag, Leipzig, Jena, Berlin 1982.
69. Menßen, H. G.: Phytotherapeutische Welt. Pmi-Pharm. & Medical Information Verlags GmbH, Frankfurt (Main) 1984.
70. Michael, E., u. Mitarb.: Handbuch für Pilzfreunde. 6 Bände. VEB Gustav Fischer Verlag, Jena 1977−1986.
71. Moeschlin, S.: Klinik und Therapie der Vergiftungen. Georg Thieme, Stuttgart 1980.
72. Moreau, C.: Moulds, Toxins and Food. J. Wiley & Sons, Chichester, New York, Brisbane, Toronto 1979.
73. Murray, R. D. H., u. Mitarb.: The Natural Coumarins: Occurrence, Chemistry and Biochemistry. J. Wiley & Sons, Englewood 1982.
74. Mutschler, E.: Arzneimittelwirkungen. Wiss. Verlagsgesellschaft mbH, Stuttgart 1986.
75. Nes, W. R., u. Mitarb.: Biochemistry of Steroids and other Isopentenoids. University Park Press, Baltimore 1977.
76. Nielsen, H., u. Mitarb.: Heilpflanzen in Farbe. BLV Verlagsgesellschaft München, Bern, Wien 1977.
77. Pankow, H., u. Mitarb.: Algenflora der Ostsee. I. Benthos. II. Plankton. VEB Gustav Fischer Verlag, Jena 1971 und 1976.
78. Pfeifer, S.: Biotransformation von Arzneimitteln. Band I−V. VEB Verlag Volk und Gesundheit, Berlin 1975−1983.
79. Pfeifer, S., u. Mitarb.: Pharmakokinetik und Biotransformation. Eine Einführung. VEB Verlag Volk und Gesundheit, Berlin 1980.
80. Platt, J., u. Mitarb.: Heroinsucht. Theorie, Forschung, Behandlung. Th. Steinkopff Verlag, Darmstadt 1982.
81. Pschyrembel, W.: Klinisches Wörterbuch mit klinischen Syndromen. W. de Gruyter, Berlin (West), New York 1985.
82. Reinbothe, H., u. Mitarb.: Moleküle der Natur. Die sekundären Naturstoffe und ihre Nutzung. Urania-Verlag, Leipzig, Jena, Berlin 1978.
83. Reinhard, E.: Natural Products as Medical Agents. Hippokrates Verlag, Stuttgart 1981.
84. Reiß, J.: Mykotoxine in Lebensmitteln. Gustav Fischer Verlag, Stuttgart, New York 1981.
85. Römpp, H., u. Mitarb.: Chemische Zaubertränke. Franckh'sche Verlagshandlung, Stuttgart 1972.
− Rote Liste: s. Bundesverband der Pharmazeutischen Industrie.
86. Roth, H. J.: Pharmazeutisches Taschenbuch. Wiss. Verlagsges., Stuttgart 1985.
87. Roth, L., u. Mitarb.: Toxikologische Enzyklopädie. Giftliste 2 (Giftpflanzen). Ecomed Verlagsgesellschaft mbH, Landsberg, München 1982.
88. Dies.: Giftpflanzen. Pflanzengifte. Vorkommen. Wirkung. Therapie. Ecomed Verlagsgesellschaft mbH, Landsberg, München 1984.
89. Rothmaler, W. (Herausgeber): Exkursionsflora für die Gebiete der DDR und der BRD. Band 1: Niedere Pflanzen. Grundband. Band 2: Gefäßpflanzen. Volk und Wissen Verlag, Berlin 1984.

90. Scheler, W.: Grundlagen der Allgemeinen Pharmakologie. 3. Aufl. VEB Gustav Fischer Verlag, Jena 1988.
91. Schmidbauer, W., u. Mitarb.: Handbuch der Rauschdrogen. Nymphenburger Verlagshandlung, München 1981.
92. Schmitz, R.: Zur Geschichte der Schmerz-, Schlaf- und Betäubungsmittel in Mittelalter und früher Neuzeit. Band 19. Deutscher Apotheker Verlag, Stuttgart 1983.
93. Schultes, R. E., u. Mitarb.: Pflanzen der Götter. Die magischen Kräfte der Rausch- und Giftgewächse (aus dem Englischen v. Cohen, M., u. Mitarb.). Hallway Verlag, Bern, Stuttgart 1980.
94. Seyffart, G.: Dialyse und Hämoperfusion bei Vergiftungen. Fresenius Stiftung, Bad Homburg 1975 ff.
95. Späth, G.: Vergiftungen und akute Arzneimittelüberdosierungen. W. de Gruyter, Berlin (West), New York 1982.
96. Stary, F.: Giftpflanzen. Artia Verlag, Prag 1983.
97. Stephan, U., u. Mitarb.: BI-Lexikon Toxikologie. VEB Bibliographisches Institut, Leipzig 1985.
98. Strasburger, E., u. Mitarb.: Lehrbuch der Botanik für Hochschulen. 32. Aufl. VEB Gustav Fischer Verlag, Jena 1983.
99. Teuscher, E.: Pharmakognosie. Teil I–III. Akademie Verlag, Berlin 1978–1979.
– Urania-Pflanzenreich: s. Autorenkollektiv.
100. Völger, G., u. Mitarb.: Rausch und Realität: Drogen im Kulturvergleich. Rowohlt Taschenbuch Verlag, Reinbek 1982.
101. Volak, J., u. Mitarb.: Das große Buch der Heilpflanzen. Artia Verlag, Prag 1983.
102. Wagner, G.: Lehrbuch der Pharmazeutischen Chemie. VEB Verlag Volk und Gesundheit, Berlin 1981.
103. Wagner, G., u. Mitarb.: Pharmazeutische Chemie. WTB Chemie. Akademie Verlag, Berlin 1985.
104. Wagner, H.: Pharmazeutische Biologie. 2. Drogen und ihre Inhaltsstoffe. Gustav Fischer Verlag, Stuttgart, New York 1985.
105. Watt, J. M., u. Mitarb.: The Medical and Poisonous Plants of South and East Africa. Livingstone, Edinburgh 1962.
106. Weberling, F., u. Mitarb.: Pflanzensystematik. UTB Band 62. Ulmer Verlag, Stuttgart 1979.
107. Wettstein, R. v.: Handbuch der systematischen Botanik. F. Deuticke Verlag, Leipzig, Wien 1935.
108. Weuffen, W.: Medizinische und biologische Bedeutung der Thiocyanate. VEB Verlag Volk und Gesundheit, Berlin 1982.
109. Wiesner, E., u. Mitarb.: Wörterbuch der Veterinärmedizin. 2. Aufl. VEB Gustav Fischer Verlag, Jena 1983.
110. Wirth, W., u. Mitarb.: Toxikologie für Ärzte, Naturwissenschaftler und Apotheker. Georg Thieme, Stuttgart, New York 1985.
111. Wolff, O.: Die Mistel in der Krebsbehandlung. V. Klostermann Verlag, Frankfurt (Main) 1975.
112. Zander, R.: Kleines botanisches Fremdwörterbuch. Ulmer, Stuttgart 1950.

Primärliteratur

113. Agrelo, C. E., u. Mitarb.: Toxicol. Lett. **5** (1980), S. 155.
114. Alfermann, A. W., u. Mitarb.: Planta Med. **40** (1980), S. 218.
115. Allen, J. G., u. Mitarb.: Vet. Rec. **105** (1979), S. 434.
116. Dies.: Aust. Vet. J. **55** (1979), S. 39.
117. Dies.: Aust. Vet. J. **56** (1980), S. 168.
118. Dies.: Aust. Vet. J. **61** (1983), S. 206.
119. Amer, M. M., u. Mitarb.: Phytochemistry **19** (1980), S. 1833.
120. Andrews, A. W., u. Mitarb.: Toxicol. Appl. Pharmacol. **52** (1980), S. 237.
121. Anke, M., u. Mitarb.: Mon.h. Vet. Med. **35** (1980), S. 90.
122. Anonym: Bull. WHO **57** (1979), S. 713.
123. Anonym: Med. aktuell **11** (1985), S. 457.
124. Anonym: Med. aktuell **11** (1985), S. 473.
125. Anonym: Münch. med. Wschr. **127** (1985), Beilage 15.
126. Arora, R. G., u. Mitarb.: Acta Vet. Scand. **22** (1981), S. 524.
127. Dies.: Acta Vet. Scand. **22** (1981), S. 535.
128. Arp, L. H., u. Mitarb.: Mycopathologia **73** (1981), S. 109.
129. Bachmann, M., u. Mitarb.: J. Agric. Food Chem. **27** (1979), S. 1342.
130. Bain, R. J. I.: Br. Med. J. **290** (1985), S. 1624.
131. Bastien, A., u. Mitarb.: Bull. Soc. Vet. Med. Comp. **75** (1973), S. 289.
132. Bates, H. A., u. Mitarb.: Toxicon **16** (1978), S. 595.
133. Bausch, J. D., u. Mitarb.: Iowa State Univ. Vet. **43** (1981), S. 108.
134. Baxter, C. S., u. Mitarb.: Food Cosmet. Toxicol. **19** (1981), S. 765.
135. Bayh, B.: Science **203** (1979), S. 120.
136. Beasley, V. R., u. Mitarb.: J. Am. Vet. Med. Assoc. **182** (1983), S. 413.
137. Becci, P. J., u. Mitarb.: J. Appl. Toxicol. **1** (1981), S. 256.
138. Benson, M. E., u. Mitarb.: Am. J. Vet. Res. **42** (1981), S. 2014.
139. Bergers, W. W. A., u. Mitarb.: Toxicol. Lett. **6** (1980), S. 29.
140. Beutler, J. A., u. Mitarb.: J. Nat. Prod. **44** (1981), S. 422.
141. Bleitgen, R., u. Mitarb.: Z. Ernähr. wiss. **18** (1979), S. 104.
142. Bloomquist, C., u. Mitarb.: J. Am. Vet. Med. Assoc. **180** (1982), S. 164.
143. Boido, W., u. Mitarb.: Toxicol. Lett. **6** (1980), S. 379.
144. Bothast, R. J., u. Mitarb.: Appl. Environ. Microbiol. **43** (1982), S. 961.
145. Brackett, R. E., u. Mitarb.: Mycopathologia **69** (1979), S. 63.
146. Braun, R., u. Mitarb.: Toxicol. **13** (1979), S. 187.
147. Dies.: Arzneimittelforschung **32** (1982), S. 59.
148. Brodersen, H.-P., u. Mitarb.: Dtsch. Apoth.-Ztg. **119** (1979), S. 1617.
149. Burmeister, H. R., u. Mitarb.: Appl. Environ. Microbiol. **40** (1980), S. 1142.
150. Carrigan, M. J., u. Mitarb.: Aust. Vet. J. **59** (1982), S. 155.
151. Castegnaro, M., u. Mitarb.: Food Cosmet. Toxicol. **19** (1981), S. 489.
152. Cheeke, P. R., u. Mitarb.: Toxicol. Lett. **18** (1983), S. 343.
153. Chick, B. F., u. Mitarb.: Aust. Vet. J. **57** (1981), S. 251.
154. Cockrill, J. M., u. Mitarb.: Vet. Med. Small Anim. Clin. **74** (1979), S. 82.
155. Collins, M.: Microbiol. Rev. **42** (1978), S. 725.
156. Creppy, E. E., u. Mitarb.: Toxicol. Lett. **6** (1980), S. 77.
157. Dies.: Toxikon **18** (1980), S. 649.

158. Dailey, R. E., u. Mitarb.: J. Agric. Food Chem. **28** (1980), S. 286.
159. Davis, M.-T. B.: Science **213** (1981), S. 1385.
160. DeNicola, D. B., u. Mitarb.: Food Cosmet. Toxicol. **16** (1978), S. 601.
161. Draper, A. C., u. Mitarb.: J. Toxicol. Environ. Health **5** (1979), S. 985.
162. Draughon, F. A., u. Mitarb.: Appl. Environ. Microbiol. **41** (1981), S. 972.
163. Dies.: J. Agric. Food Chem. **31** (1983), S. 692.
164. Dyson, D. A., u. Mitarb.: Vet. Rec. **100** (1977), S. 241.
165. Edwards, W. C., u. Mitarb.: Vet. Med. Small Anim. Clin. **78** (1983), S. 347.
166. Eisenbrand, G., u. Mitarb.: Arzneimittelforschung **29** (1979), S. 867.
167. Engel, G.: J. Chromatogr. **136** (1977), S. 182.
168. Erdmann, E.: Münch. med. Wschr. **127** (1985), S. 942.
169. Evans, F. J., u. Mitarb.: Planta Med. **38** (1980), S. 289.
170. Faulstich, H.: Klin. Wschr. **57** (1979), S. 1143.
171. Fikenscher, L. H., u. Mitarb.: Planta Med. **41** (1981), S. 313.
172. Flammer, R. Schweiz. Rundsch. Med. Praxis **74** (1985), S. 962.
173. Ders.: Schweiz. Rundsch. Med. Praxis **74** (1985), S. 983.
174. Ders.: Schweiz. Rundsch. Med. Praxis **74** (1985), S. 992.
175. Ders.: Schweiz. Rundsch. Med. Praxis **74** (1985), S. 972.
176. Ders.: Schweiz. Rundsch. Med. Praxis **74** (1985), S. 985.
177. Fletcher, L. R., u. Mitarb.: New Zeal. Vet. J. **29** (1981), S. 185.
178. Floersheim, G. L., u. Mitarb.: Schweiz. med. Wschr. **112** (1982), S. 1164.
179. Forth, W.: Klin. Wschr. **64** (1986), S. 96.
180. Franz, H.: Pharmazie **40** (1985), S. 97.
181. Fürstenberger, H., u. Mitarb.: Planta Med. **22** (1972), S. 241.
182. Fuks-Holmberg, D.: Toxikon **18** (1980), S. 437.
183. Gallagher, R. T., u. Mitarb.: New Zeal. Vet. J. **29** (1981), S. 189.
184. Garve, R., u. Mitarb.: Planta Med. **40** (1980), S. 92.
185. Goeger, D. E., u. Mitarb.: Am. J. Vet. Res. **43** (1982), S. 252.
186. Dies.: Am. J. Vet. Res. **43** (1982), S. 1631.
187. Dies.: Toxicol. Lett. **15** (1983), S. 19.
188. Gössinger, H., u. Mitarb.: Dtsch. med. Wschr. **108** (1983), S. 1555.
189. Gorham, P. R., u. Mitarb.: Prog. Water Technol. **12** (1980), S. 189.
190. Gracza, L.: Planta Med. **42** (1981), S. 155.
191. Grandjean, E. M., u. Mitarb.: Schweiz. med. Wschr. **110** (1980), S. 1186.
192. Gregorović, V., u. Mitarb.: Vet. Glasnik (Beograd) **33** (1979), S. 519.
193. Gupta, J., u. Mitarb.: Appl. Environ. Microbiol. **41** (1981), S. 752.
194. Hänsel, W.: Dtsch. Apoth.-Ztg. **125** (1985), S. 158.
195. Hagher, W. M., u. Mitarb.: Appl. Eviron. Microbiol. **41** (1981), S. 1067.
196. Halstead, B. W.: Clin. Toxicol. **18** (1981), S. 1.
197. Hamann, D. A. R.: Vet. Rec. **116** (1985), S. 322.
198. Hartmann, P. E.: Science **202** (1978), S. 260.
199. Haubeck, H. D., u. Mitarb.: Appl. Environ. Microbiol. **41** (1981), S. 1040.
200. Hausen, B. M.: Dermatologica **159** (1979), S. 1.
201. Hecker, E.: Naturwissenschaften **65** (1978), S. 640.
202. Hegnauer, R.: Biochem. Syst. **1** (1973), S. 191.
203. Heinz, N.: Arzneimittelforschung **31** (1981), S. 1469.
204. Heinz, N., u. Mitarb.: Arzneimittelforschung **31** (1981), S. 1471.

205. Hemphill, J. K., u. Mitarb.: J. Nat. Prod. **43** (1980), S. 112.
206. Hess, T.: Schweiz. med. Wschr. **111** (1981), S. 455.
207. Hitokoto, H., u. Mitarb.: Mycopathologia **73** (1981), S. 33.
208. Holmdahl, J., u. Mitarb.: Human Toxicol. **3** (1884), S. 309.
209. Hotchkiss, J. H., u. Mitarb.: Agric. Food Chem. **28** (1980), S. 678.
210. Humphreys, D. J., u. Mitarb.: J. Appl. Toxicol. **6** (1986), S. 121.
211. Huxtable, C. R., u. Mitarb.: Aust. Vet. J. **59** (1982), S. 50.
212. Hylands, P. J., u. Mitarb.: Phytochemistry **18** (1979), S. 1843.
213. Dies.: Phytochemistry **21** (1982), S. 2703.
214. Jamalian, J., u. Mitarb.: Agric. Food Chem. **26** (1978), S. 1454.
215. Jaspersen-Schib, R.: Dtsch. Apoth.-Ztg. **124** (1984), S. 2321.
216. Johansson-Brittebo, E., u. Mitarb.: Acta Pharm. Toxicol. **45** (1979), S. 73.
217. Johnson, A. E.: Am. J. Vet. Res. **43** (1982), S. 718.
218. Jork, H., u. Mitarb.: Arch. Pharm. **312** (1979), S. 681.
219. Kallela, K., u. Mitarb.: Acta Vet. Scand. **22** (1981), S. 417.
220. Keeler, R. F., u. Mitarb.: Cornell Vet. **70** (1980), S. 19.
221. Dies.: Vet. Hum. Toxicol. **23** (1981), S. 413.
222. Keindorf, A., u. Mitarb.: Mh. Vet.-Med. **33** (1978), S. 425.
223. Kelleway, R. A.: Vet. Med. Anim. Clin. **73** (1978), S. 295.
224. Kemp, A., u. Mitarb.: Tierzüchter **30** (1978), S. 297.
225. Kiermeier, F., u. Mitarb.: Z. Lebensm. unters.-forsch. **167** (1978), S. 115.
226. Kinamore, P. A., u. Mitarb.: Clin. Toxicol. **17** (1980), S. 401.
227. King, B.: Lancet I (1979), S. 1411.
228. Kitchen, D. N., u. Mitarb.: Vet. Pathol. **14** (1977), S. 154.
229. Klein-Schwartz, W., u. Mitarb.: Clin. Toxicol. **23** (1985), S. 91.
230. Knutsen, O. H., u. Mitarb.: Clin. Toxicol. **22** (1984), S. 157.
231. Koesdam, A., u. Mitarb.: Planta Med. Supplem. (1980), S. 22.
232. Köpp, W., u. Mitarb.: Münch. med. Wschr. **124** (1982), S. 915.
233. Kopp, B., u. Mitarb.: Planta Med. **45** (1982), S. 87.
234. Dies.: Planta Med. **45** (1982), S. 195.
235. Kornheiser, K. H.: Vet. Med. Small Anim. Clin. **78** (1983), S. 769.
236. Kremer, B. P.: Naturwissenschaften **68** (1981), S. 101.
237. Kriek, N. P. J., u. Mitarb.: J. Vet. Res. **48** (1981), S. 129.
238. Krishnamachari, K. A., u. Mitarb.: Lancet I (1975), S. 1061.
239. Krüger, D., u. Mitarb.: Planta Med. **50** (1984), S. 168.
240. Dies.: Planta Med. **50** (1984), S. 267.
241. Lakritz, L., u. Mitarb.: Food Cosmet. Toxicol. **18** (1980), S. 77.
242. Landau, M., u. Mitarb.: Ref. Vet. (Israel) **30** (1973), S. 131.
243. Lansden, J. A., u. Mitarb.: Appl. Environ. Microbiol. **45** (1983), S. 766.
244. Leete, E.: Planta Med. **36** (1979), S. 97.
245. Lin, J. M., u. Mitarb.: Food Cosmet. Toxicol. **18** (1980), S. 241.
246. Dies.: Toxikon **19** (1981), S. 41.
247. Dies.: Food Cosmet. Toxicol **18** (1980), S. 597.
248. Ludewig, R.: Med. aktuell **12** (1986), S. 41.
249. Ludwig, E., u. Mitarb.: Mon.h. Vet. Med. **30** (1975), S. 766.
250. Malichowa, H., u. Mitarb.: Planta Med. **36** (1979), S. 119.
251. Mantle, P. G.: New Zeal. Vet. J. **30** (1982), S. 126.

252. Marschang, F.: Tierärztl. Praxis 6 (1978), S. 181.
253. Matsuoka, Y., u. Mitarb.: Toxicol. Appl. Pharmacol. 50 (1981), S. 102.
254. McKinley, E. R., u. Mitarb.: Food Cosmet. Toxicol. 18 (1980), S. 173.
255. McMillan, J.: Quart. J. Med. 48 (1979), S. 227.
256. Mebs, D., u. Mitarb.: Dtsch. med. Wschr. 111 (1986), S. 262.
257. Mehdi, N. A. Q., u. Mitarb.: Food Cosmet. Toxicol. 19 (1981), S. 723.
258. Melikian, A. A., u. Mitarb.: Food Cosmet. Toxicol. 19 (1981), S. 757.
259. Mengs, U., u. Mitarb.: Arch. Toxicol. 48 (1981), S. 61.
260. Merfort, I., u. Mitarb.: Pharm. Ztg. 130 (1985), S. 2467.
261. Miller, R. W.: J. Nat. Prod. 43 (1980), S. 425.
262. Miranda, C. L., u. Mitarb.: Toxicol. Appl. Pharmacol. 56 (1980), S. 432.
263. Dies.: Toxicol. Lett. 10 (1982), S. 177.
264. Moore, R. E.: Bioscience 27 (1977), S. 797.
265. Neff, G. L., u. Mitarb.: Food Cosmet. Toxicol. 19 (1981), S. 739.
266. Nicholls, T. J., u. Mitarb.: Aust. Vet. J. 56 (1980), S. 95.
267. Nilsson, N.-G.: Svensk Veterinärtidning 29 (1977), S. 725.
268. Oldham, J. W., u. Mitarb.: Toxicol. Appl. Pharmacol. 52 (1980), S. 159.
269. Olsen, J. D., u. Mitarb.: J. Am. Vet. Med. Assoc. 183 (1983), S. 538.
270. Olsen, O., u. Mitarb.: J. Agric. Food Chem. 28 (1980), S. 43.
271. Osborne, B. G.: Food Cosmet. Toxicol. 18 (1980), S. 615.
272. Osman, St. F., u. Mitarb.: J. Agric. Food Chem. 26 (1978), S. 1246.
273. Panossian, A. G., u. Mitarb.: Planta Med. 47 (1983), S. 17.
274. Parker, A. J., u. Mitarb.: Toxicol. Appl. Pharmacol. 47 (1979), S. 135.
275. Pathre, S. V.: J. Agric. Food Chem. 28 (1980), S. 421.
276. Patterson, D. S. P., u. Mitarb.: Vet. Rec. 107 (1980), S. 249.
277. Dies.: Food Cosmet. Toxicol. 18 (1980), S. 35.
278. Payne, A. L.: Appl. Environ. Microbiol. 45 (1983), S. 389.
279. Pearson, A. W., u. Mitarb.: Vet. Rec. 106 (1980), S. 560.
280. Pelletier, S. W., u. Mitarb.: J. Nat. Prod. 43 (1980), S. 395.
281. Penny, R. H. C., u. Mitarb.: Vet. Rec. 105 (1979), S. 392.
282. Pitt, J. J.: Mycologia LXXI (1979), S. 1166.
283. Pöhlmann, K.-J.: Dissert. Tierärztliche Hochschule, Hannover 1981.
284. Polzhofer, K.-P.: Z. Lebensm. unters.-forsch. 163 (1977), S. 183.
285. Puyt, J. D., u. Mitarb.: Vet. Hum. Toxicol. 23 (1981), S. 410.
286. Rauber, A.: Clin. Toxicol. 23 (1985), S. 79.
287. Rauwald, H.-W., u. Mitarb.: Planta Med. 42 (1981), S. 244.
288. Reddy, C. S., u. Mitarb.: Food Cosmet. Toxicol. 17 (1979), S. 605.
289. Reed, P. J., u. Mitarb.: Lancet II (1981), S. 550.
290. Richardson, M.L., u. Mitarb.: Ecotoxicol. Environ. Safety 4 (1980), S. 207.
291. Riede, B.: Dtsch. Gesundheitsw. 26 (1971), S. 73.
292. Röder, E.: Pharm. unserer Zeit 13 (1984), S. 33.
293. Roitman, J. N.: Lancet I (1981), S. 944.
294. Rounbehler, D. P., u. Mitarb.: Food Cosmet. Toxicol. 18 (1980), S. 147.
295. Rüdiger, H.: Naturwissenschaften 65 (1978), S. 239.
296. Scanlan, R. A., u. Mitarb.: Food Cosmet. Toxicol. 18 (1980), S. 27.
297. Schenk, B., u. Mitarb.: Planta Med. 40 (1980), S. 1.
298. Schoental, R.: Vet. Res. Commun. 7 (1983), S. 165.

299. Schulte, K. E., u. Mitarb.: Planta Med. **35** (1979), S. 76.
300. Sen, N. P., u. Mitarb.: Agric. Food Chem. **27** (1979), S. 1354.
301. Sharma, O. P., u. Mitarb.: Clin. Toxicol. **18** (1981), S. 25.
302. Dies.: Toxicol. Lett. **11** (1982), S. 73.
303. Sieber, R.: Z. Ernähr. wiss. **17** (1978), S. 112.
304. Sizer, Ch. E., u. Mitarb.: J. Agric. Food Chem. **28** (1980), S. 578.
305. Smith, B. L., u. Mitarb.: New Zeal. Vet. J. **25** (1977), S. 124.
306. Smith, R. H.: Vet. Rec. **107** (1980), S. 12.
307. Sorenson, W. G., u. Mitarb.: J. Toxicol. Environ. **7** (1981), S. 669.
308. Southern, L. L., u. Mitarb.: J. Anim. Sci. **49** (1979), S. 1006.
309. Stahl, E., u. Mitarb.: Planta Med. **47** (1983), S. 75.
310. Staley, E. E.: Vet. Med. Small Anim. Clin. **73** (1978), S. 1205.
311. Stengl, H., u. Mitarb.: Dtsch. Apoth.-Ztg. **122** (1982), S. 851.
312. Stöckigt, J., u. Mitarb.: Plant Cell Reprod. **1** (1981), S. 36.
313. Stormer, F. C., u. Mitarb.: Appl. Environ. Microbiol. **39** (1980), S. 971.
314. Dies.: Appl. Environ. Microbiol. **42** (1981), S. 1051.
315. Suess, T. R., u. Mitarb.: J. Nat. Prod. **44** (1981), S. 680.
316. McSweeney, C. S., u. Mitarb.: Vet. Hum. Toxicol. **25** (1983), S. 330.
317. Swick, R. A., u. Mitarb.: J. Anim. Sci. **55** (1982), S. 492.
318. Tittel, G., u. Mitarb.: Planta Med. **37** (1979), S. 1.
319. Tomko, J., u. Mitarb.: Arch. Pharm. **315** (1982), S. 157.
320. Topsy, K.: Ann. Nutr. Aliment. **31** (1977), S. 625.
321. Unger, P. D., u. Mitarb.: Toxicol. Appl. Pharmacol. **47** (1979), S. 585.
322. Varga, E., u. Mitarb.: Planta Med. **40** (1980), S. 337.
323. Vesonder, R. F., u. Mitarb.: Appl. Environ. Microbiol. **41** (1981), S. 323.
324. Dies.: Appl. Environ. Microbiol. **43** (1982), S. 967.
325. Watanabe, M. F., u. Mitarb.: Appl. Environ. Microbiol. **43** (1982), S. 819.
326. Weiler, E. W., u. Mitarb.: Planta Med. **39** (1980), S. 112.
327. Weimarck, G., u. Mitarb.: Planta Med. **38** (1980), S. 97.
328. Weiss, U.: Dtsch. Apoth.-Ztg. **125** (1985), S. 1914.
329. Weller, P., u. Mitarb.: Dtsch. med. Wschr. **108** (1983), S. 1437.
330. Wichtl, M., u. Mitarb.: Planta Med. **40** (1980), S. 1.
331. Williams, W., u. Mitarb.: Phytochemistry **22** (1983), S. 85.
332. Willuhn, G., u. Mitarb.: Planta Med. **46** (1982), S. 99.
333. Dies.: Phytochemistry **22** (1983), S. 137.
334. Wink, M., u. Mitarb.: Planta Med. **43** (1981), S. 342.
335. Winkler, C., u. Mitarb.: Planta Med. **48** (1986), S. 68.
336. Wolters, B.: Dtsch. Apoth.-Ztg. **125** (1985), S. 643.
337. Worthington, T. R., u. Mitarb.: Vet. Rec. **108** (1981), S. 208.
338. Yoshizawa, T., u. Mitarb.: Food Cosmet. Toxicol. **19** (1981), S. 31.
339. Zerbin-Rüdin, E.: Dtsch. Apoth.-Ztg. **122** (1982), S. 2637.
340. Grünanlagen. Strauchartige Gehölze in Wohngebieten. TGL 22719/02, Juli 1979, Staatsverlag der DDR, Berlin.
341. Spielanlagen für Kinder und Jugendliche. Bautechnische Forderungen. TGL 34303/02, Januar 1978, Staatsverlag der DDR, Berlin.

Erklärung botanischer Fachbegriffe

(Vgl. auch Abb. 79 bis 82)

1. Systematische Bezeichnungen

Nacktsamige Pflanzen (Gymnospermae): Samenpflanzen mit Blüten ohne Frucht-knoten, Griffel und Narben; die Samenanlagen liegen frei auf der Innenseite von Schuppenblättern. Hinweis unter den Namen der Pflanzenfamilien, hier nur Zypressengewächse und Eibengewächse.

Bedecktsamige Pflanzen (Angiospermae): Blüten mit Fruchtknoten, die Samenan-lagen einschließend, mit Griffeln und Narben. Mehrzahl der beschriebenen Sa-menpflanzen-Familien, daher nicht gesondert vermerkt.

Zweikeimblättrige Pflanzen (Dicotyledonae): Kräuter oder Laubgehölze mit meist netznervigen Blättern. Blütenteile 4- oder 5zählig. Keimling mit 2 Keimblät-tern. Mehrzahl der beschriebenen bedecktsamigen Familien, daher kein geson-derter Hinweis.

Einkeimblättrige Pflanzen (Monocotyledonae): Kräuter mit parallelnervigen Blät-tern und 3zähligen Blütenteilen (Ausnahmen: Einbeerengewächse, Arongewächse). Keimling mit 1 Keimblatt. Hinweis unter den Namen der Pflanzenfa-milien.

2. Lebensdauer der Pflanzen

Einjährige Pflanzen: Keimung, Blüten- und Fruchtbildung sowie Absterben der Pflanze innerhalb weniger Monate eines Jahres.

Einjährig-überwinternde Pflanzen: Keimung im Herbst, Blüten- und Fruchtbil-dung sowie Absterben der Pflanze im darauffolgenden Jahr.

Ausdauernde Pflanzen: alle Bäume und Sträucher, außerdem Kräuter, die viele Jahre leben. Die oberirdischen Teile dieser Kräuter sterben in der Regel alljähr-lich ab, während die unterirdischen oder dicht am Boden liegenden Teile (Rhi-zome, Knollen, Wurzeln) ausdauernd bleiben.

3. Blüten

Blattkreise von außen nach innen: Kelchblätter, Blumenkronblätter („Blüten-blätter"), Staubblätter, Fruchtblätter (Fruchtknoten mit Griffel und Narbe = Stempel). Die Blätter eines Blattkreises können miteinander verwach-sen sein, z. B. die Blumenkronblätter zu einer Kronröhre.

Zähligkeit: Die Blattkreise der 3zähligen Blüten bestehen z. B. in der Regel aus jeweils 3 oder 6 Teilen, die der 5zähligen Blüten aus jeweils 5 oder 10.

Zwittrige Blüten: Enthalten sind Staubblätter und Fruchtblätter in einer Blüte (Mehrzahl der beschriebenen Pflanzen).

Eingeschlechtige Blüten: Entweder sind nur Staubblätter enthalten (männliche Blüten) oder nur Fruchtblätter (weibliche Blüten).

Einhäusig: Pflanzen mit männlichen und weiblichen Blüten (z.B. Rotbuche, Eiche).

Zweihäusig: Pflanzen nur mit männlichen oder nur mit weiblichen Blüten (z.B. Eibe).

4. Blätter

Sommergrün: Pflanzen nur im Sommer mit grünen Blättern.

Immergrün: Pflanzen im Sommer und im Winter mit grünen Blättern bzw. Nadeln.

Abb. 79. Blütenformen.

Blüten, einzeln:

radförmige Blüte

Schmetterlingsblüte

strahlige Blüte

Blüten, zusammengesetzt:

Quirl

Ähre

Wickel

Köpfchen

Büschel

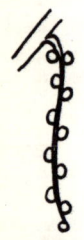

Kätzchen

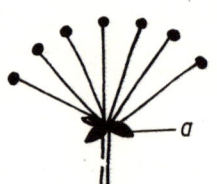

Dolde, einfach
a = Hüllblätter

Dolde, zusammengesetzt
a = Hüllchenblätter

Trugdolde

Traube

Doldentraube

Rispe

Schirmrispe

Abb. 80. Fruchtformen

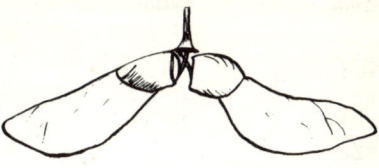

Nußfrucht   Schnitt durch eine Nuß-   Spaltfrucht
                 frucht

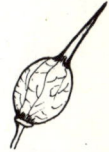

Hülse   Schote   Balgfrucht   Kapselfrucht   geschnäbelte
                                                                 Frucht

Steinfrucht   Schnitt durch eine Stein-   Beere   Schnitt durch eine
                   frucht   Beere

16*

231

Abb. 81. Aufbau von Pflanzen und Pflanzenteilen.

Pflanze: **Blattnervatur:** **Anordnung einseitswendig:**
(Blätter, Blüten oder Früchte)

a = Sproß
b = Wurzel

netznervig

parallelnervig

Blütenaufbau:

Kreuzblüte Korbblüte Grasblüte

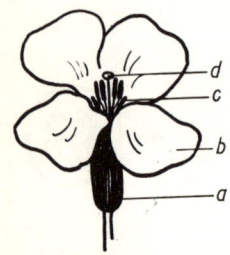

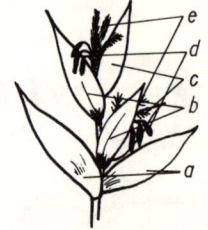

a = Kelchblätter
b = Blumenkronblätter
c = Staubblätter
d = Fruchtblätter
(Stempel)

a = Zungenblüte
b = Röhrenblüte
c = Hüllkelch
d = Spreublätter
e = Außenhüllkelchblätter

a = Hüllspelzen
b = Deckspelzen
c = Vorspelzen
d = Staubblätter
e = Narben

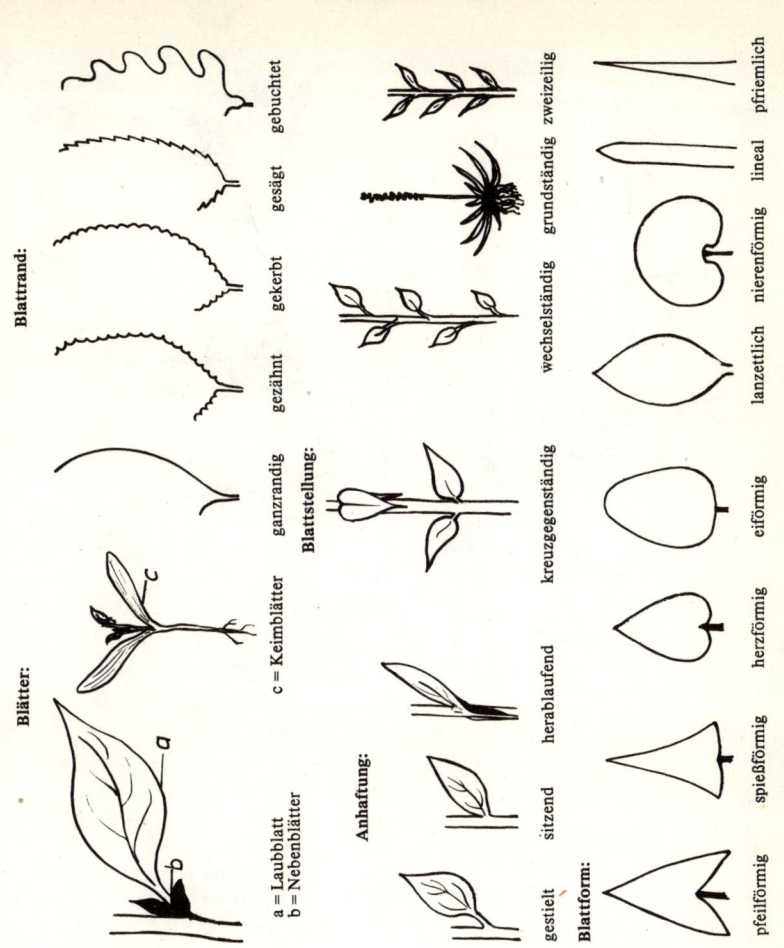

Blattrand: gebuchtet · gesägt · gekerbt · gezähnt · ganzrandig

Blätter: a = Laubblatt · b = Nebenblätter · c = Keimblätter

Blattstellung: grundständig zweizeilig · wechselständig · kreuzgegenständig

Anhaftung: herablaufend · sitzend · gestielt

Blattform: pfriemlich · lineal · nierenförmig · lanzettlich · eiförmig · herzförmig · spießförmig · pfeilförmig

Abb. 82. Morphologie der Blätter.

233

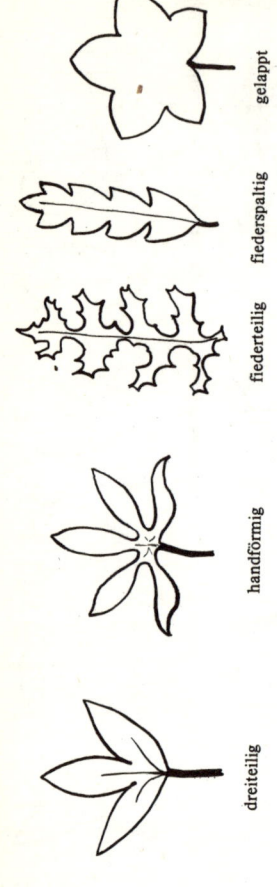
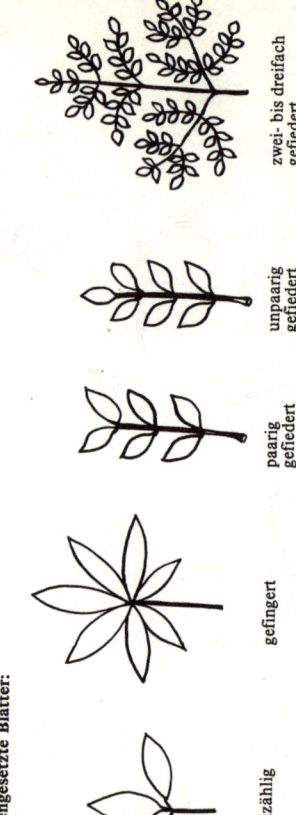

geteilte Blätter:

gelappt

fiederspaltig

fiederteilig

handförmig

dreiteilig

zusammengesetzte Blätter:

zwei- bis dreifach gefiedert

unpaarig gefiedert

paarig gefiedert

gefingert

dreizählig

234

Erklärung medizinischer und chemischer Fachbegriffe

Abklingquote:	prozentualer Anteil der verabreichten Dosis eines Herzglycosids, der innerhalb von 24 Stunden ausgeschieden wird.
Adjuvans:	unterstützendes Mittel (z. B. zur Verstärkung der Antikörperbildung bei Impfstoffen)
Adstringens, adstringierend:	zusammenziehend wirkender Inhaltsstoff
Agglutination:	Zusammenballung (z. B. von roten Blutkörperchen)
Allergie:	infolge Antigen (z. B. Pflanzeninhaltsstoff)-Antikörper-Reaktion veränderte Reaktion des Organismus
Aminosäuren:	organische Säuren mit Amino-(NH_2) und Carboxylgruppe (COOH), welche die Eiweiße aufbauen
Anämie:	Blutarmut
Analeptikum:	Mittel mit direkt zentral erregender Wirkung (z. B. Coffein)
Analgetikum:	schmerzstillendes Mittel
Antidot:	spezifisches Arzneimittel gegen Gifte
Antiemetikum:	Mittel zur Verhinderung des Erbrechens
Antihämorrhagikum:	Arzneimittel gegen Blutungen
Antileukämisch:	wirksam gegen die Leukämie
Arthrogrypose, kongenitale:	Gelenkstarre, angeborene
Bakterizide Wirkung:	bakterientötende Wirkung
Chromatophoren:	Farbstoffträger, z. B. in pflanzlichen Zellen für Chlorophyll
Dermatitis:	Hautentzündung, z. B. durch Pflanzengifte
Diuretikum:	Mittel zur verstärkten Harnproduktion
Droge:	frische oder getrocknete Pflanzen bzw. -teile, die als Arzneimittel verwendet oder zur Herstellung von Arzneistoffen genutzt werden
Emetikum:	Mittel zum Erbrechen
Enteritis:	Dünndarmerkrankung
Erythrozyten:	rote Blutkörperchen
Eutrophierung:	Nährstoffanreicherung (z. B. in Gewässern)
Expektorans:	auswurfförderndes Mittel
Gastroenteritis:	Magen-Darm-Erkrankung

Hämagglutination:	s. Agglutination
Hämoglobin:	Farbstoff der roten Blutkörperchen, transportiert Sauerstoff
Hämolyse:	Austritt von Hämoglobin bei Zerstörung der roten Blutkörperchen
Hämorrhagien:	Blutungen
Hepatotoxisch:	lebertoxisch
Herzmuskelinsuffizienz:	Herzmuskelschwäche
Kardiale Komplikationen:	Komplikationen am Herzen
Karzinogen (Kanzerogen):	Substanz, die zur Tumorentstehung führt
Koagulation:	Gerinnung, z. B. von Blut
Kokarzinogen:	Substanz, welche die Wirkung von Karzinogenen unterstützt
Konjunktivitis:	Augenbindehautentzündung
Kutan:	Aufnahme über die Haut
Laxans:	Abführmittel
Leukämie:	„Weißblütigkeit" infolge Überproduktion von weißen Blutzellen
Lichtdermatosen:	Hautkrankheiten (maßgeblich durch Licht und phototoxische Substanzen, z. B. Furocumarine, beeinflußt)
Lichtkrankheit:	s. Lichtdermatosen
Lymphozyten:	besondere Form der weißen Blutzellen
Methämoglobin:	oxydiertes Hämoglobin, transportiert keinen Sauerstoff
Miosis:	verengte Pupillen
Narkotikum:	Medikament, das zur Betäubung führt
Neoplasma:	s. Tumor
Neuralgien:	anfallsweise auftretende Schmerzen im Ausbreitungsgebiet der verschiedenen Nerven
Neurotoxisch:	nerventoxisch
Oral:	Aufnahme über den Mund
Parasympathikolytikum (Cholinolytikum):	Medikament, das die Wirkung freigesetzten Acetylcholins aufhebt
Peptid:.	Eiweiß, aus geringer Anzahl von Aminosäuren aufgebaut
Perkutan:	s. kutan
Per os:	s. oral
Pharmakon:	Arzneimittel
Phototoxizität:	s. Lichtdermatosen
Phythämagglutinin:	pflanzliche Substanz, die Agglutination (s. dort) bedingt
Polypeptid:	s. Peptid
Protein:	Eiweiß, aus Aminosäuren aufgebaut
Resorptionsquote:	absolute Verfügbarkeit eines Arzneimittels für den Organismus
Sedativum:	Beruhigungsmittel

Spasmolytikum:	krampflösendes Mittel
Symptom:	Krankheitszeichen
Teratogene Wirkung:	Mißbildungsentstehung
Therapie:	Krankheitsbehandlung
Toxin:	Gift eines Pilzes oder einer anderen Pflanze
Toxisch:	giftig
Toxizität:	Giftigkeit
Tumor:	gut- oder bösartige Geschwulst
Zyanose:	blaurote Blutverfärbung infolge unzureichenden Sauerstoffgehalts (z. B. durch Nitrit)
Zytostatikum:	Arzneimittel zur Schädigung von Krebszellen

Verzeichnis der wissenschaftlichen Pflanzennamen

239

241

Verzeichnis der deutschen Pflanzennamen

Sachregister

250

a)

b)

a) Blauer Eisenhut – *Aconitum napellus,*
b) Frühlings-Adonisröschen – *Adonis vernalis.*

a)

b)

a) Schwarze Tollkirsche – *Atropa bella-donna,*
b) Berberitze – *Berberis vulgaris.*

Tafel II

a) Rote Zaunrübe – *Bryonia dioica,*
b) Sumpf-Dotterblume – *Caltha palustris.*

Tafel III

a)

b)

a) Waldrebe – *Clematis* spec.
b) Benediktendistel – *Cnicus benedictus.*

Tafel IV

a)

b)

a) Herbst-Zeitlose – *Colchicum autumnale,*
b) Maiglöckchen – *Convallaria majalis.*

Tafel V

a)

b)

a) Weißer Hartriegel – *Cornus alba,*
b) Blutroter Hartriegel – *Cornus sanguinea.*

Tafel VI

a)

b)

a) Gemeiner Seidelbast – *Daphne mezereum,*
b) Hoher Rittersporn (Hybride) – *Delphinium × elatum.*

Tafel VII

a)

b)

a) Dieffenbachie – *Dieffenbachia picta*,
b) Roter Fingerhut – *Digitalis purpurea*.

Tafel VIII

a) 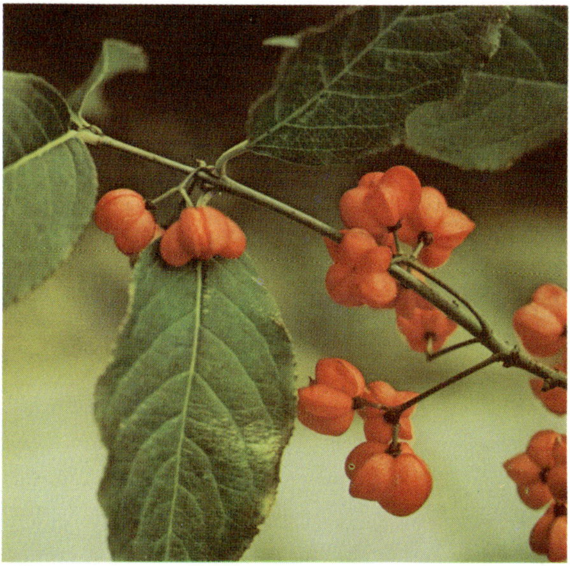

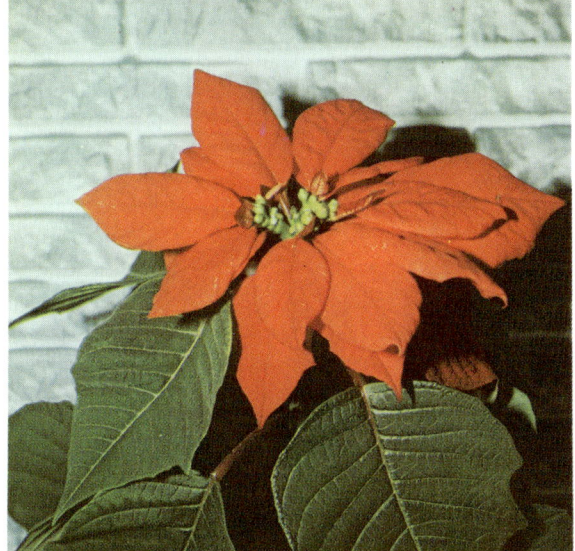

b)

a) Europäisches Pfaffenhütchen – *Euonymus europaea,*
b) Weihnachtsstern – *Euphorbia pulcherrima.*

Tafel IX

a)

b)

a) Faulbaum – *Frangula alnus,*
b) Kaiserkrone – *Fritillaria imperialis.*

Tafel X

a) Gemeiner Efeu – *Hedera helix,*
b) Schwarze Nieswurz – *Helleborus niger.*

a)

b)

a) Schwarzes Bilsenkraut – *Hyoscyamus niger,*
b) Wasser-Schwertlilie – *Iris pseudacorus.*

Tafel XII

a) Gemeiner Goldregen – *Laburnum anagyroides*
b) Wandelröschen – *Lantana camara*.

Tafel XIII

a)

b)

a) Wohlriechende Platterbse – *Lathyrus odoratus,*
b) Gemeiner Liguster – *Ligustrum vulgare.*

Tafel XIV

a) Wald-Geißblatt – *Lonicera periclymenum,*
b) Rote Heckenkirsche – *Lonicera xylosteum.*

Tafel XV

a)

b)

a) Vielblättrige Lupine – *Lupinus polyphyllus,*
b) Bocksdorn – *Lycium barbarum.*

Tafel XVI

a)

b)

a) Mahonie – *Mahonia aquifolia*,
b) Oleander – *Nerium oleander*.

Tafel XVII

a)

b)

a) Giftbeere – *Nicandra physaloides,*
b) Virginischer Tabak – *Nicotiana tabacum.*

Tafel XVIII

a) Garten-Pfingstrose – *Paeonia officinalis*,
b) Kermesbeere – *Phytolacca americana*.

Tafel XIX

a)

b)

a) Salomonssiegel – *Polygonatum odoratum,*
b) Wiesen-Primel – *Primula veris.*

Tafel XX

a) Echte Kuhschelle – *Pulsatilla vulgaris,*
b) Feuerdorn – *Pyracantha coccinea.*

Tafel XXI

a)

b)

a) Rhododendron – *Rhododendron* spec.
b) Essigbaum – *Rhus typhina.*

Tafel XXII

a) Rizinus – *Ricinus communis,*
b) Weiße Robinie – *Robinia pseudoacacia.*

Tafel XXIII

a)

b)

a) Zwerg-Holunder – *Sambucus ebulus,*
b) Gemeiner Besenginster – *Sarothamnus scoparius.*

Tafel XXIV

a) Bittersüßer Nachtschatten – *Solanum dulcamara,*
b) Korallenkirsche – *Solanum pseudocapsicum.*

Tafel XXV

a)

b)

a) Traubige Schneebeere – *Symphoricarpus rivularis*.
b) Rainfarn – *Tanacetum vulgare*.

Tafel XXVI

a) Beeren-Eibe – *Taxus baccata,*
b) Abendländischer Lebensbaum – *Thuja occidentalis.*

Tafel XXVII

a)

b)

a) Wolliger Schneeball – *Viburnum lantana,*
b) Gemeiner Schneeball – *Viburnum opulus,*

Tafel XXVIII